📁 준비 및 결과 파일 hyunwoosa.co.kr

"한방에 해결되는 MOS 필독서"

MOS
Excel 2016
Core

김노환 · 최철재 · 민준식
용승갑 · 이동은 공저

머리말

취업을 준비하면서 기본적으로 취득하는 자격증은 OA자격증일 것입니다. 회사에서 어떤 업무를 하던지 엑셀, 워드, 파워포인트, 엑세스 등의 프로그램들은 기본적으로 다루기 때문입니다.

그 중에서 많이 취득하는 자격증으로 공신력과 정확성을 인정받을 수 있는 Microsoft가 직접 인증하는 자격증이 MOS 2016 시험입니다. MOS는 Microsoft Office Specialist의 약자로서 마이크로소프트 오피스프로그램과 윈도우 운영체제에 대한 이해도와 실무능력을 평가하는 자격증입니다.

현재 미국, 프랑스, 영국, 독일, 홍콩, 브라질, 멕시코 등 17여 개국, 9,500여개 시험센터에서 시행되는 국제 공인 자격증으로 세계 어디서나 인정받을 수 있습니다. 국내에서는 취업 자격을 갖추고자 하는 대학생들과 직장인들의 승진 및 인사고과 자료로 적극 활용 되고 있습니다.

본 교재는 시험 유형을 분석하여 작업 유형을 통해 문제 해결 방법을 자세히 기술하고 있으며, 각 프로젝트 별로 실전 시험 문제와 유사한 최적의 문제를 풀어봄으로써 시험에 충분히 대비할 수 있도록 하였습니다.

교재와 함께 제공되는 동영상 강의는 교재의 전체 내용을 강의하고 있으며 수험생의 스케줄을 고려하여 14주차 강의를 수록하고 있습니다. 시험 유형을 완벽하게 분석한 동영상 강의를 통해 시험 대비에 소홀함이 없도록 제작하였습니다.

이 교재로 공부하시는 모든 시험 준비생 여러분들에게 합격의 기쁨이 함께 하시기를 기원합니다.

2020년 7월
저자 일동

목차

MOS 시험 소개 6
시험개요 6
자격증 종류 8
MOS 2016 자세히 알아보기 8
MOS FAQ 15

PART 1 21

- 01주차
  - PROJECT 01 제품 대여 현황 22
- 02주차
  - PROJECT 02 기부자 31
  - PROJECT 03 나무 종류별 재고 39
- 03주차
  - PROJECT 04 중고 컴퓨터 재고 44
  - PROJECT 05 생활 스포츠 50
- 04주차
  - PROJECT 06 등산로 투어 55
  - PROJECT 07 쇼핑몰 62

PART 2 71

- 05주차
  - PROJECT 02 고객 수익성 분석 72
  - PROJECT 03 월간 회사 예산 77
- 06주차
  - PROJECT 04 주방 리모델링 83
  - PROJECT 05 대차 대조표 89
- 07주차
  - PROJECT 06 인구 현황 97
  - PROJECT 07 주간 활동 보고서 103

CONTENTS

PART 3 — 111

주차			페이지
09주차	PROJECT 02	연간 매출 보고서	112
	PROJECT 03	전국 도서관 현황	117
10주차	PROJECT 04	프랜차이즈 매출 분석	125
	PROJECT 05	택시 운임 정보	130
11주차	PROJECT 06	석유 소비 현황	135
	PROJECT 07	비즈니스 비용 예산	140

PART 4 — 147

주차			페이지
12주차	PROJECT 02	고객 정보	148
	PROJECT 03	학교 체육 대회 예산	153
13주차	PROJECT 04	판매 보고서	159
	PROJECT 05	파란 대차 대조표	165
14주차	PROJECT 06	연락처 목록	170
	PROJECT 07	프로젝트 계획	176

모의고사	187
모의고사 해설	195

MOS 시험 소개

시험개요

1. MOS 안내

MOS (Microsoft Office Specialist)란? 마이크로소프트 오피스 프로그램에 대한 자격증으로 높은 수준의 오피스 활용능력이 있음을 증명 할 수 있습니다.

MOS는 시작부터 종료까지 100% 컴퓨터 상에서 진행되는 CBT(Computer Based Test)로 평가 방식이 정확함은 물론 시험 종료 즉시 시험 결과를 알 수 있습니다.

Microsoft Office Specialist는 Microsoft가 직접 인증함으로 그 공신력과 정확성을 인정 받을 수 있는 국제인증 자격시험입니다.

2. MOS 2016 버전 수검프로그램 시험 화면 구성 예시

- 2016버전은 Outlook과목을 제외하고 5~7개의 프로젝트형식으로 진행됩니다.
- Outlook은 35개 작업(문제), 나머지 과목은 5~7개 프로젝트 안에 4~7개의 작업(문제)이 있습니다.

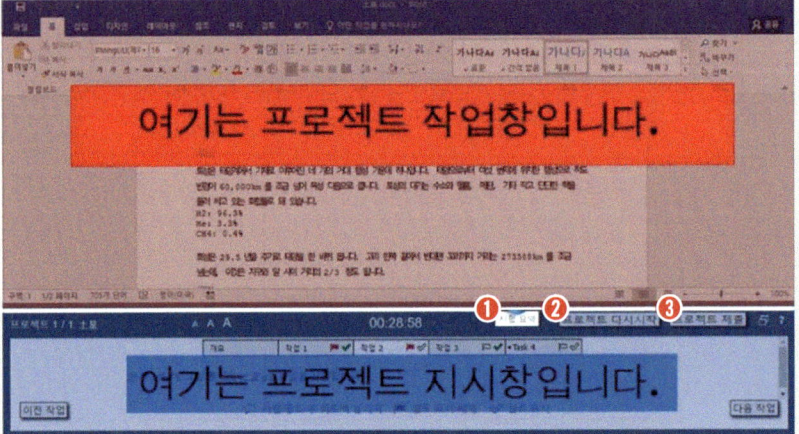

화면 구성(Excel, Word, PowerPoint, Access 2016)

❶ **시험요약** : 모든 프로젝트가 제출되면 시험 요약 버튼을 나타납니다. 시험 종료 전 다시 작업이 필요한 프로젝트로 돌아갈 수 있습니다.

❷ **프로젝트 다시시작** : 작업 중이던 프로젝트 내용이 초기화됩니다. 시험 시간이 초기화되지

않으므로 신중하게 사용해야 합니다.
❸ **프로젝트 제출** : 하나의 프로젝트에 포함 된 모든 작업을 완료한 뒤 프로젝트 제출 버튼을 클릭하면 다음 프로젝트로 이동 합니다. 모든 프로젝트를 제출하고 나면 프로젝트를 검토하거나 완료할 수 있는 시험요약 페이지로 넘어갑니다.

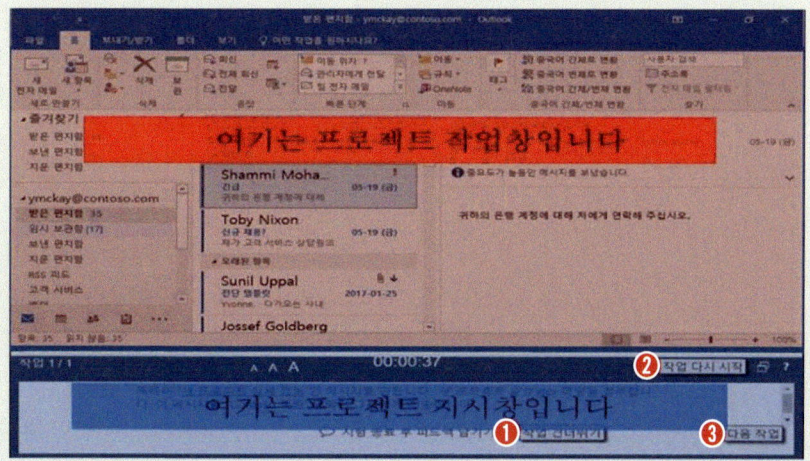

❶ **작업 건너뛰기** : 어렵거나 시간이 오래 걸릴 것 같은 문항이 있을 경우 건너뛰기 버튼을 클릭하면 다른 문항을 먼저 푼 후 해당 문항으로 돌아와 다시 풀 수 있습니다.

❷ **작업 다시 시작** : 문항을 푸는 중 실수를 해서 해당 작업을 다시 시작하려면 다시풀기 버튼을 사용합니다.

※ 작업 다시 시작 버튼을 사용하더라도 전체 시험을 다시 시작하거나 시험 시간이 연장되지는 않습니다.

❸ **다음 작업** : 모든 작업을 마치면 다음 작업 버튼을 눌러 다음 문항으로 이동합니다. 다음 작업 버튼을 누르면 자동으로 저장되므로 저장 버튼을 따로 누를 필요가 없습니다.

※ 이전 문제로 돌아가는 것은 불가합니다.

3. MOS 활용

현재 170여 개국, 9,500여 개 시험센터에서 시행되는 국제 자격증은 세계 어디서나 인정 받을 수 있습니다. 미국에서는 이미 MOS 자격증이 보편화 되었고, 국내에서는 취업 자격을 갖추고자 하는 대학생들과 직장인들의 승진 및 인사고과 자료로 적극 활용 되고 있습니다.

직장인	객관적인 인사자료(승진, 인사고과), 정보능력 개발
대학생	취업대비, 졸업자격 및 학점인정
중, 고등학생	대입에 필요한 정보소양능력 자격증 취득
일반인	국제 자격증 취득, 자기개발

자격증 종류

1. MOS 자격증 종류 및 Level

자격증 종류(과목) : Microsoft Office에 포함된 프로그램 중 자유롭게 선택하여 응시할 수 있으며, 현재 word, Excel, Powerpoint, Access, Outlook이 2013, 2016 로 각각 시행되고 있으며, 자격증의 종류는 더욱 확대 될 예정입니다.

2. 2016 Master 자격 기준

버전	자격
2016	별도의 시험 없이 Word(Expert), Excel(Expert), Powerpoint(Core)는 필수 취득하고, Access(Core), Outlook(Core)는 선택으로 1과목을 취득하여 4개의 자격증을 획득하면 Master 자격을 받는다.

3. 합격기준

MOS시험은 1,000점 만점으로 시험 종료 후 바로 성적표가 발급되며 합격 점수는 과목 및 LEVEL 별로 각각 다릅니다.

4. 성적표

MOS 성적표에는 취득 점수와 합격 여부는 물론, [셀작업] [파일작업][수식 및 함수작업]등 기능별로 0~100%의 성취도를 확인할 수 있어, 취약부분을 분석해 심화할 수 있습니다.

MOS 2016 자세히 알아보기

1. MOS 2016 특징

- MOS2013이 한 개의 프로젝트를 해결하는 반면 MOS2016은 소규모 프로젝트 다수를 해결하도록 변경되었습니다.
- (소규모 프로젝트 5~8개) 시험 시간 50분 동안 여러 가지 프로젝트를 완료해야 합격이 가능합니다.

- MOS2016은 작업형 평가 방식으로 메뉴 이름을 사용하지 않으며, MOS2013버전보다 Office 기능을 더 폭 넓고 깊이 있게 이해해야 합니다.
- 입사 후 업무에서 바로 사용할 수 있는 실무중심의 문제와 기능들로 구성되어 있습니다(대학교 수업의 보고서 제작 및 발표에도 바로 활용할 수 있습니다).
- 시험 종료 후 바로 시험 결과 확인 및 MOS 자격증 활용이 가능합니다. 성적표에는 취득 점수와 합격여부는 물론, 기능별 0~100% 성취도를 확인할 수 있으며, 취약부분을 분석해 심화 학습할 수 있습니다.

2. MOS2016 Master 취득 기준

MOS Master는 동일 버전의 자격증을 Master 기준에 맞게 취득할 시 발급이 됩니다.

필수취득	선택취득	Master를 위한 자격증 총 개수
Excel2016 Expert Word 2016 Expert Powerpoint2016	Access2016 또는 Outlook2016	4개

3. MOS2016 시험 인터페이스 안내

프로젝트 창

- 프로젝트 지시창의 시험 문항 확인 후 프로젝트 창에서 문제 해결

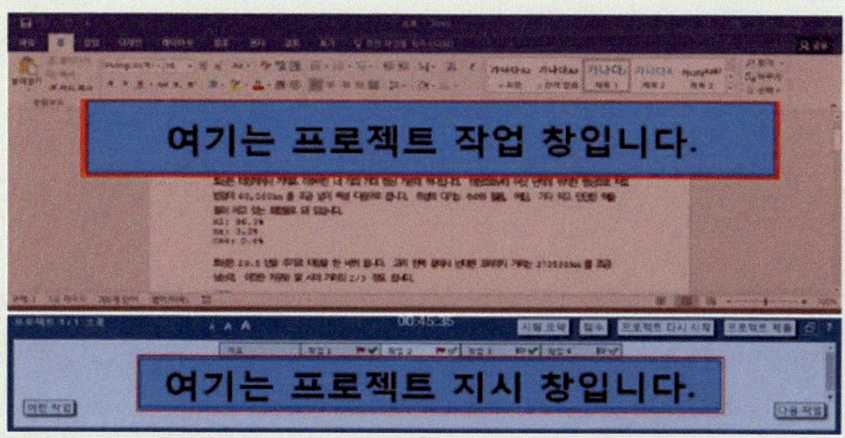

탐색창

❶ 개요를 통해 프로젝트에 대한 배경정보를 제공합니다.
❷ 하나의 프로젝트에 포함된 모든 작업 완료 후 프로젝트 제출합니다(모든 프로젝트를 제출하면 시험 종료됩니다).

❸ 상단의 작업 버튼이나, 이전 또는 다음 작업 버튼을 사용해 작업 간을 이용합니다.

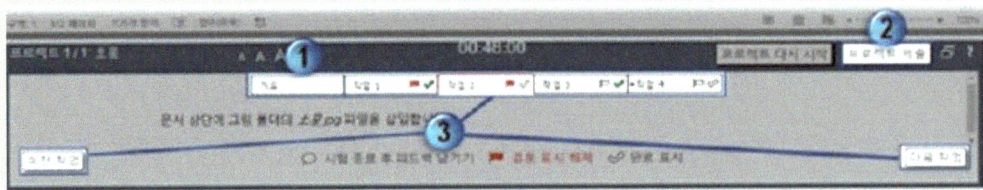

기타항목

❹ **프로젝트 번호 및 이름** : 현재 진행중인 프로젝트를 나타냅니다.
❺ **타이머** : 시험에서 남은 시간을 표시합니다. 시험 제한시간은 50분입니다.
❻ **시험요약** : 모든 프로젝트가 제출되면 이 버튼이 나타납니다.
❼ **프로젝트 다시 시작** : 클릭하면 작업 중이던 프로젝트 내용이 초기화됩니다.
❽ **창 크기 재설정** : 응용 프로그램 창과 시험 창을 원래 크기와 위치로 되돌리는 기능입니다.
❾ **도움말** : 본 자습서 정보가 표시됩니다.
❿ **시험종료 후 피드백 남기기** : 시험이 종료된 후 작업에 대한 피드백 남기기를 불러올 수 있습니다.
⓫ **검토표시** : 시험을 종료하기 전에 작업을 검토할 수 있도록 알려줍니다.
⓬ **완료표시** : 각 작업을 완료한 후 완료 표시를 선택하면 프로젝트 별 진행 사항을 확인할 수 있습니다(이 기능은 점수에 영향을 미치지 않습니다).

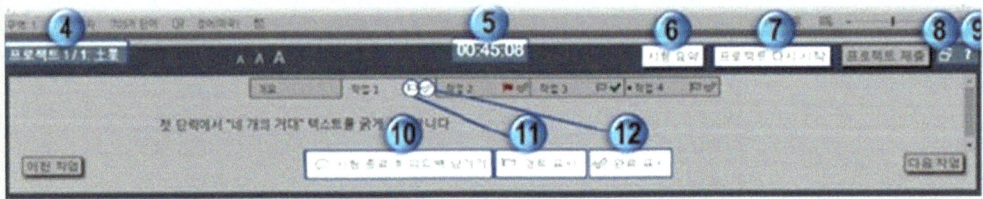

4. 과목별 평가항목

 **Word 2016** core / expert — 마이크로소프트 워드 2016 평가항목
· 시 간 50분, 만점 : 1000점

Word 2016 core 일반 평가항목 [시험시간 50분 / 합격점수 1000점 중 700점 이상 합격]

Skill Set	시험구성
문서 만들기 및 관리	• 문서 만들기 • 문서 탐색 • 문서에 서식적용 • 문서 옵션 및 보기 • 문서 인쇄와 저장
텍스트, 단락 및 구역 서식 적용	• 텍스트 및 단락 삽입 • 텍스트 및 단락에 서식 적용 • 텍스트 및 단락 순서 지정 및 그룹화
표 및 목록 만들기	• 표 만들기 • 표 수정 • 목록 만들기 및 수정
참조 적용	• 미주, 각주 및 인용 관리 및 만들기
개체 삽입 및 서식 적용	• 도형, 그림, 이미지 삽입 • 도형, 그림, 이미지 서식 적용 • 스마트아트 삽입 및 서식 적용

Word 2016 Expert 상급 평가항목 [시험시간 50분 / 합격점수 1000점 중 700점 이상 합격]

Skill Set	시험구성
문서 관리 및 공유	• 여러 문서 및 템플릿 관리 • 검토용 문서 준비 • 문서 변경 내용 관리
고급 문서 디자인	• 고급 서식 적용과 수정 • 고급 스타일 적용
고급 참조 만들기	• 색인 만들기 및 관리 • 참조 만들기 및 관리 • 양식, 필드 및 편지 병합 작업 관리
사용자 지정 WORD 요소 만들기	• 블록, 매크로, 컨텐츠 컨트롤 만들기와 수정 • 사용자 스타일 및 템플릿 만들기 • 국제화 및 접근성을 위한 문서 준비

Excel 2016
core / expert

마이크로소프트 엑셀2016 평가항목
· 시 간 50분, 만점 : 1000점

Excel 2016 core 일반 평가항목 [시험시간 50분 / 합격점수 1000점 중 700점 이상 합격]

Skill Set	시험구성
통합 문서와 워크시트 만들기 및 관리	• 통합문서 및 워크시트 만들기 • 워크시트 및 통합 문서 탐색 • 워크시트 및 통합 문서 서식 지정 • 워크시트 및 통합 문서 옵션 및 보기 사용자 지정 • 워크시트 및 통합 문서 분할 설정
셀 및 범위 관리	• 셀 및 범위에 데이터 삽입 • 셀 및 범위에 서식 적용 • 셀 및 범위 순서 지정 및 그룹화
표 관리	• 표 작성 및 관리 • 표 수정 및 옵션 • 표 필터링 및 정렬
수식 및 함수 적용	• 함수를 사용한 데이터 요약 • 함수에서 조건부 논리 활용 • 함수를 사용하여 텍스트에 서식 적용 및 수정
차트 및 개체 만들기	• 차트 만들기 • 차트 서식 지정 • 개체 삽입 및 서식 지정

Excel 2016 Expert 상급 평가항목 [시험시간 50분 / 합격점수 1000점 중 700점 이상 합격]

Skill Set	시험구성
통합문서 옵션 및 설정 관리	• 통합문서 관리통합문서 검토
사용자 지정 서식 및 레이아웃 적용	• 사용자 지정 데이터 서식 적용 • 고급 조건부 서식 및 필터링 적용 • 사용자 통합문서 요소 만들기 및 수정 • 접근성을 위한 통합분서 준비
고급 수식 만들기	• 수식에 함수 적용 • 함수사용하여 데이터 찾기 • 함수를 사용하여 데이터 찾기, 고급 날짜 • 데이터 분석과 경영 정보 분석 • 수식 검사 • 범의와 개체 정의

고급 차트와 테이블 작성	• 고급 차트 만들기 • 피벗 테이블 만들기 및 관리 • 피벗 차트 만들기 및 관리

Power Point 2016 core — 마이크로소프트 파워포인트 2016 평가항목
• 시 간 50분, 만점 : 1000점

PowerPoint 2016 core 일반 평가항목 [시험시간 50분 /합격점수 1000점 중 700점 이상 합격]

Skill Set	시험구성
프리젠테이션 만들기 및 관리	• 프리젠테이션 만들기 • 슬라이드 삽입과 서식 • 슬라이드, 핸드아웃, 노트 수정 • 슬라이드 정렬 및 그룹화 • 프리젠테이션 옵션과 보기 변경 • 프리젠테이션 인쇄 • 프리젠테이션 슬라이드쇼 구성 및 표시
텍스트, 도형, 이미지 삽입 및 서식 지정	• 텍스트 삽입 및 서식 지정 • 도형 및 텍스트 박스 삽입 및 서식 지정 • 이미지 삽입 및 서식 지정 • 개체 정렬 및 그룹화
테이블, 차트, 스마트아트, 미디어 삽입	• 테이블 삽입 및 서식 지정 • 차트 삽입 및 서식 지정 스마트아트 삽입 및 서식 지정 • 미디어 삽입 및 서식 지정
전환 및 애니메이션 적용	• 슬라이드 간 전환 적용 • 슬라이드 내용에 애니메이션 효과 주기 • 전환 및 애니메이션 타이밍 설정
여러 프리젠테이션 관리	• 여러 프리젠테이션 내용 병합 • 프리젠테이션 완성하기

Access 2016 core

마이크로소프트 엑세스 2016 평가항목
• 시 간 50분, 만점 : 1000점

Access 2016 core 일반 평가항목 [시험시간 50분 /합격점수 1000점 중 700점 이상 합격]	
Skill Set	시험구성
데이터베이스 작성 및 관리	• 데이터베이스 작성 및 수정 • 관계 및 키 관리 • 데이터베이스 탐색 • 데이터베이스 보호 및 유지 • 데이터베이스 인쇄 및 내보내기
테이블 구축	• 테이블 만들기 • 테이블 관리 • 기록 관리 • 필드 만들기 및 수정
쿼리 작성	• 쿼리 작성 • 쿼리 수정 • 쿼리내의 계산된 필드 및 그룹 활동
양식 작성	• 폼 작성 • 폼 컨트롤 설정 • 폼 양식
보고서 작성	• 보고서 만들기 • 보고서 컨트롤 설정 • 보고서 형식

Outlook 2016 core

마이크로소프트 아웃룩 2016 평가항목
• 시 간 50분, 만점 : 1000점

Outlook 2016 core 상급 평가항목 [시험시간 50분 / 합격점수 1000점 중 700점 이상 합격]	
Skill Set	시험구성
아웃룩 환경 관리	• 설정 사용자 정의, 자동화 전망, 인쇄 및 정보 저장, Outlook에서 검색
메시지 관리	• 메시지 작성, 메시지 형식, 메시지 구성 및 관리
일정 관리	• 캘린더 작성 및 관리, 약속 · 모임 및 이벤트 만들기 • 약속, 회의 및 이벤트 만들기, 노트 · 작업 및 저널 관리
연락처 및 그룹 관리	• 연락처 및 그룹 만들기 및 관리

MOS FAQ(MOS 자격증에 대한 자주하는 질문들)

1. MOS 자격증 등기로 받고 싶다면?
- 자격증 우편신청 방법 : YBMIT 홈페이지 – MY PAGE – MOS자격증 발급
- 10장 미만 신청 건 : 일반우편으로 발송(처리 상태가 '발송완료'로부터 평일 기준 약 5~7일 소요)
- 10장 이상 신청 건: 자동으로 등기 발송(처리 상태가 '발송완료'로부터 평일 기준 1~2일 소요)
- 등기 발송으로 인해 연락처가 기재됩니다. 신청 당시 반드시 연락 가능한 연락처로 작성해 주시기 바랍니다.

필수 주의사항
- www.certiport.com에서는 자격증 우편 신청이 국제 발송이므로 받지 못할 수 있습니다.(타 사이트이기 때문에 환불도 어려움)
- 반드시 우편 신청은 www.ybmit.com – MY PAGE – MOS자격증 발급에서 진행해 주시기 바랍니다.

2. MOS 자격증 한글 번역본 받을 수 있을까요?
MOS 자격증의 한글번역본은 별도로 제공하고 있지 않습니다.
1. 자격증 우편 신청은 YBM IT – MY page – MOS 자격증 발급 메뉴 하단을 통해 결제해 주시면 됩니다.
2. 또는 www.certiport.com 에서 온라인 무료 발급이 가능합니다.
자격증 온라인 출력은 해당 아이디로 Certiport 사이트 로그인 하시면 My Transcript 메뉴에서 자격증의 PDF 글자를 클릭했을 때, 파일 확인 가능합니다. 단, PDF 관련 프로그램이 설치된 PC이용으로만 가능합니다.
   - www.certiport.com 의 MY Transcript 메뉴의 '공인인증서발급'을 통해서는 자격증이 올바르게 배송되기 어렵습니다. 해당 사이트는 미국 사이트로 해외배송되는 발급 방법이며, 우편 발급을 원하신다면 ybmit.com 홈페이지를 통해서 결제해주시기 바랍니다.

3. MOS 자격증 현장 발급 방법?
- MOS 자격증은 시험 합격 후 즉시 발급이 불가합니다.
- MOS 시험 합격일로부터 일주일~열흘 정도 후 홈페이지에서 자격증 취득 내역이 조회될 때 취득한 자격증의 우편/현장 발급이 가능합니다. 단, 합격 후 24시간이 지나면 www.certiport.com – my transcript – PDF 클릭하여 저장·출력 가능합니다.
- MOS 자격증의 현장 발급은 YBM 직영 CBT 센터인 종로, 대전, 광주, 대구, 부산에서 가능합니다. 평일, 10~18시 사이에 방문해 주셔야 합니다.

현장 발급 시 준비물
1. 자격증 발급 비용: 현금 2,000원
2. 본인 신분증
3. 응시한 시험 아이디(=CERTIPORT 아이디)

대리 발급 시 준비물
1. 가족: 대리자 신분증, 발급요청자 신분증(또는 가족관계 나와 있는 공식서류)
2. 지인: 대리자 신분증, 발급요청자 신분증

4. [시험비밀번호] Certiport 시험아이디의 비밀번호를 모를 경우?
시험 응시 전이라면 신규 시험아이디를 만들어 현장에서 새로 만든 아이디로 응시할 수 있습니다.

시험아이디 생성 방법
- YBM IT – My page – 시험아이디 조회 및 정보변경 – '신규 시험아이디 등록'
- 자격증 온라인 무료 출력을 위해서는 www.certiport.com 에서 로그인이 필수입니다.
- 로그인 시 아이디와 비밀번호는 시험 보실 때 사용하신 시험아이디와 비밀번호입니다.

시험아이디 조회 방법
- 시험아이디의 경우 YBM IT – My page – 시험아이디 조회 및 정보변경 – '조회하기' 클릭 시 확인 가능합니다. 또는 YBM IT – My page – MOS 자격증 발급 – 취득한 MOS 자격증 내역에 '시험아이디'에서 확인 가능합니다.

시험비밀번호 조회 방법
- 시험아이디의 비밀번호는 사무국에서도 알 수 없기 때문에 Certiport사이트 로그인화면에서 '계정에 엑세스 할 수 없습니다.'를 클릭 후 비밀번호를 잃어버렸습니다. – '시험아이디' 입력 – 비밀번호 힌트 입력으로 찾을 수 있습니다.
- 그럼에도 비밀번호를 찾을 수 없다면, YBM IT – My page – 시험아이디 조회 및 정보 변경 – 신규 시험아이디 등록 – 시험아이디 통합신청 '을 통해서 새로운 시험아이디로 모든 취득한 자격증을 확인할 수 있습니다(시험아이디 통합 시 약 일주일 정도 소요될 수 있습니다).

5. [점수 관련] MOS 감점 요인?

1. 클릭하는 모든 순간순간이 채점되어 점수가 감점되는지요?
실행이 되지 않도록 메뉴를 클릭하시는 부분은 감점이 없습니다. 하지만 클릭해서 실행을 하셨을 때 정답과 다르면 감점이 될 수 있습니다.

2. 다시풀기(초기화) 버튼을 누르면 감점되나요?
- 프로젝트 다시풀기 버튼은 프로젝트를 초기화한 후 처음부터 새로 풀고 싶으실 경우 누르는 버튼입니다. 단, 2013버전은 1개의 프로젝트를 완성해야하기 때문에 해당 버튼을 클릭하면 모든 풀이과정이 없어지므로 신중하게 선택해주시기 바랍니다(남은 시간은 절대 초기화 되지 않습니다).
- 작업 창은 교재 등을 참고하셔서 공부하신 후 문제에서 요구 하는 대로 진행해주시기 바라며 세부적인 감점 요인이나 채점 사항에 대해서는 규정상 안내가 어려우니 양해 부탁 드립니다.

3. 문제의 답은 맞지만 풀이과정에서 실수가 있다면 감점되나요?
- 문제 풀이 과정에서 많은 분들이 실수하는 부분 중 하나는 문제에서 지시하지 않는 작업 메뉴를 클릭하여 실행이 된 경우 감점이 되는 경우입니다.
  예 '2010버전'만 저장 지시가 없었는데 저장버튼을 클릭
- 반면 2013, 2016버전은 저장 버튼을 언제나 눌러도 감점은 없습니다. 이 내용은 시험의 오리엔테이션 화면에서도 확인되는 내용입니다.
- 2016버전의 문제풀이 중에 실수가 있었다고 생각되는 경우엔 "다시풀기" 버튼을 이용하시면 해당 문제가 초기화 되니 참고해주시기 바랍니다.
- 단순히 메뉴를 눌러 보시거나, 단축키를 사용하는 등은 감점 요인이 되지 않습니다.

6. [점수 관련] 시험 후 점수확인 방법 및 점수보고서 란?

- 시험 후, 컴퓨터화면에서 바로 점수확인 및 합격/불합격 여부를 확인할 수 있습니다.
- 시험장을 나온 후, 점수 확인을 다시 하고 싶다면 www.certiport.com 사이트에서 시험아이디 및 비밀번호를 입력해서 로그인 후, my transcript 탭에서 pdf 형태로 자격증 출력이 가능하며 '점수보고서' 확인도 가능합니다.
- '점수보고서' 란? 시험 영역별 점수를 대략적으로 확인 할 수 있는 pdf 파일 입니다.
- 이외의 상세한 시험 감점 부분, 틀린 원인 등은 시험 정책상 공개할 수 없습니다.

7. 합격 후, 자격증이 안 왔어요(→안 오는게 맞습니다).

- 2017년 8월 1일부터 최초 자격증 무료 우편발송 서비스가 종료되었습니다.
- 2017년 7월 31일까지 합격한 과목에 한해 무료 우편 발송되었으며 이후 합격한 과목은 온라인 무료출력 가능합니다.
- 온라인 자격증은 기존 우편 발송 자격증과 디자인, 내용이 모두 동일합니다.
- 온라인 자격증 출력은 시험응시 당시 사용했던 시험아이디와 패스워드를 알아야 합니다.
- 출력 방법은 www.ybmit.com - 마이페이지 - MOS자격증 발급 메뉴에 자세히 안내되어 있습니다.
- 자격증 우편 수령을 희망하실 경우 www.ybmit.com - 마이페이지 - MOS자격증 발급 메뉴 하단에서 유료 발급 신청이 가능합니다. 비용은 장당 2,000원이 부과되며 수령까지는 약 일주일정도 소요됩니다.

8. 시험응시 시 2개의 아이디를 사용/ 혹은, 마스터자격요건 완료 후, master 자격증이 안 뜹니다.

- 시험응시 아이디가 2개이상일 경우 각각의 자격증은 발급이 됩니다.
- 단, 마스터자격증은 1개의 아이디로 4개 과목을 합격해야지만 마스터 자격증이 발급이 됩니다.
- 따라서, 2개 이상의 시험아이디로 합격하신 분 중 MASTER 자격증을 취득하기 위해서는 아이디를 통합 하셔야 합니다.
- 통합하시려면 홈페이지 (www.ybmit.com) 접속 → MY PAGE → 로그인 → 시험아이디 조회 및 정보변경 → 시험아이디통합하기 버튼을 클릭하셔서 신청해 주시면 됩니다.
- 아이디 통합은 1주~2주정도 시간이 소요가 됩니다. 추후 신청내역확인에서 처리 상태를 확인하시면 됩니다.
- 처리 상태가 완료로 바뀌면 MASTER 자격증도 자동으로 취득 내역에 보일 것입니다.

9. MOS자격증에 유효기간이 있거나 업그레이드의 의무가 있습니까?

- MOS자격증에 유효기간은 없습니다.
- 업그레이드된 시험이 출시되는 경우 본인의 필요에 따라서 선택해서 응시하면 됩니다.
- 위 사항은 의무가 아닌 본인의 선택입니다. 참고하시기 바랍니다.

10. Master인증서를 취득하려면 요건은?

- Master는 버전 별로 2013 Master, 2016 Master 가 있습니다.
- 인증서취득을 위해서는 모두 같은 버전으로 자격취득해야 합니다.

- 2016 Master 요건 : 동일한 아이디로 Word(Expert), Excel(Expert), Power Point(core)는 필수 취득, Access(core), Outlook(core)은 선택으로 1과목 취득하여 4개의 자격증을 획득하면 Master 자격증을 받습니다.
- 자세한 취득 요건은 아래 URL을 참고해주시기 바랍니다.
  https://www.ybmit.com/mos/int_certi.jsp

11. 시험 응시 시 영문이름을 잘못 적었어요. 변경되나요?

- 영문이름 변경은 홈페이지(http://www.ybmit.com)접속 → MY PAGE 클릭 → 로그인 → 시험 아이디 조회 및 정보변경 에서 신청하실 수 있습니다.
- 영문이름변경은 1~2주 정도 시간이 소요됩니다.
- 추후 '신청내역확인' 버튼에서 변경 완료를 확인하시면 됩니다.
- 위의 서비스는 회원 전용 서비스입니다.

PART 1

01주차	PROJECT 01	제품 대여 현황	22
02주차	PROJECT 02	기부자	31
	PROJECT 03	나무 종류별 재고	39
03주차	PROJECT 04	중고 컴퓨터 재고	44
	PROJECT 05	생활 스포츠	50
04주차	PROJECT 06	등산로 투어	55
	PROJECT 07	쇼핑몰	62

PROJECT
01

제품 대여 현황

준비파일 프로젝트_01_제품 대여 현황.xlsx   완성파일 프로젝트_01_제품 대여 현황_완성.xlsx

학습개요   당신은 어린이 장난감, 도서 대여 매장을 오픈하였고, 고객에게 제품을 대여하였습니다. 또한, 대여현황과 구입예정도서를 계획, 평가하고 있습니다.

STEP 1

"대여현황" 워크시트에서, 한 행씩 번갈아 음영 처리되도록 표의 서식을 지정합니다. 새 행을 삽입할 경우, 지정된 서식이 자동으로 업데이트되도록 합니다.

❶ "대여현황" 워크시트에서 [A1] 셀을 클릭한다.

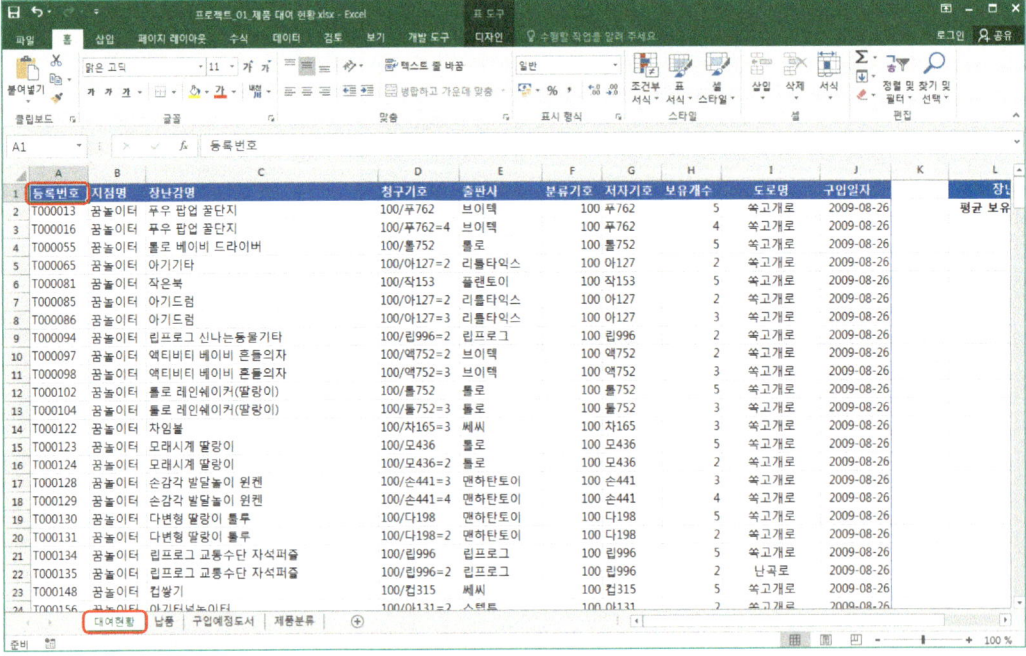

❷ [표 도구] 상황 탭 – [디자인] 탭 – [표 스타일 옵션] 그룹 – '줄무늬 행' 체크 설정

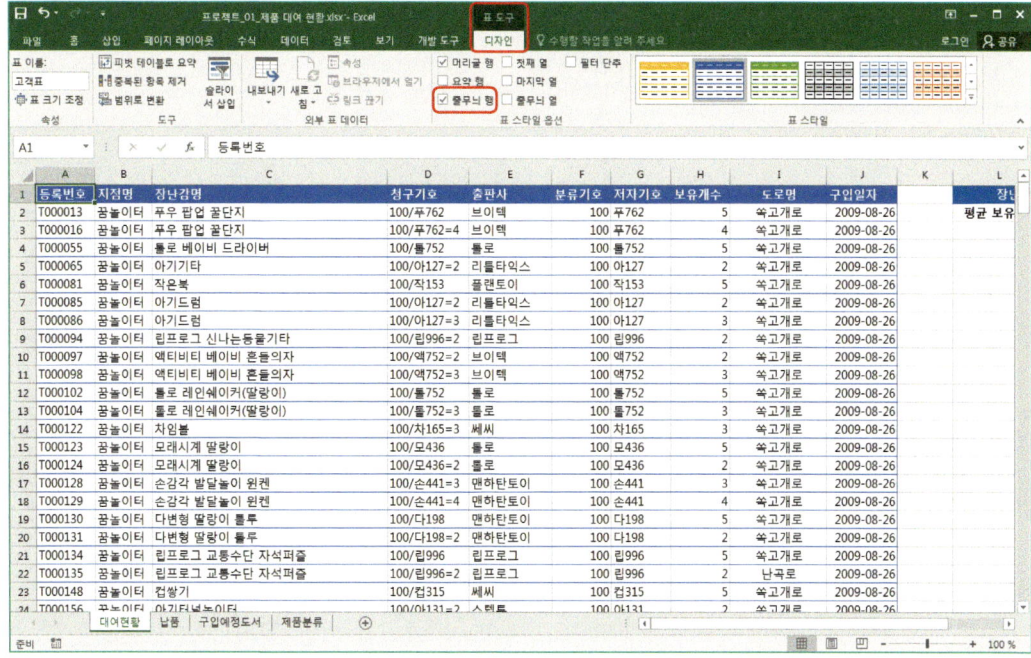

STEP 2

"대여현황" 워크시트에서 난곡로의 도로명 주소가 처음 나오고, 쑥고개로의 도로명이 다음에 오도록 표를 정렬합니다. 그런 다음, 각 장난감을 "출판사" 필드를 기준으로 내림차순으로 정렬합니다. 마지막으로, 각 장난감을 "등록번호" 필드를 기준으로 오름차순으로 정렬합니다.

❶ "대여현황" 워크시트에서 [A1] 셀을 클릭한다.
❷ [데이터] 탭 – [정렬 및 필터] 그룹 – 정렬 클릭한다.

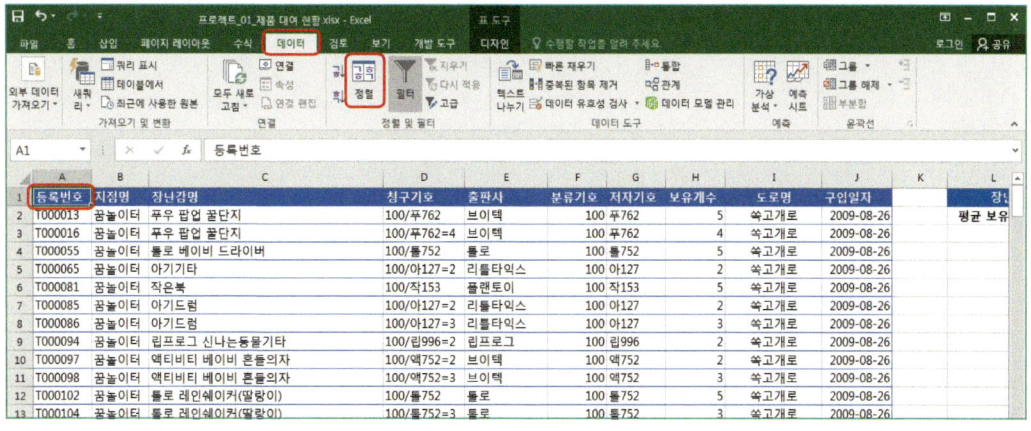

❸ 첫 번째 기준 - 도로명, 정렬 - 오름차순 선택 - [기준 추가] 단추 클릭

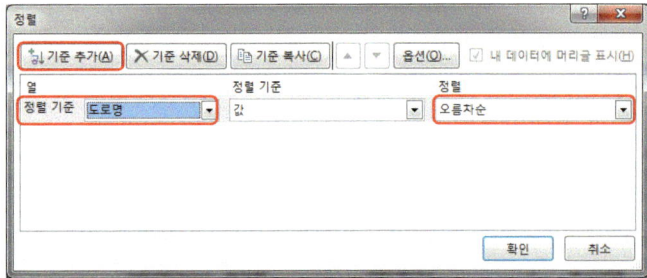

❹ 두 번째 기준 - 출판사, 정렬 - 내림차순 선택
❺ 세 번째 기준 - 등록번호, 정렬 - 오름차순 선택 후 확인 클릭한다.

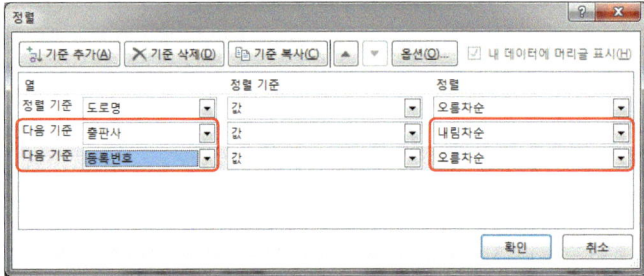

STEP 3

"대여현황" 워크시트에서 Excel 함수를 사용하는 수식을 셀 M2에 입력하여 "보유개수" 열의 값을 기준으로 장난감의 평균 개수를 계산합니다.

❶ "대여현황" 워크시트에서 [M2] 셀을 클릭한다.
❷ =AVERAGE(H2:H300) 작성된 것을 확인하고 Enter 키를 누른다.
  (참고 : 실제 작성된 모양 ➡ =AVERAGE(고객표[보유개수]))

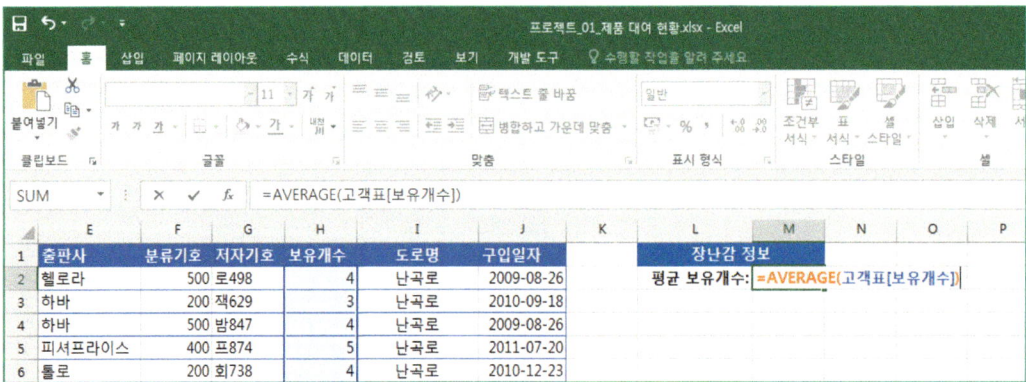

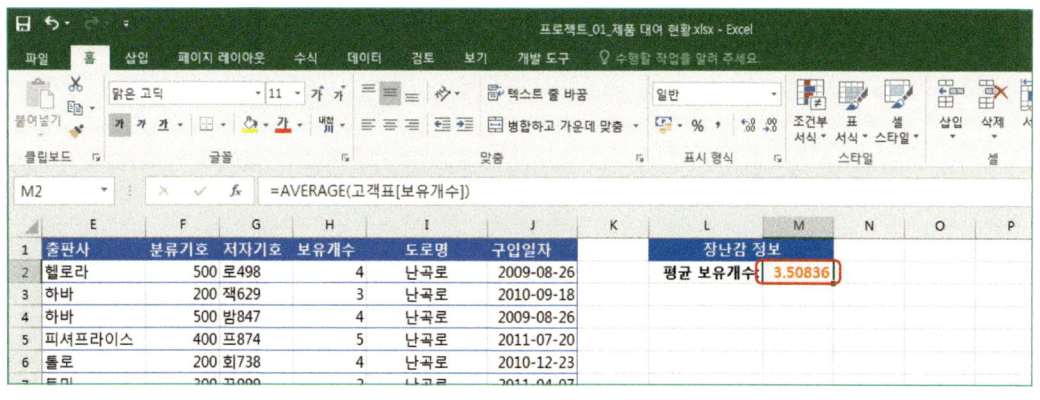

STEP 4

"납품" 워크시트에서, "중량" 열의 값이 소수점 이하 3자리까지 표시되도록 숫자 형식을 적용합니다.

❶ "납품" 워크시트를 클릭한다.
❷ [D2:D45] 범위를 지정한다.

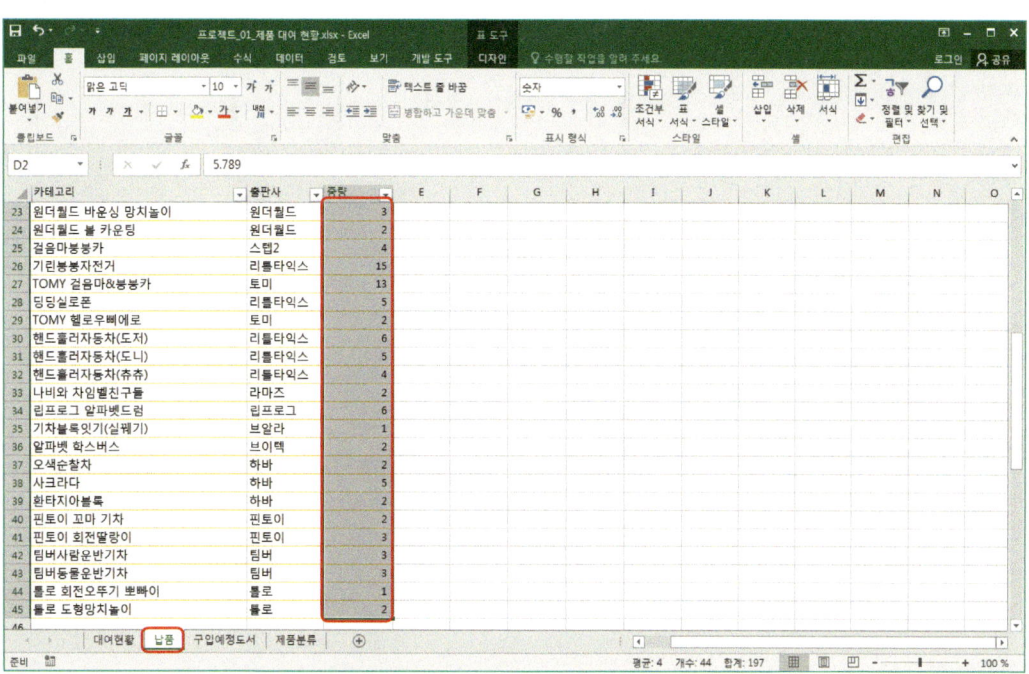

❸ [홈] 탭 – [셀] 그룹 – [셀 서식] 메뉴 클릭한다.

PROJECT 01 제품 대여 현황 25

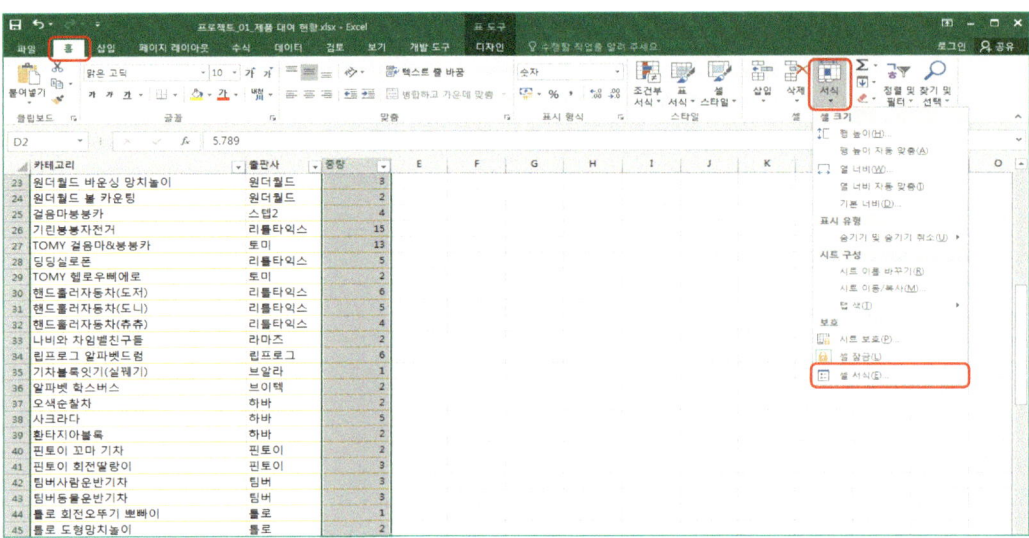

❹ [셀 서식] 대화상자에서 [표시 형식] 탭 – [범주] 목록 중에서 [숫자] 선택, 소수 자릿수 값을 '3'
으로 입력 후 확인을 클릭한다.

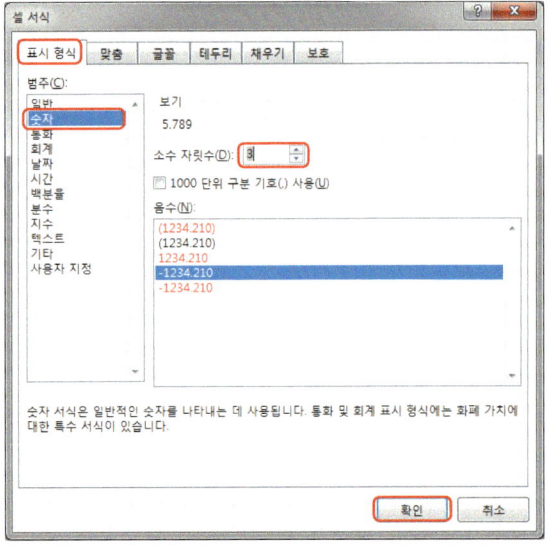
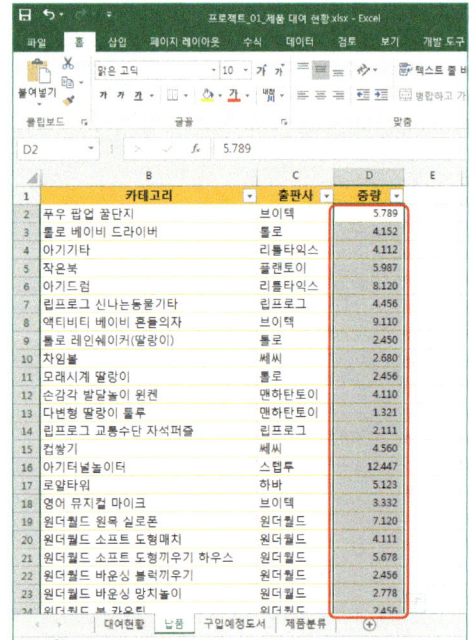

🖥 STEP 5

"구입예정도서" 워크시트에서, 자동 서식 지정 방법을 사용하여 평균을 초과하는 값에 진한 노랑 텍스트가 있는 노랑 채우기가 적용되도록 "금액" 열의 셀에 서식을 지정합니다.

❶ "구입예정도서" 워크시트를 클릭한다.
❷ [G2:G253] 범위를 지정한다.
❸ [홈] 탭 – [스타일] 그룹 – [조건부 서식] 메뉴 클릭한다.

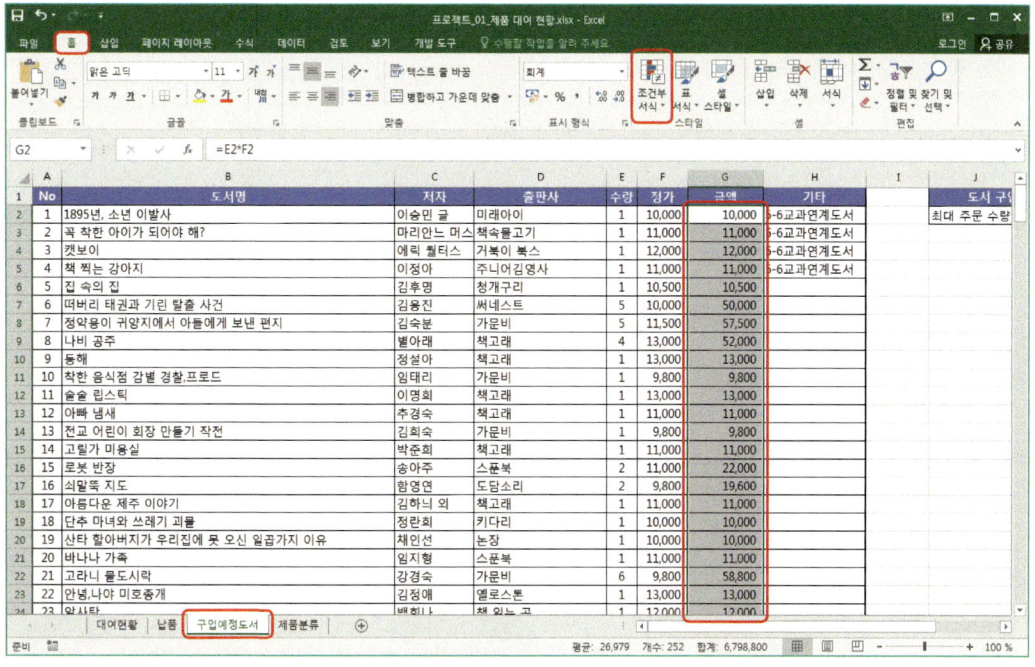

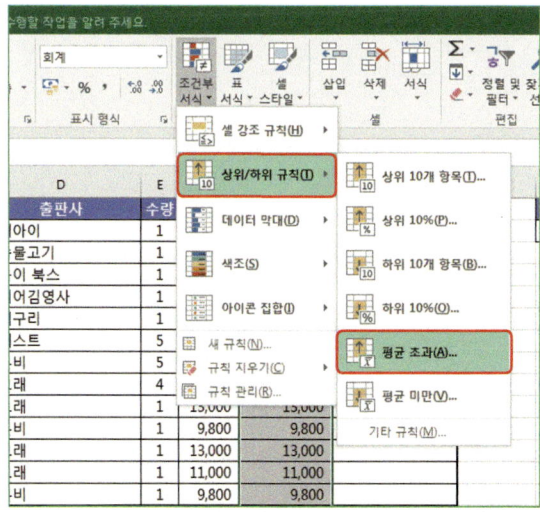

PROJECT 01 제품 대여 현황　27

❺ 적용할 서식 목록에서 '진한 노랑 텍스트가 있는 노랑 채우기'를 선택하고 확인을 클릭한다.

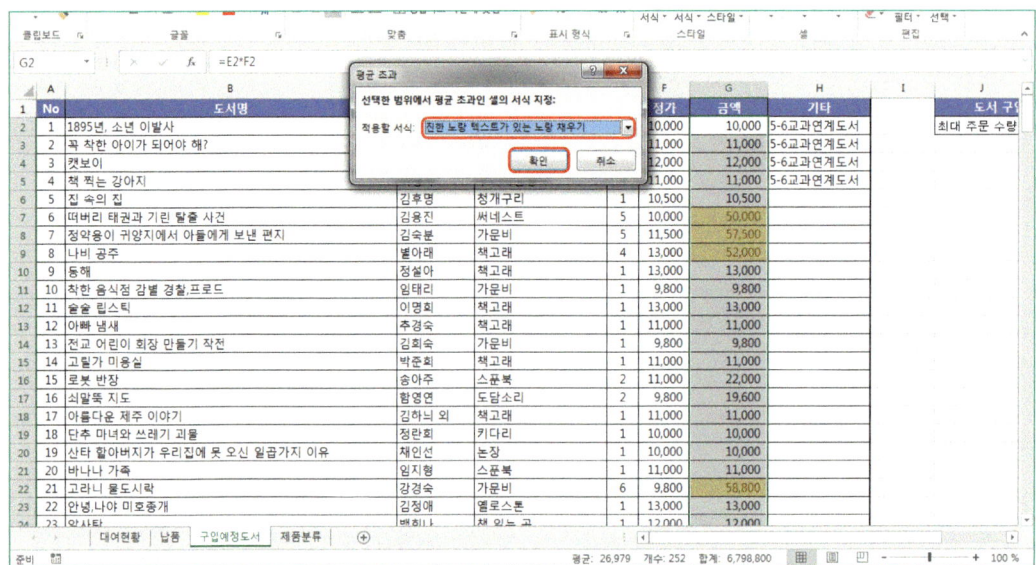

STEP 6

"구입예정도서" 워크시트에서, Excel 함수를 사용하여 가장 높은 "수량" 값을 갖는 최대 주문의 "수량" 값을 찾아내는 수식을 셀 K2에 입력합니다.

❶ "구입예정도서" 워크시트에서 [K2] 셀을 클릭한다.
❷ =MAX(E2:E253) 작성된 것을 확인하고 Enter 키를 누른다.

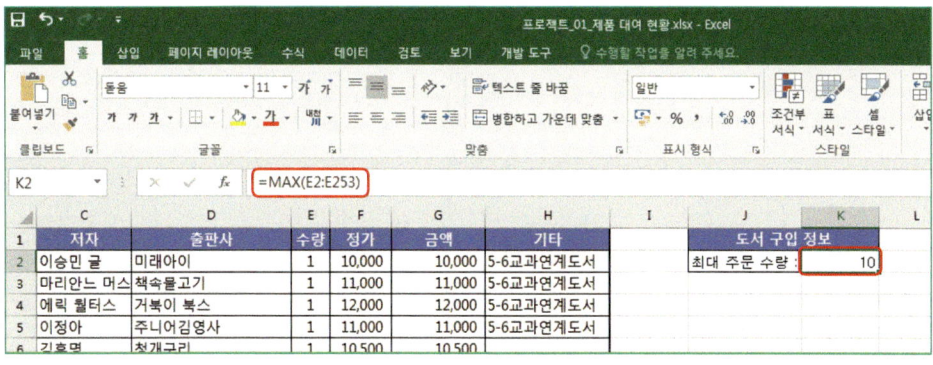

STEP 7

"제품분류" 워크시트에서, Excel 데이터 도구를 사용하여 표의 중복 "청구기호" 값을 갖는 모든 레코드를 제거합니다. 그 밖의 다른 레코드는 제거하지 마십시오.

❶ "제품분류" 워크시트에서 [A1] 셀을 클릭한다.
❷ [데이터] 탭 – [데이터 도구] 그룹 – [중복된 항목 제거] 메뉴 클릭한다.

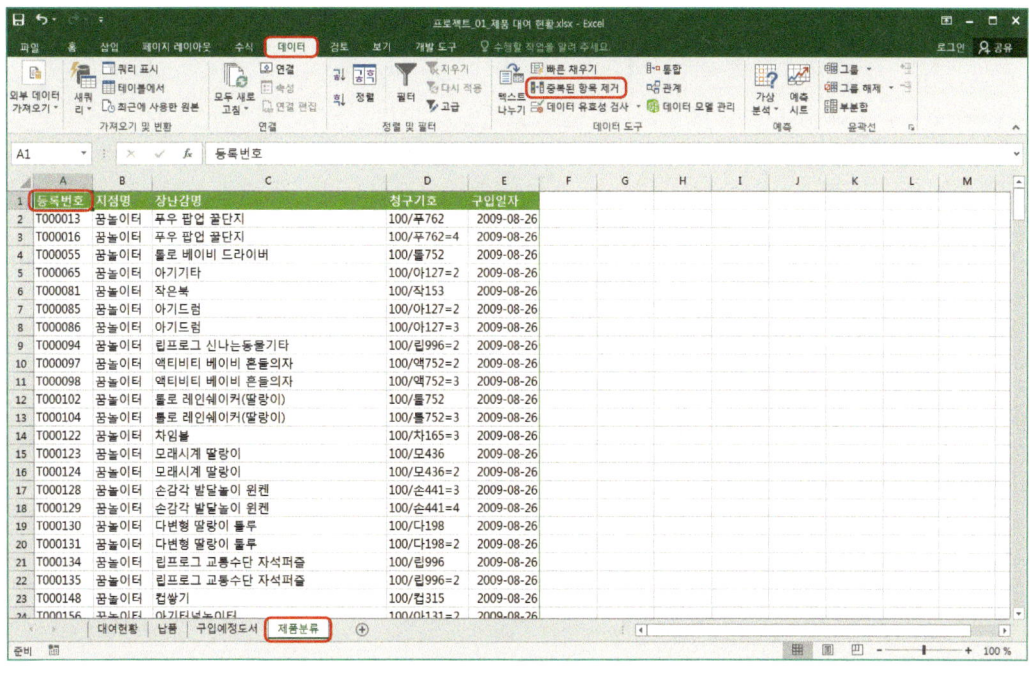

❸ [모든 선택 취소] 클릭 후 열 목록 중 '청구기호'만 체크 설정하고 [확인]을 클릭한다.

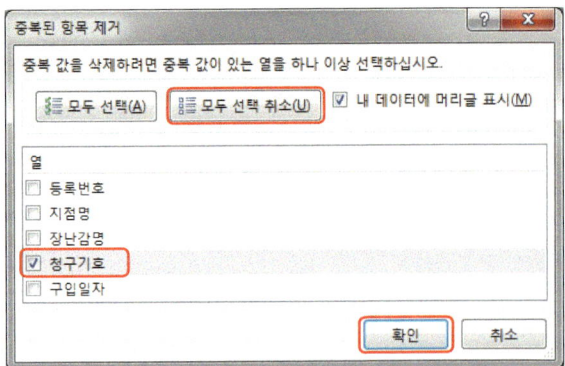

❹ 팝업 창이 나타나면 확인을 클릭한다.

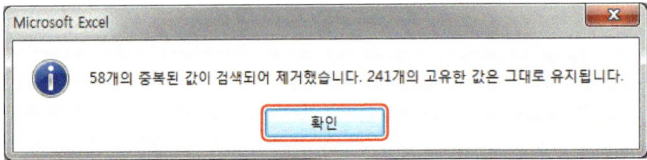

01주차 | **02주차** | 03주차 | 04주차

PROJECT
02 기부자

준비파일 프로젝트_02_기부자.xlsx, 기록자.txt   완성파일 프로젝트_02_기부자_완성.xlsx

 귀하는 한국기부재단이라는 비영리 조직의 직원입니다. 귀하는 기부자 목록을 포함한 통합문서를 업데이트하고 있습니다.

🖥️ STEP 1

"500만원 기부자" 워크시트의 셀 A5부터 문서 폴더에 있는 기록자.txt 파일을 탭 구분 기호를 사용해서 가져옵니다(모든 기본값을 수락합니다).

❶ "500만원 기부자" 워크시트에서 [A5] 셀을 클릭한다.
❷ [데이터] 탭 – [외부 데이터 가져오기] 그룹 – [텍스트] 메뉴를 클릭한다.

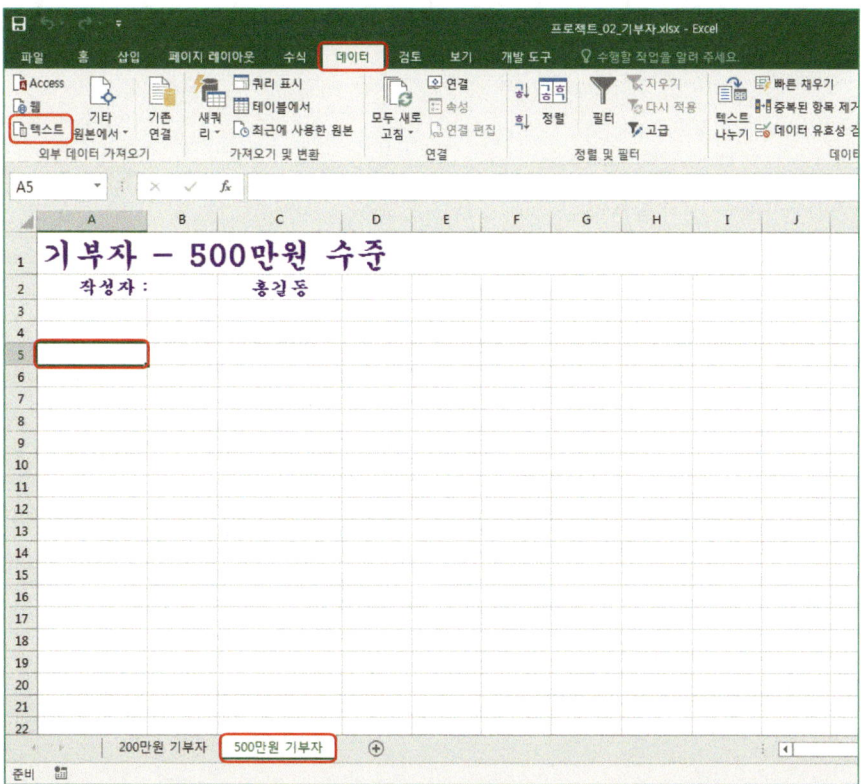

PROJECT 02 기부자 31

❸ [텍스트 가져오기] 불러오기 창에서 해당 파일(기부자.txt)을 선택하고 가져오기를 클릭한다.

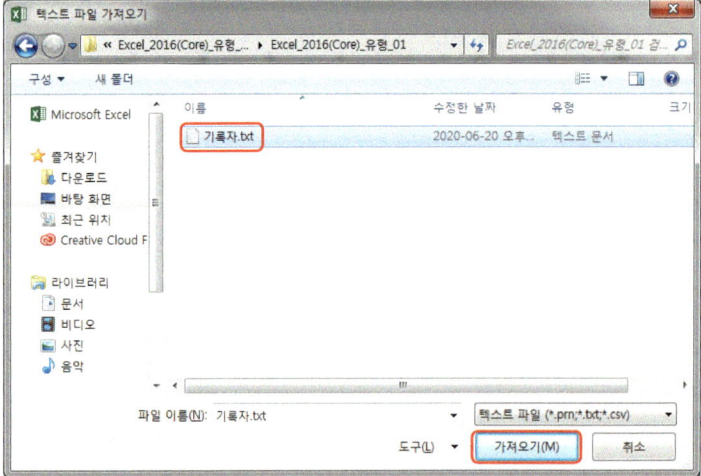

❹ [텍스트 마법사 – 3단계 중 1단계] 대화상자에서 '구분 기호로 분리됨' 선택 – [다음] 클릭

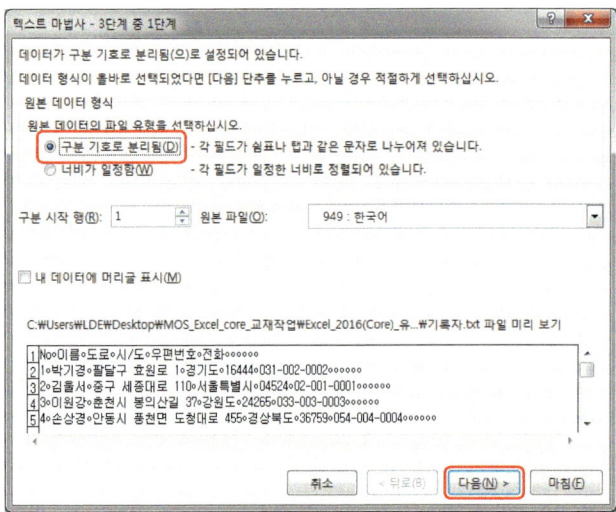

❺ [텍스트 마법사 – 3단계 중 2단계] 대화상자에서 '탭' 체크 설정 – [다음] 클릭

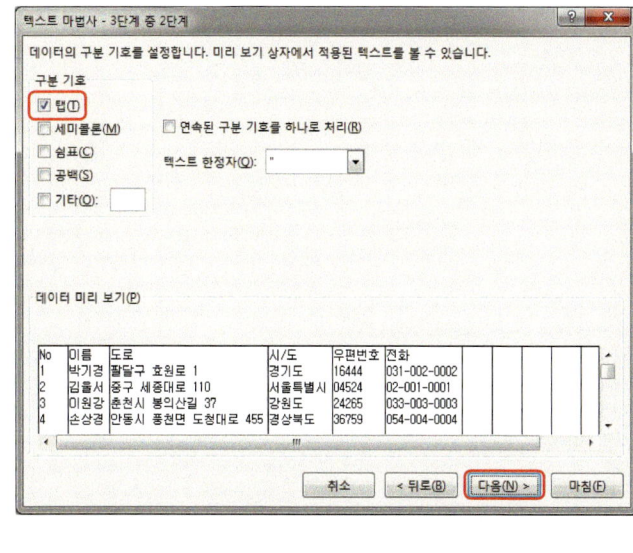

❻ [텍스트 마법사 – 3단계 중 3단계] 대화상자에서 기본 값 유지하고 [마침] 클릭한다.

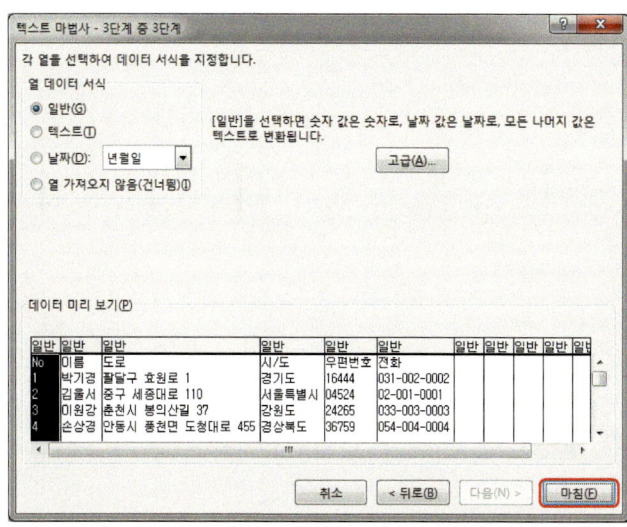

❼ [데이터 가져오기] 대화상자에서 기존 워크시트 '=$A$5' 확인 후 [확인] 클릭한다.

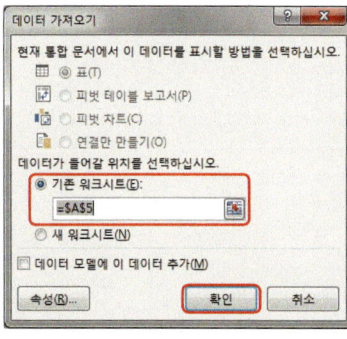

PROJECT 02 기부자 33

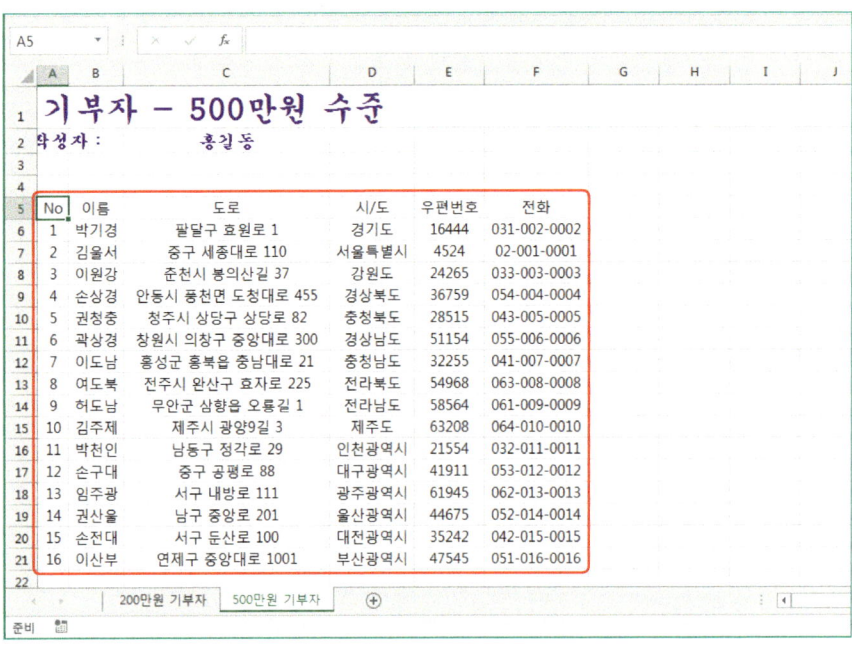

STEP 2

"광역시" 이름의 범위로 이동하여, 선택한 셀의 내용을 삭제합니다.

❶ [이름 상자] 목록을 클릭해서 '광역시' 선택한다.

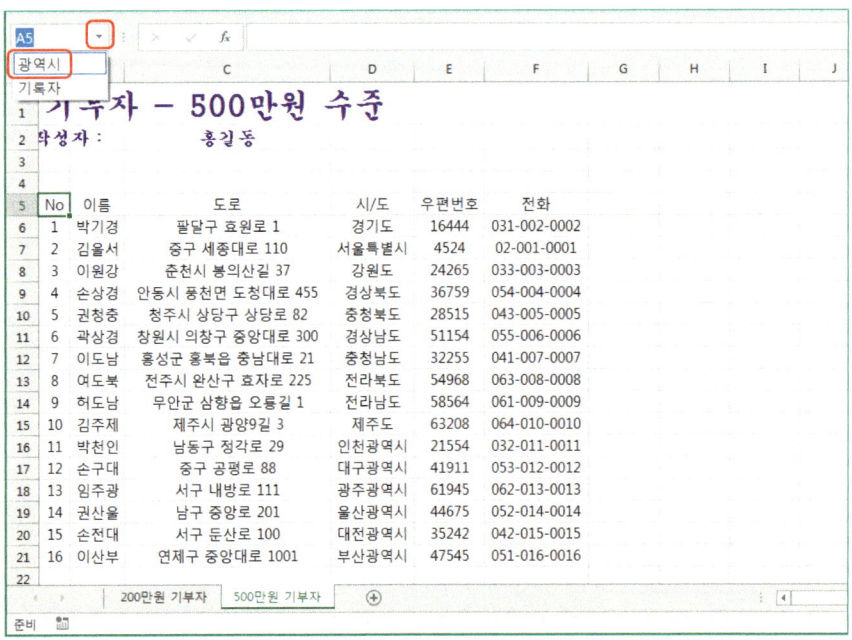

❷ 선택 된 범위에서 오른쪽 버튼을 클릭해서 [삭제] 메뉴를 클릭한다.

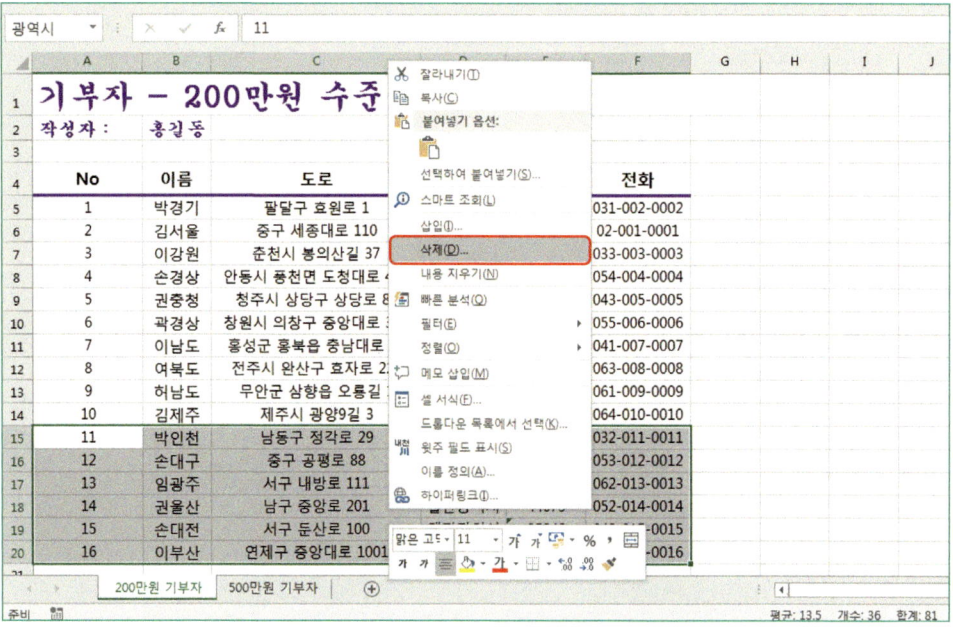

❸ [삭제] 대화상자에서 '셀을 위로 밀기'를 선택하고 [확인]을 클릭한다.

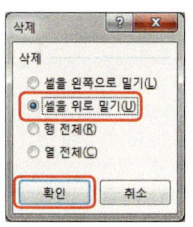

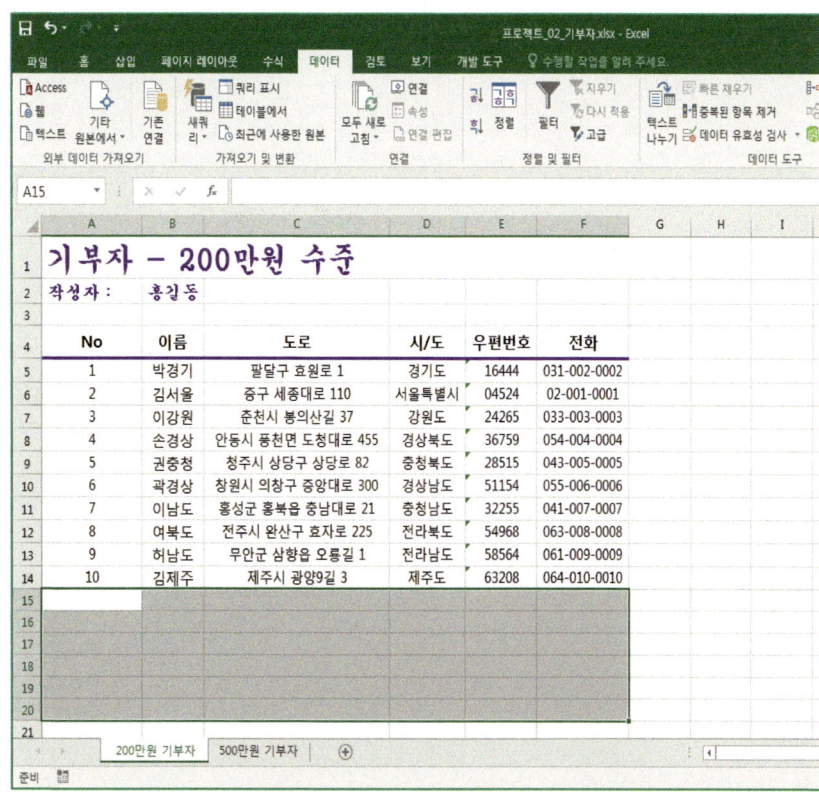

PROJECT 02 기부자 35

STEP 3

"100만원 기부자"라는 이름의 새 워크시트를 통합문서에 추가합니다.

❶ 좌측 하단 시트 목록 끝에 '⊕' 를 클릭한다.

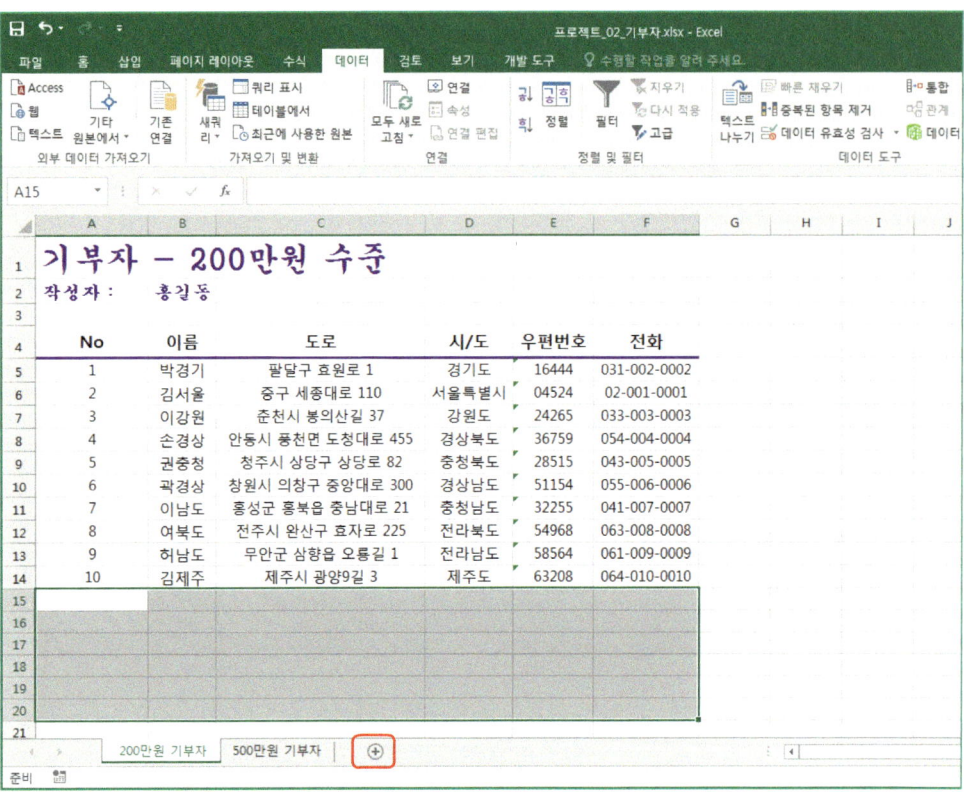

❷ 'Sheet1' 선택 후 오른쪽 버튼, [이름 바꾸기] 메뉴 선택한다.
❸ 시트 이름을 '100만원 기부자' 입력 후 Enter 키를 누른다.

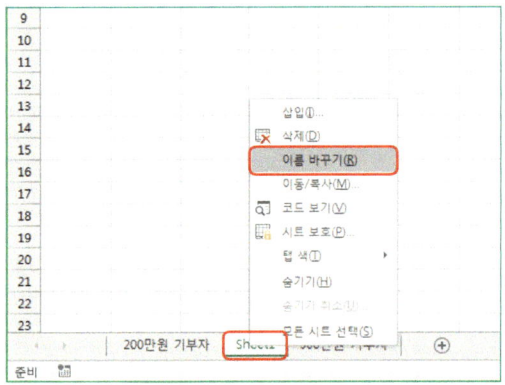 

🖥 STEP 4

"500만원 기부자" 워크시트에서, 셀 C3에 전자메일 주소 "honggildong@korea.or.kr"에 연결되도록 하이퍼링크를 삽입합니다.

❶ "500만원 기부자" 워크시트에서 [C3] 셀을 클릭한다.
❷ [삽입] 탭 – [링크] 그룹 – [하이퍼 링크] 메뉴를 클릭한다.

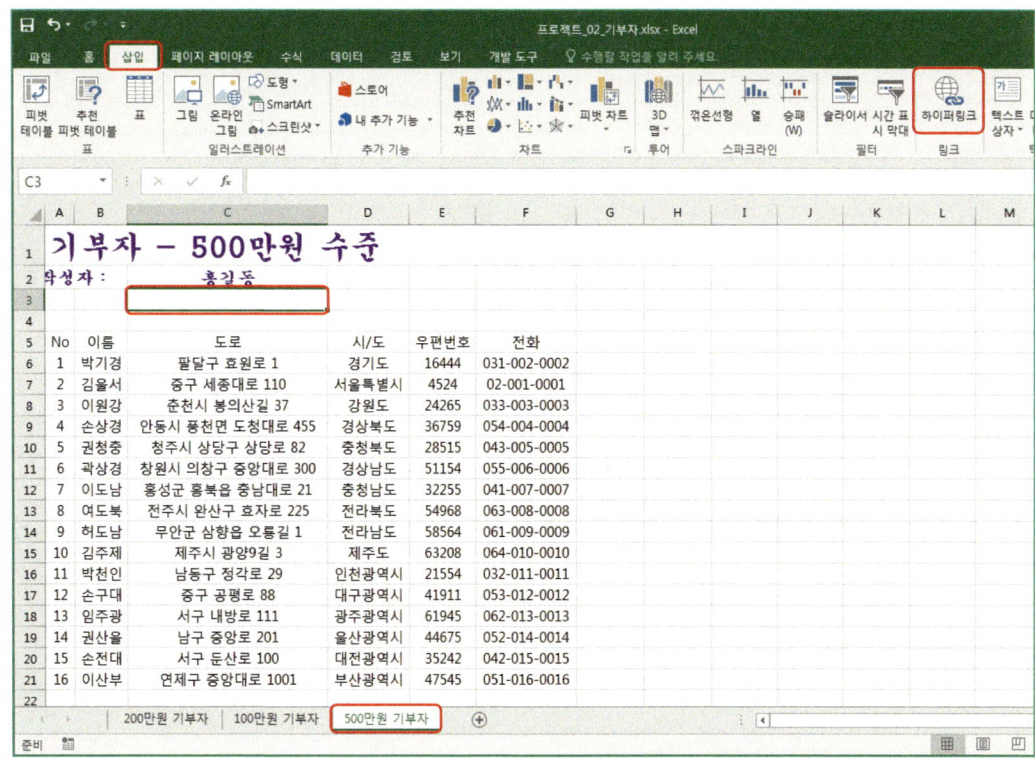

❸ [하이퍼링크 삽입] 대화상자에서 연결 대상 – '전자 메일 주소' 클릭한다.
❹ [전자 메일 주소] 입력란에 'honggildong@korea.or.kr'를 입력하고 [확인]을 클릭한다.

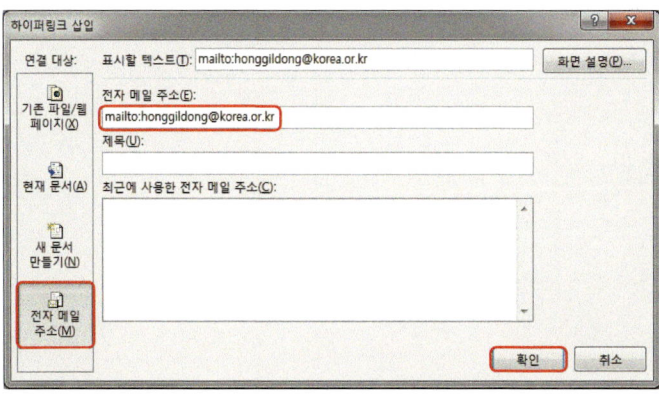

PROJECT 02 **기부자** 37

STEP 5

"500만원 기부자"가 첫 번째가 되도록 워크시트를 정렬합니다.

❶ 좌측 하단 시트 목록 에서 "500만원 기부자" 워크시트를 선택한다.
❷ 해당 시트를 드래그 하여 시트 맨 앞으로 이동한다.

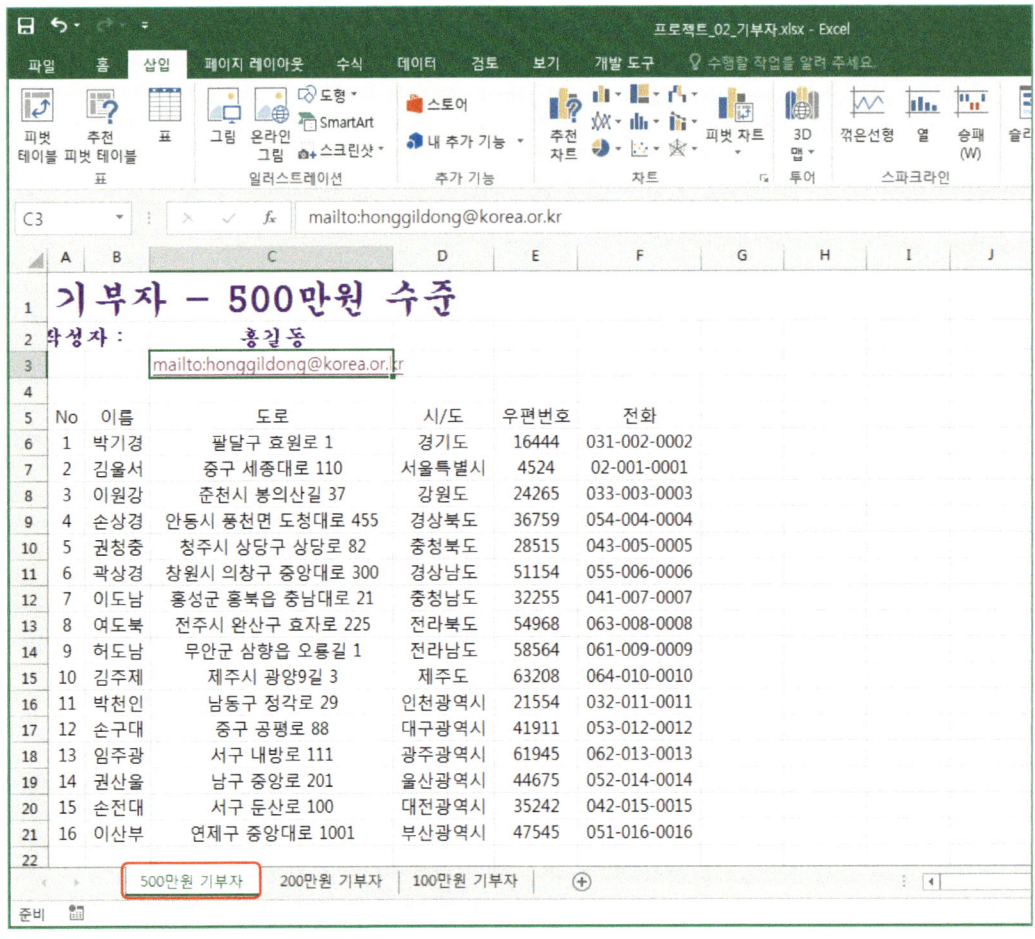

01주차 02주차 03주차 04주차

PROJECT
03 나무 종류별 재고

준비파일 프로젝트_03_나무 종류별 재고.xlsx   완성파일 프로젝트_03_나무 종류별 재고_완성.xlsx

 당신은 나무 회사의 재고를 업데이트하고 있습니다.

STEP 1

상하 여백을 2.53cm로, 좌우 여백을 1.89cm로, 머리글과 바닥글의 여백을 1.26cm로 변경합니다.

❶ [페이지 레이아웃] 탭 – [페이지 설정] 그룹 – [여백] – [사용자 지정 여백] 메뉴를 클릭한다.

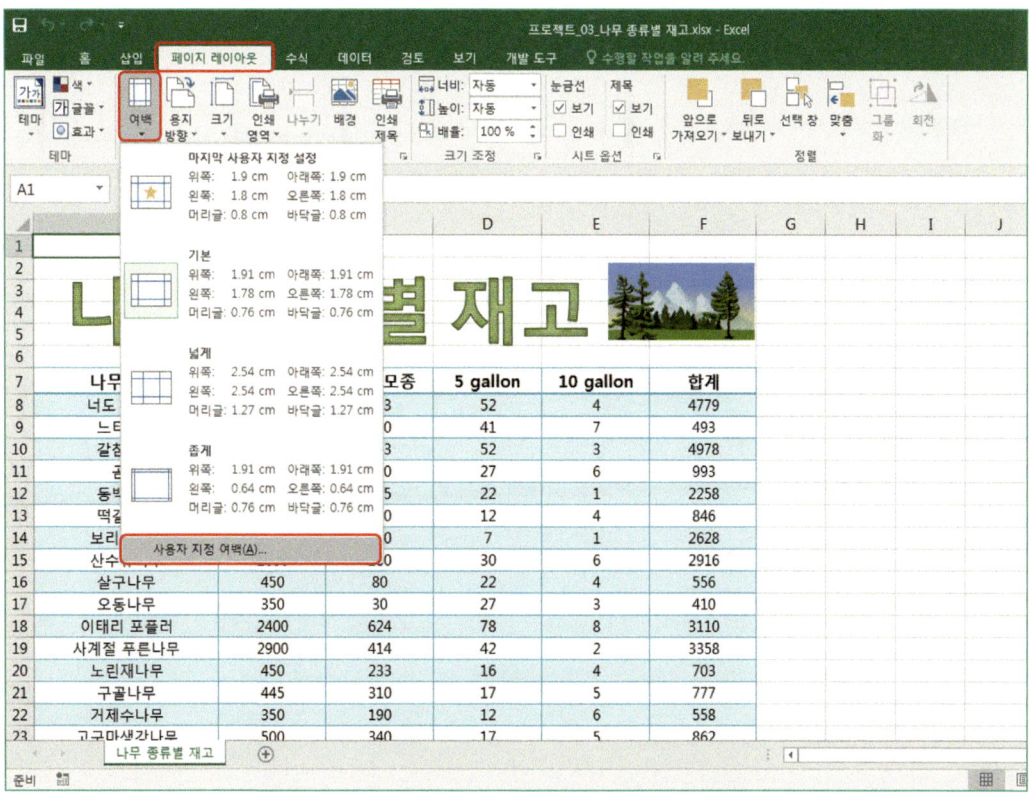

❷ [페이지 설정] 대화상자에서 [여백] 탭 위치 확인한다.
❸ 위쪽 : '2.53', 아래쪽 : '2.53', 왼쪽 : '1.89', 오른쪽 : '1.89', 머리글 : '1.26', 바닥글 : '1.26' 입력하고 [확인]을 클릭한다.

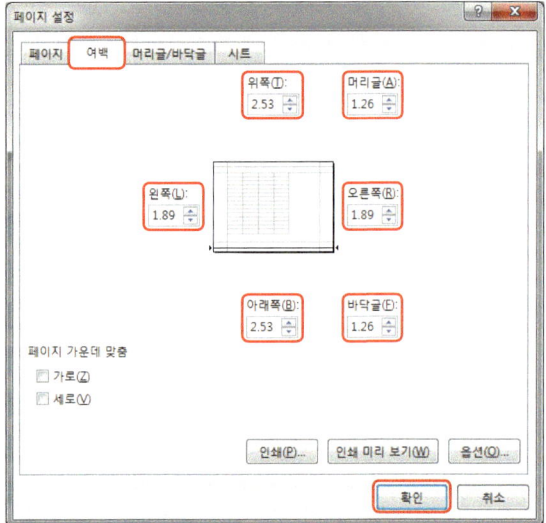

STEP 2

19행과 20행을 숨깁니다.

❶ 행 머리글 19, 20행을 선택한다.
❷ 선택한 행 머리글에서 오른쪽 버튼을 클릭하고 [숨기기] 메뉴를 클릭한다.

STEP 3

아래로 스크롤할 때 7행과 WordArt가 항상 표시되도록 워크시트를 설정합니다.

❶ 행 머리글 8행을 선택한다.
❷ [보기] 탭 – [창] 그룹 – [틀 고정] 메뉴를 선택한다.
❸ [틀 고정] 클릭한다.

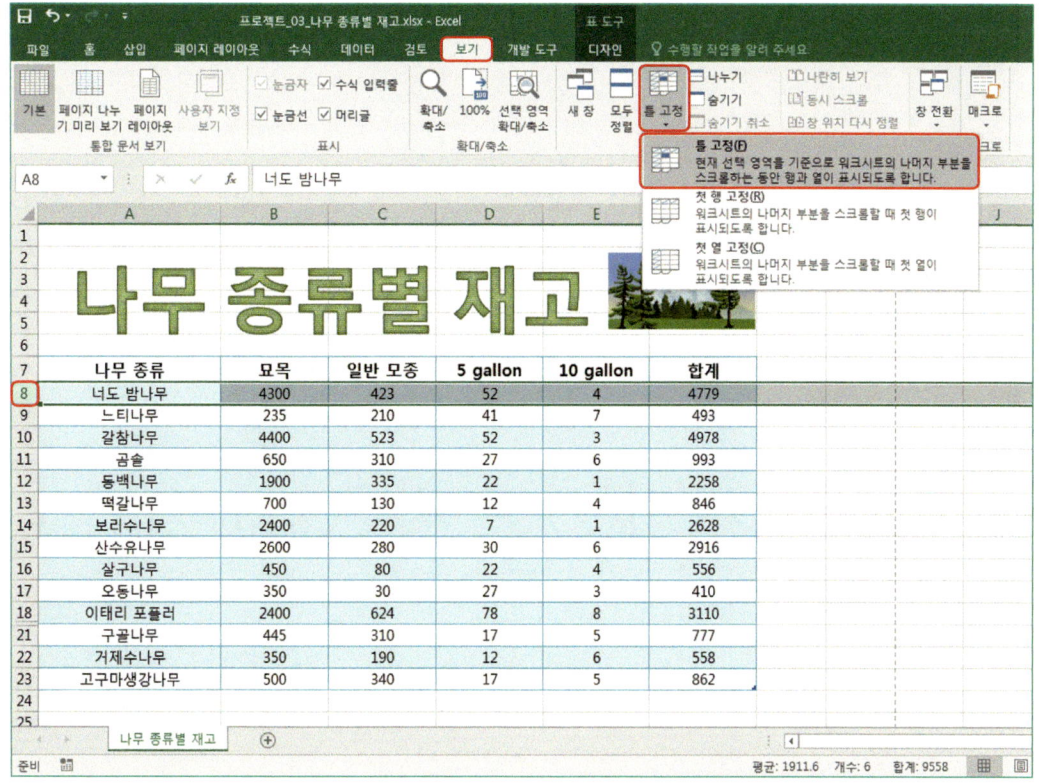

STEP 4

스프레드시트에서 접근성 문제를 확인합니다. "나무종류별 재고"를 대체 텍스트 제목으로 추가하여 오류를 수정합니다. 경고를 수정할 필요가 없습니다.

❶ [파일] – [문제 확인] – [접근성 검사] 메뉴를 클릭한다.
❷ 오류 항목 아래 '그룹 3(나무 종류별 재고)'를 클릭한다.

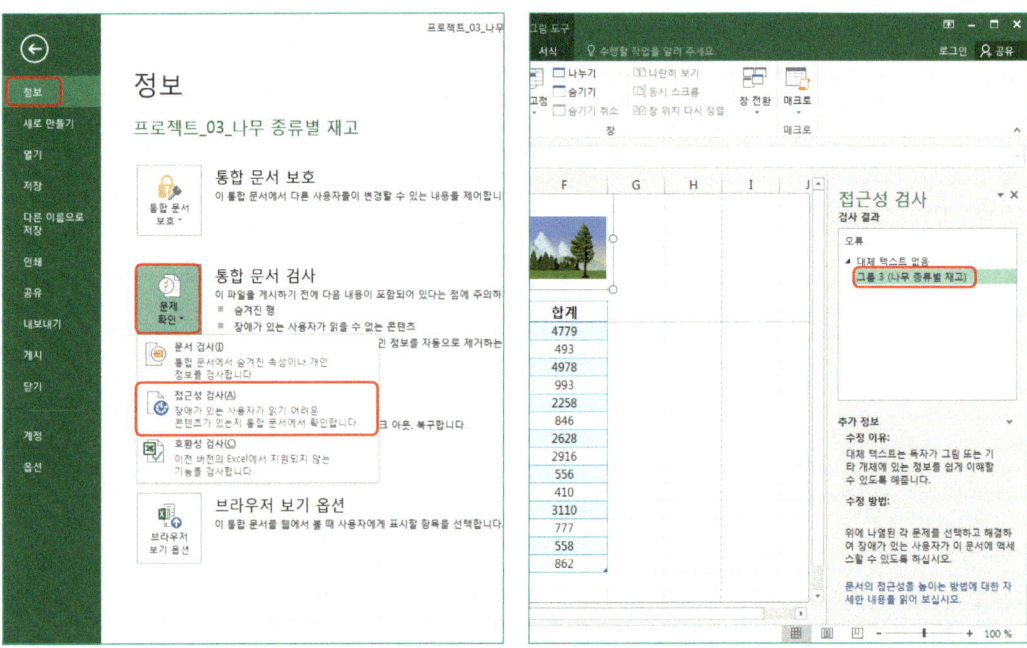

❸ 워크시트 안에 선택된 그룹을 선택하고 오른쪽 버튼을 클릭한 후 [그림 서식] 메뉴를 선택한다.

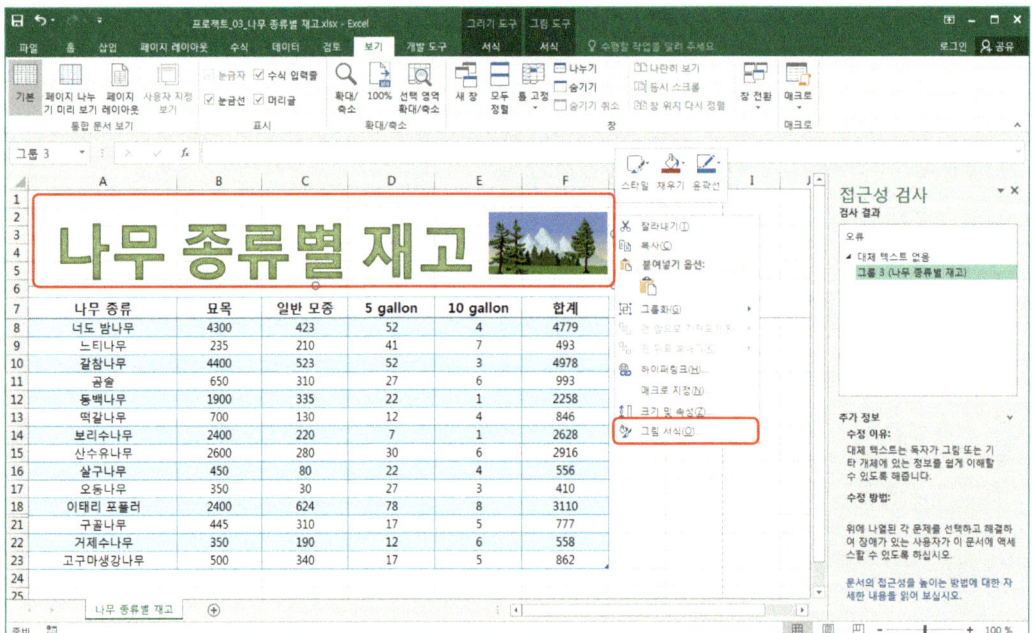

❹ [그림 서식] 창 - 크기 및 속성(3번째) - 대체 텍스트 선택한다.
❺ 제목 입력란에 '나무종류별 재고'를 입력한다.

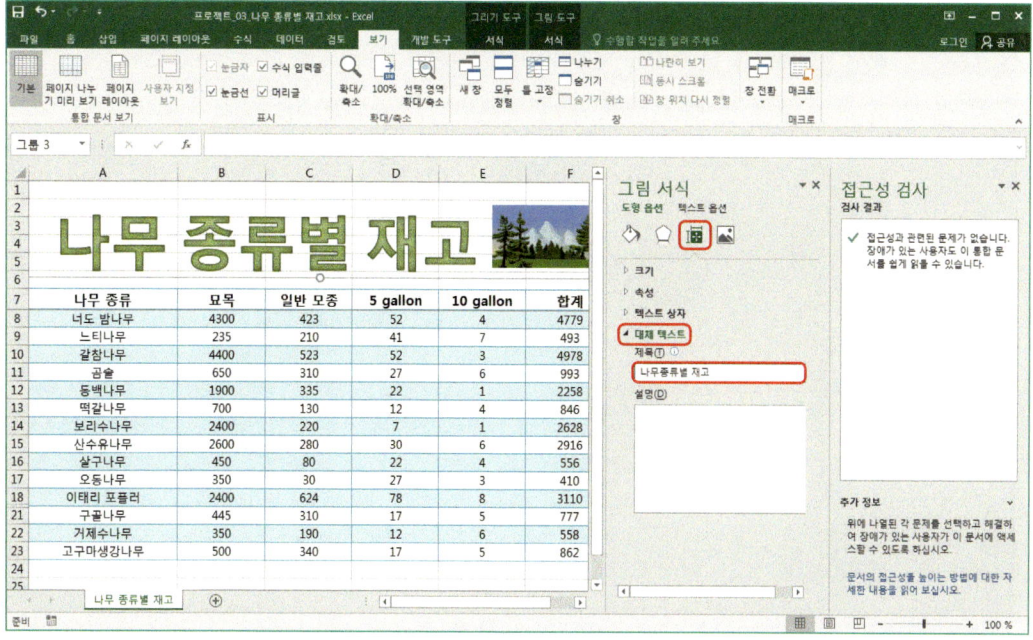

PROJECT 03 나무 종류별 재고

PROJECT 04

중고 컴퓨터 재고

준비파일 프로젝트_04_중고 컴퓨터 재고.xlsx 완성파일 프로젝트_04_중고 컴퓨터 재고_완성.xlsx

 당신은 중고 컴퓨터 매장을 관리하고 있으며, 대규모 연간 세일을 위해 재고 목록을 준비해야 합니다.

STEP 1

인쇄할 모든 페이지에 7행의 열 제목이 표시되도록 "컴퓨터 재고" 워크시트를 구성합니다.

① [페이지 레이아웃] 탭 - [페이지 설정] 그룹 - [인쇄 제목] 메뉴를 클릭한다.

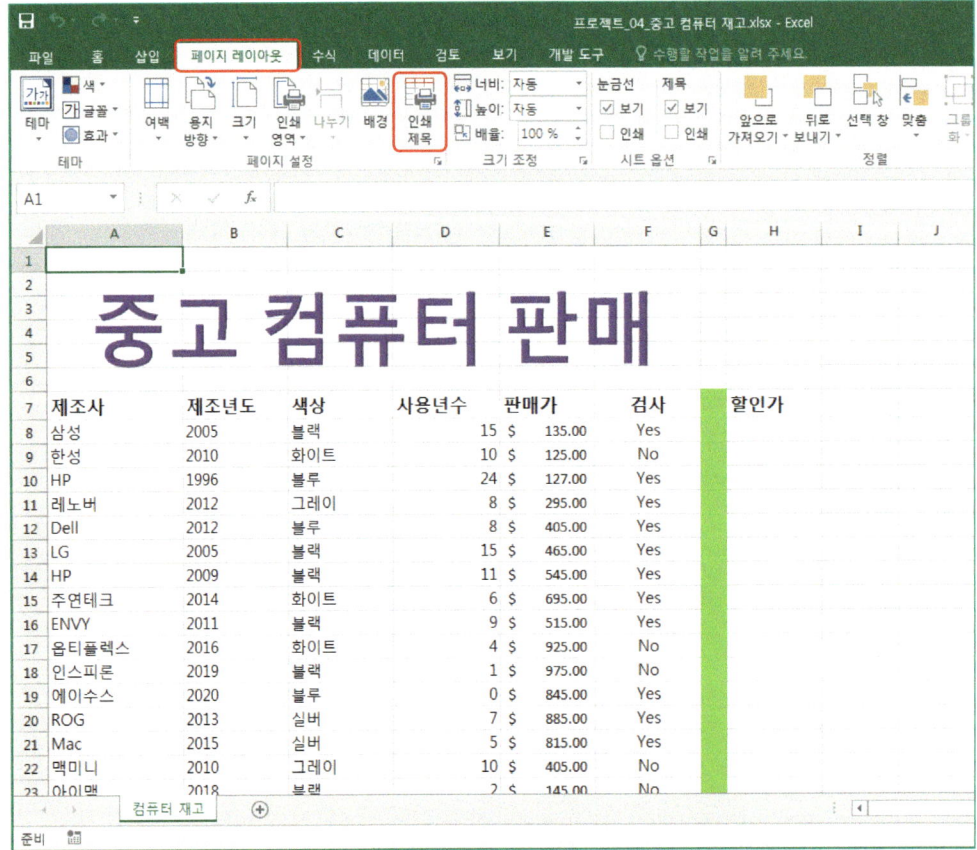

❷ [페이지 설정] 대화상자에서 인쇄 제목, 반복할 행 선택란으로 커서를 이동한다.

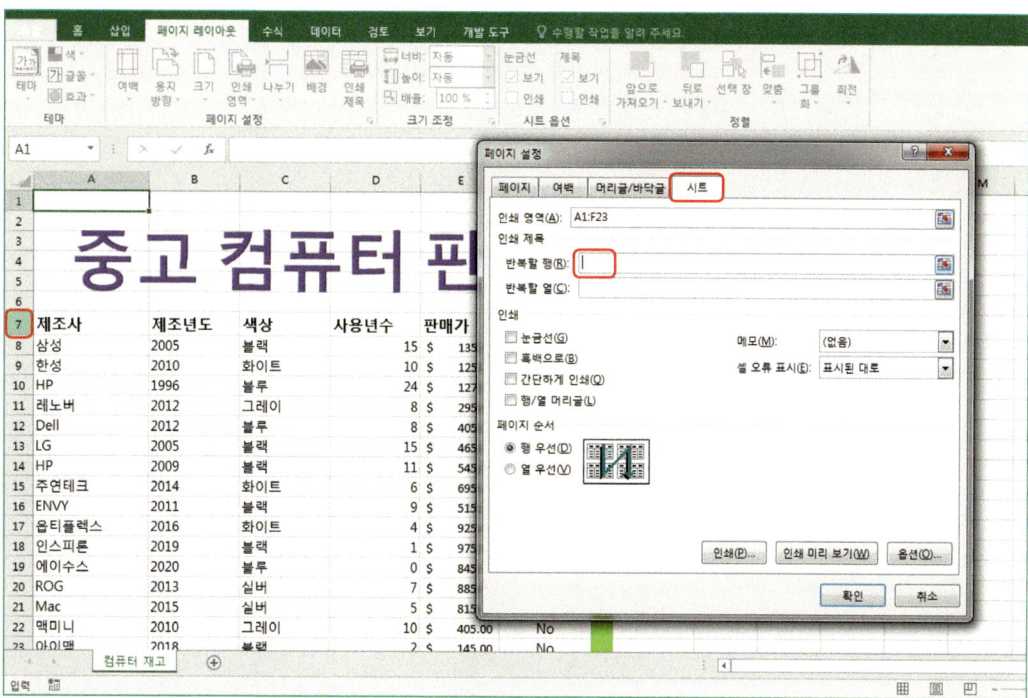

❸ 워크시트에서 행 머리글 7행을 선택하고 [확인]을 클릭한다.

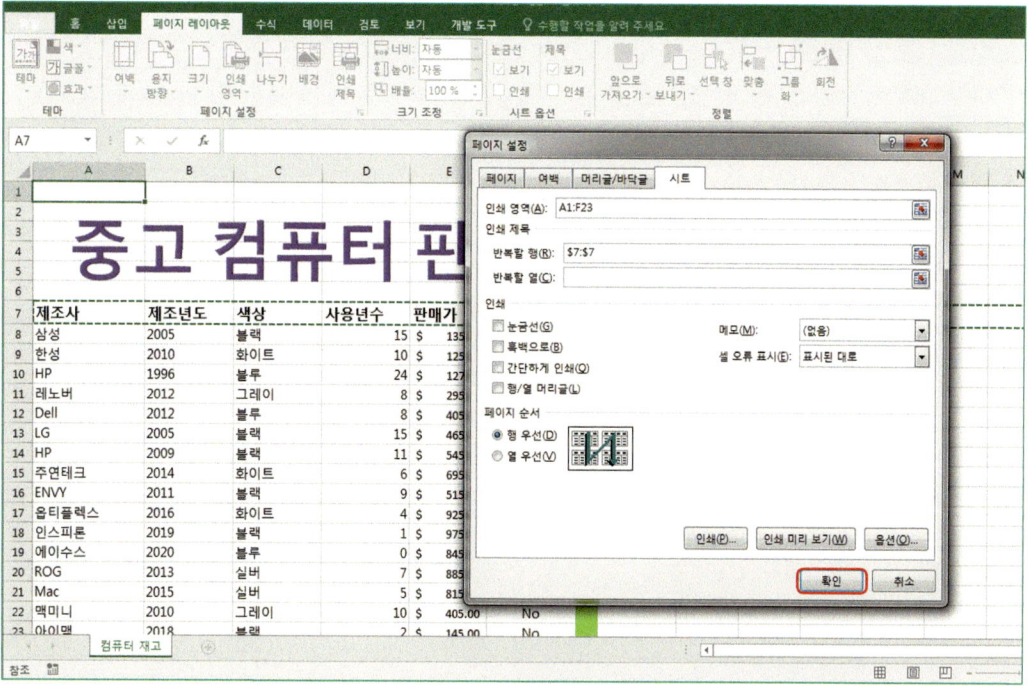

STEP 2

"블랙"이라는 텍스트를 "블랙앤화이트"라는 텍스트로 모두 교체합니다.

❶ [홈] 탭 – [편집] 그룹 – [찾기 및 선택] – [바꾸기] 메뉴를 선택한다.

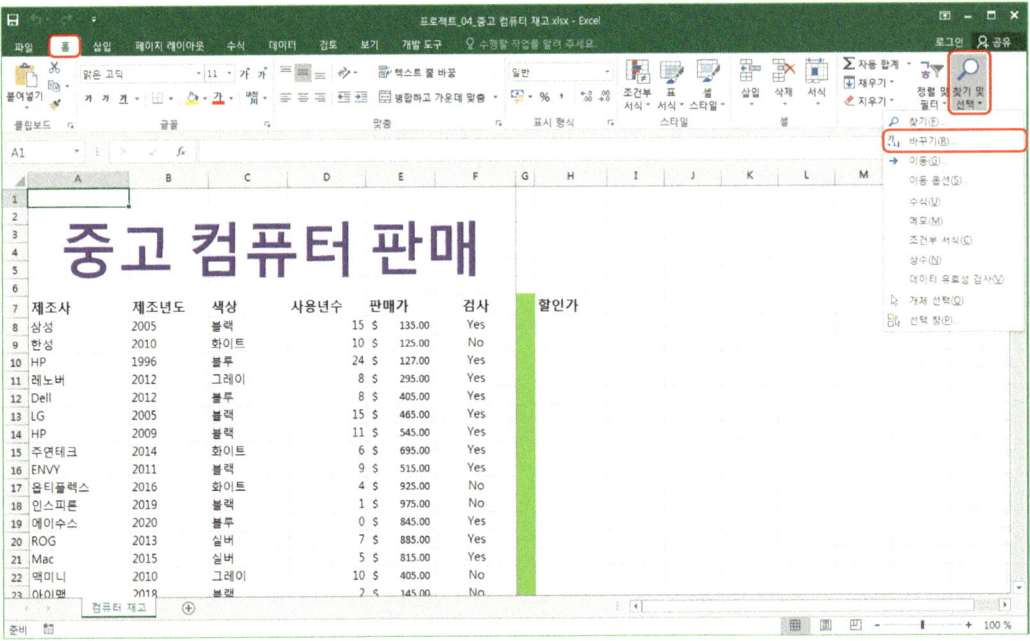

❷ 찾을 내용 입력란에 '블랙'을 입력한다.
❸ 바꿀 내용 입력란에 '블랙앤화이트'를 입력하고 [모두 바꾸기] 클릭, [확인]을 클릭한다.

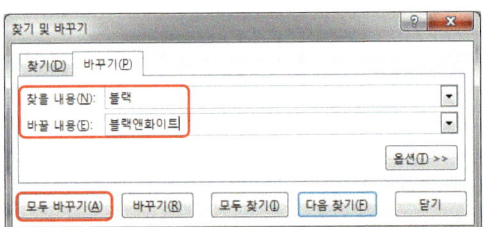 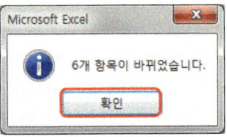

❹ [찾기 및 바꾸기] 대화상자에서 [닫기]를 클릭한다.

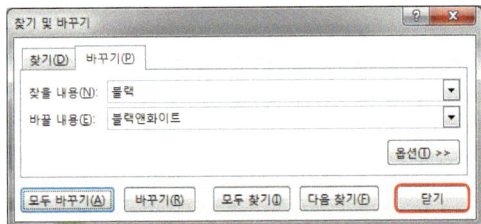

STEP 3

할인가는 해당 가격의 90%입니다. H열에 각 컴퓨터의 할인가가 표시되도록 수정합니다.

❶ [H8] 셀을 클릭한다.
❷ =E8 * 90% 작성된 것을 확인하고 Enter 키를 누른다.
　(참고 : 실제 작성된 모양 => =재고[@판매가]*90%)
❸ [H8] 셀을 선택하고 채우기 핸들로 [H23]까지 드래그 한다.

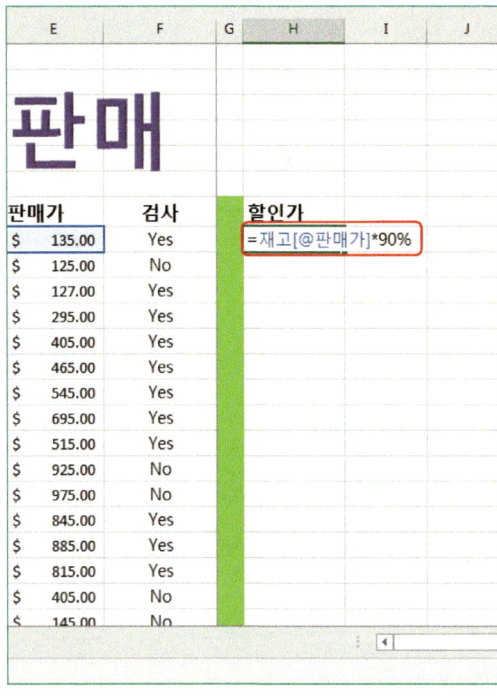

PROJECT 04 중고 컴퓨터 재고

STEP 4

텍스트가 두 줄로 표시되도록 B29 셀의 서식을 지정합니다.

❶ [B29] 셀을 클릭한다.
❷ [홈] 탭 – [셀] 그룹 – [서식] – [셀 서식] 메뉴를 클릭한다.

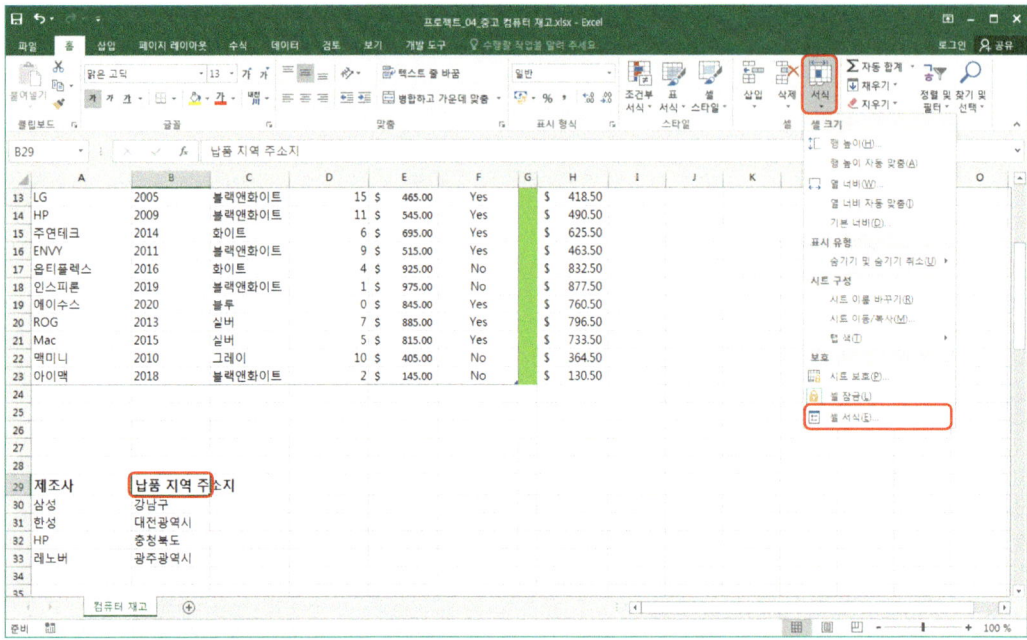

❸ [셀 서식] 대화상자에서 [맞춤] 탭으로 이동한다.
❹ 텍스트 조정 – 텍스트 줄 바꿈에 체크 설정을 하고 [확인]을 클릭한다.

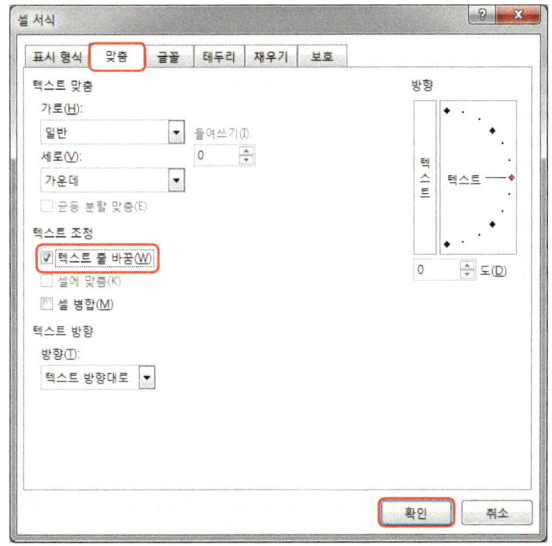

STEP 5

"컴퓨터 재고" 워크시트의 표에 블루, 표 스타일 밝게 16을 적용합니다.

❶ [A7] 셀을 클릭한다.
❷ [홈] 탭 – [스타일] 그룹 – [표 서식] 메뉴를 클릭한다.
❸ 밝게 영역에서 '표 스타일 밝게 16'을 선택한다.

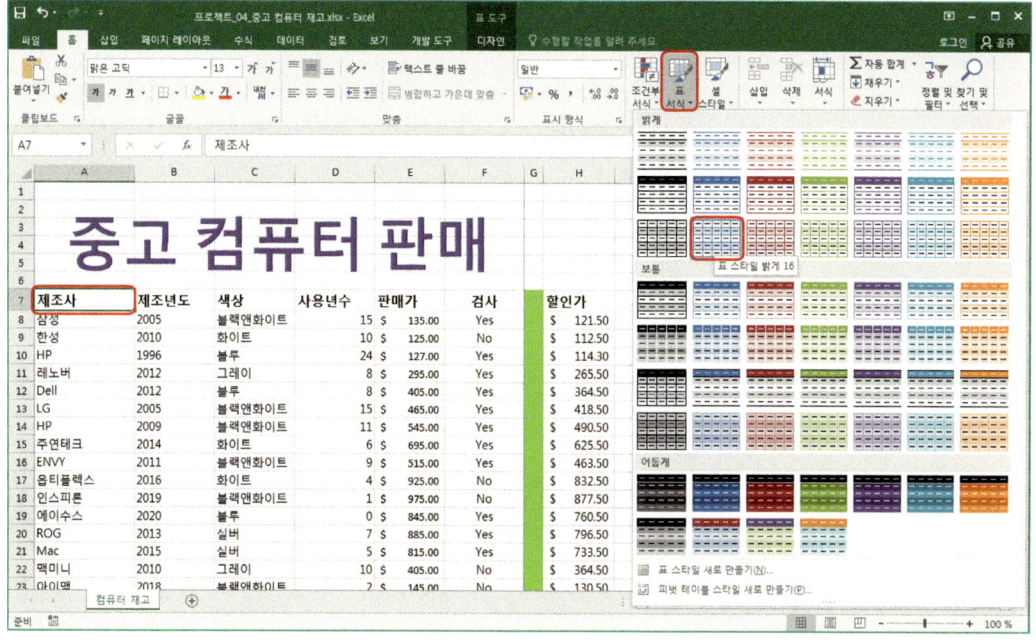

PROJECT 05

생활 스포츠

준비파일 프로젝트_05_생활 스포츠.xlsx 완성파일 프로젝트_05_생활 스포츠_완성.xlsx

 이벤트 관리자는 성인 및 청소년을 대상으로 한 다양한 생활 스포츠 프로그램에 대해 지난 5년 간의 등록 추이를 분석하고자 합니다. 당신은 분석을 위한 표 준비 작업을 맡았습니다.

STEP 1

"성인반" 워크시트에서, 지난 5년간의 등록 현황을 표시하는 열 스파크라인을 H6열에 삽입합니다.

① "성인반" 워크시트에서 [H8:H17] 범위를 지정한다.
② [삽입] 탭 - [스파크라인] 그룹 - [열] 메뉴를 클릭한다.

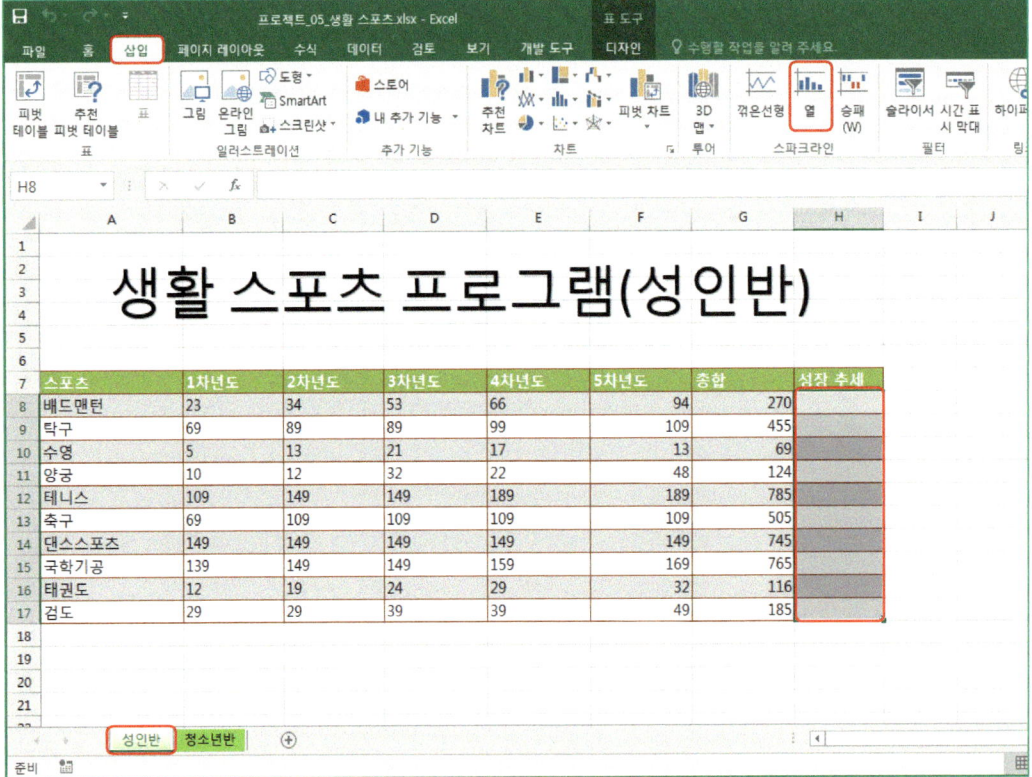

❸ [스파크라인 만들기] 대화상자에서 데이터 범위 선택란에서 'B8:F17' 범위를 지정하고 [확인]을 클릭한다.

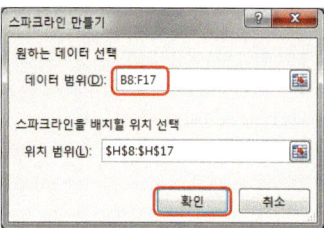

3차년도	4차년도	5차년도	총합	성장 추세
53	66	94	270	
89	99	109	455	
21	17	13	69	
32	22	48	124	
149	189	189	785	
109	109	109	505	
149	149	149	745	
149	159	169	765	
24	29	32	116	
39	39	49	185	

STEP 2

"청소년반" 워크시트에서 A7:G17 셀 범위로부터 표를 작성합니다. 행 7을 머리글로 포함시킵니다.

❶ "청소년반" 워크시트에서 [A7:G17] 범위를 지정한다.
❷ [삽입] 탭 – [표] 그룹 – [표] 메뉴를 클릭한다.

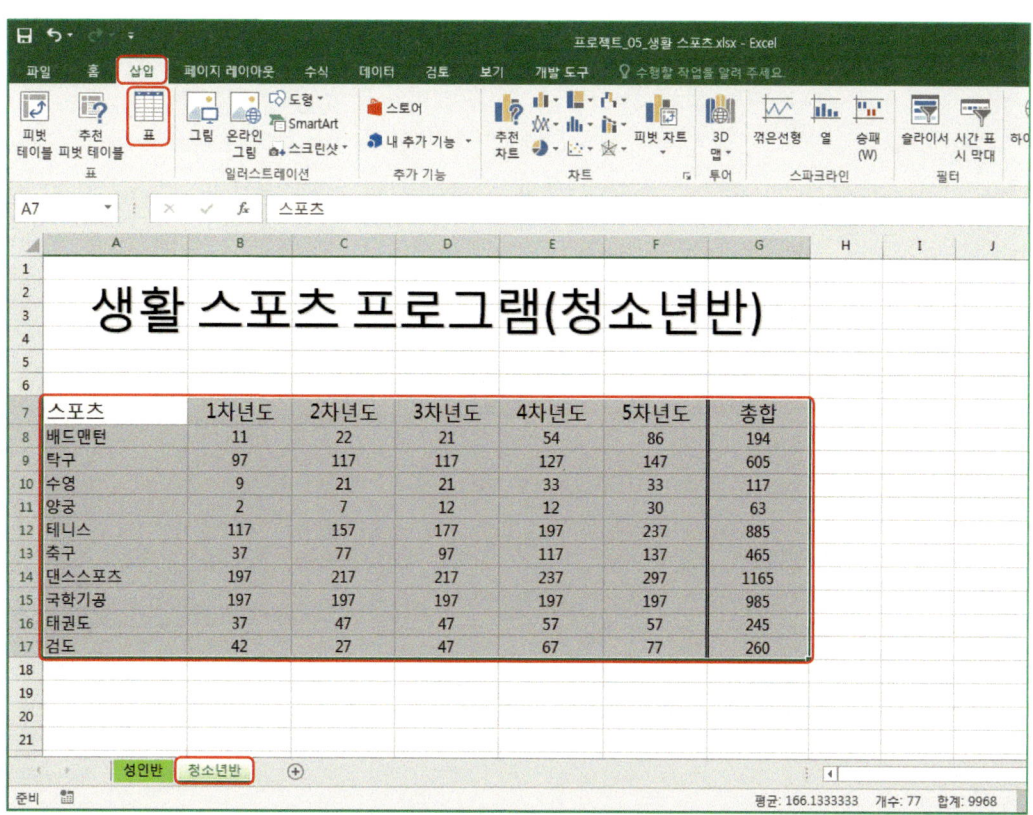

❸ [표 만들기] 대화상자에서 '머리글 포함' 체크 설정하고 [확인]을 클릭한다.

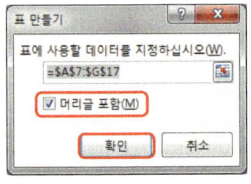

🖥 STEP 3

"정리" 워크시트의 숨김을 취소합니다.

❶ 좌측 하단 시트 목록 중에 임의의 시트를 선택하고 오른쪽 버튼을 클릭한다.
❷ 메뉴 목록에서 '숨기기 취소'를 클릭한다.

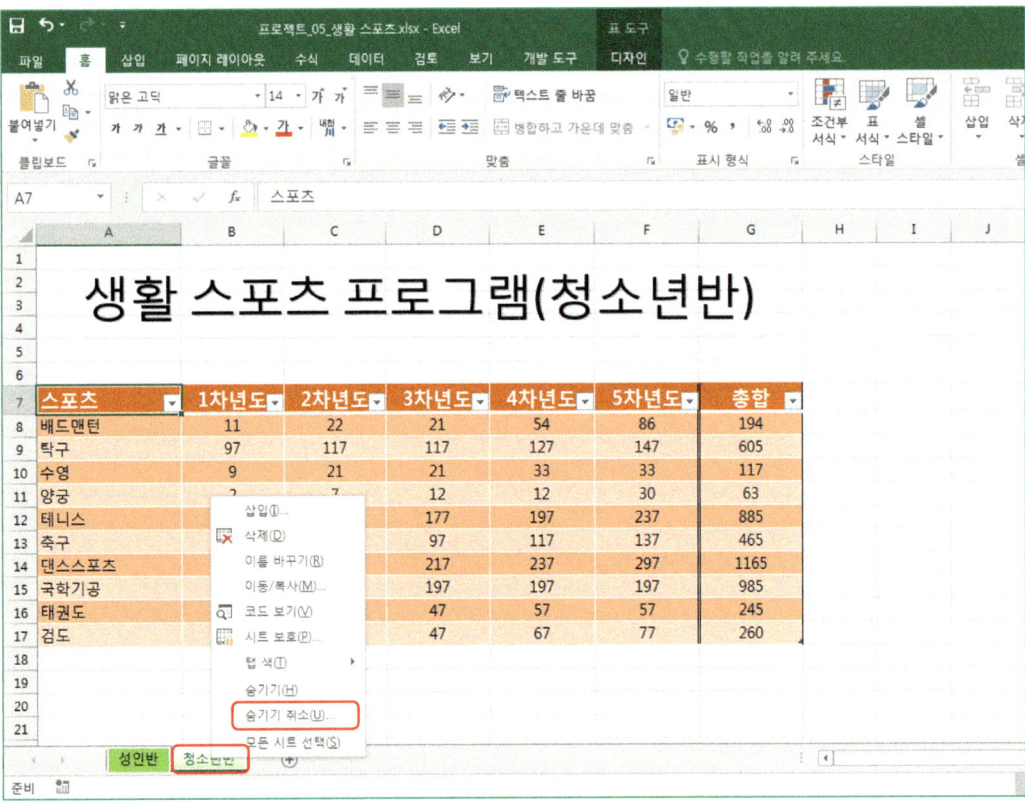

❸ [숨기기 취소] 대화상자에서 '정리'를 선택하고 [확인]을 클릭한다.

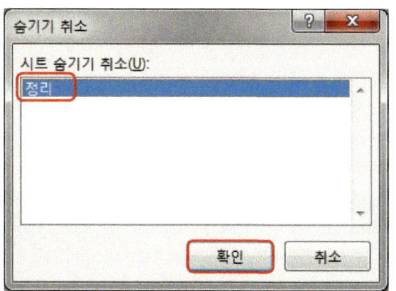

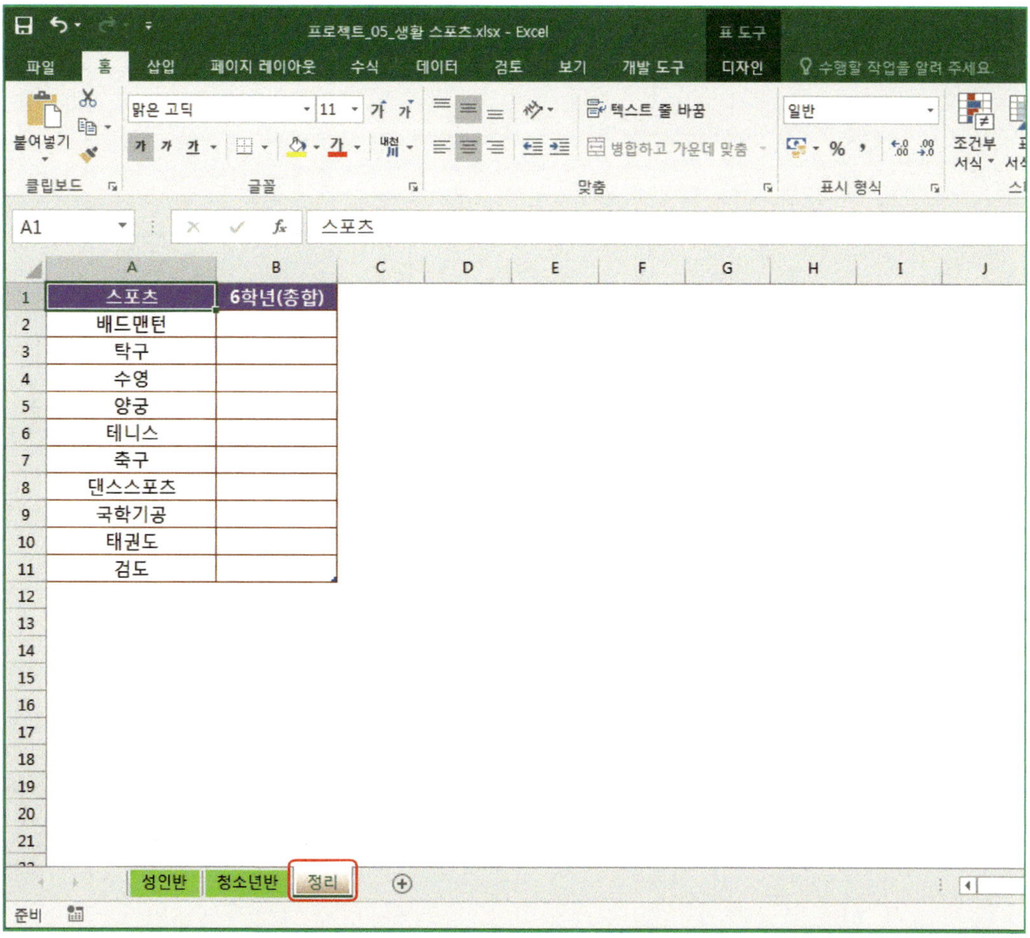

STEP 4

"성인반_등록" 표에 대체 텍스트 제목 "성인 등록"을 추가합니다.

❶ "성인반" 워크시트에서 [A7] 셀을 클릭한다.

❷ 마우스 우 클릭 바로 가기 메뉴 – [표] – [대체 텍스트]를 클릭한다.

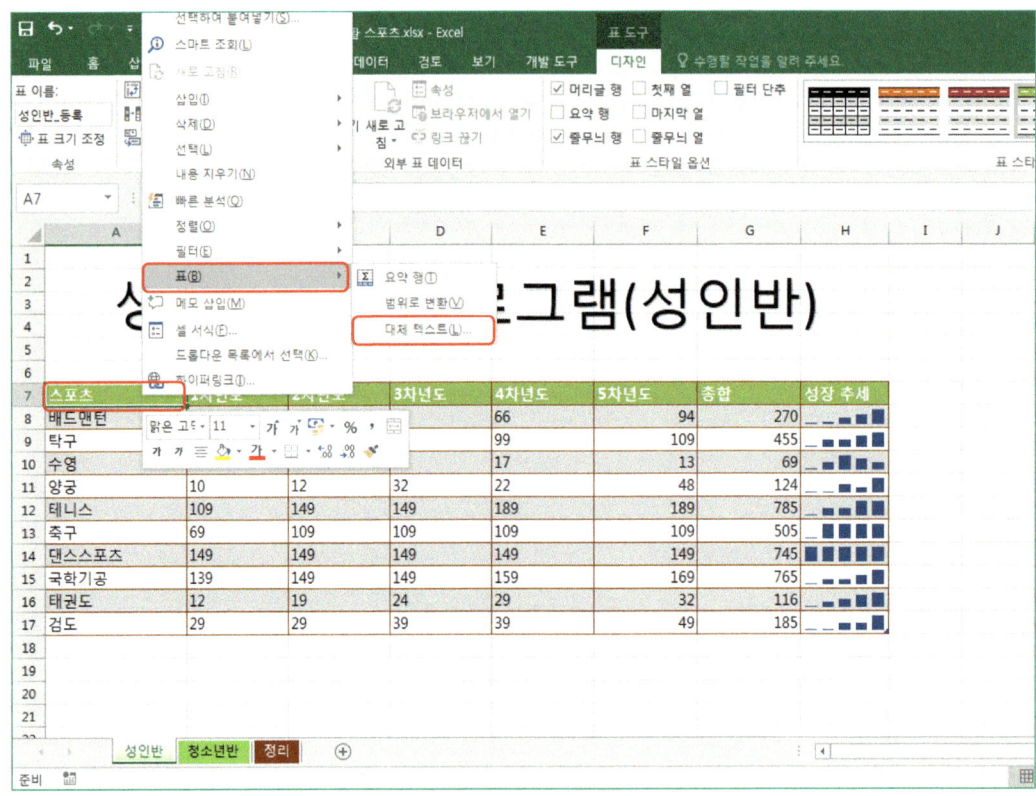

❸ 대체 텍스트 대화상자에서 [제목] 입력란에 '성인 등록'을 입력한 후 [확인]을 클릭한다.

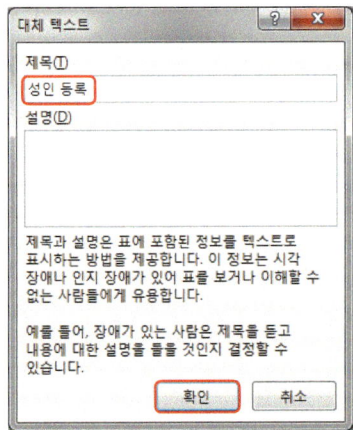

01주차　02주차　03주차　**04주차**

PROJECT
06

등산로 투어

준비파일 프로젝트_06_등산로 투어.xlsx　완성파일 프로젝트_06_등산로 투어_완성.xlsx

 등산로 투어 회사의 대표입니다. 향후 6개월간의 예약 내역을 정리하고 있는 중입니다.

🖥 STEP 1

"겨울 예약" 워크시트의 셀 L7에서, 행의 순서가 변경된 경우에도 10명 이상을 포함하는 그룹 수를 계산하는 함수를 삽입합니다.

❶ "겨울 예약" 워크시트에서 [L7] 셀을 클릭한다.
❷ =COUNTIF(F6:F17, ">=10") 작성된 것을 확인하고 Enter 키를 누른다.
　(참고 : 실제 작성된 모양 => =COUNTIF(여름[그룹 인원],">=10"))

PROJECT 06 등산로 투어　55

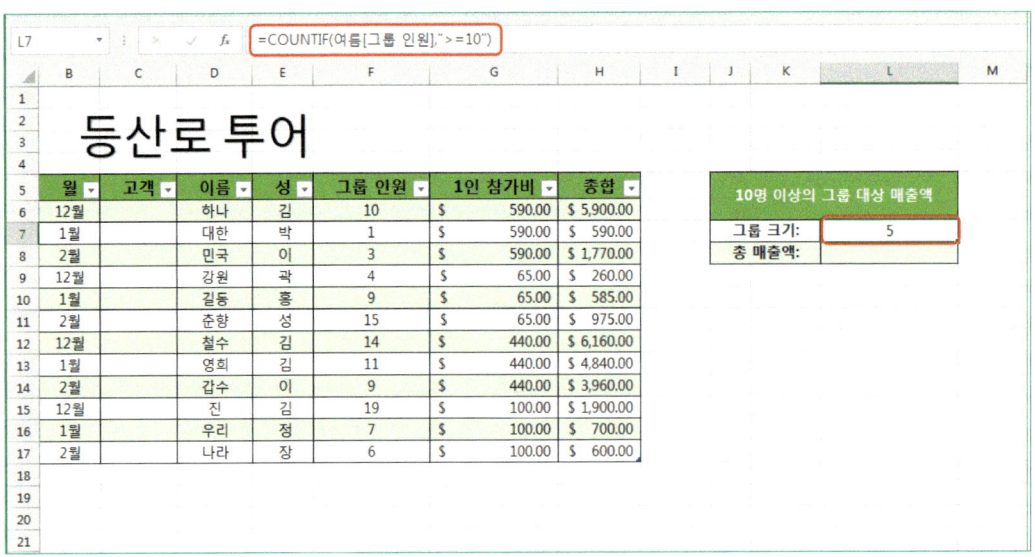

🖥 STEP 2

"겨울 예약" 워크시트의 셀 L8에서, 행의 순서가 변경된 경우에도 10명 이상을 포함하는 그룹에 대해서만 "총합" 열에서의 매출액 합계를 계산하는 함수를 삽입합니다.

❶ "겨울 예약" 워크시트에서 [L8] 셀을 클릭한다.
❷ =SUMIF(F6:F17, ">=10", H6:H17) 작성된 것을 확인하고 Enter 키를 누른다.
 (참고 : 실제 작성된 모양 => =SUMIF(여름[그룹 인원],">=10",여름[총합]))

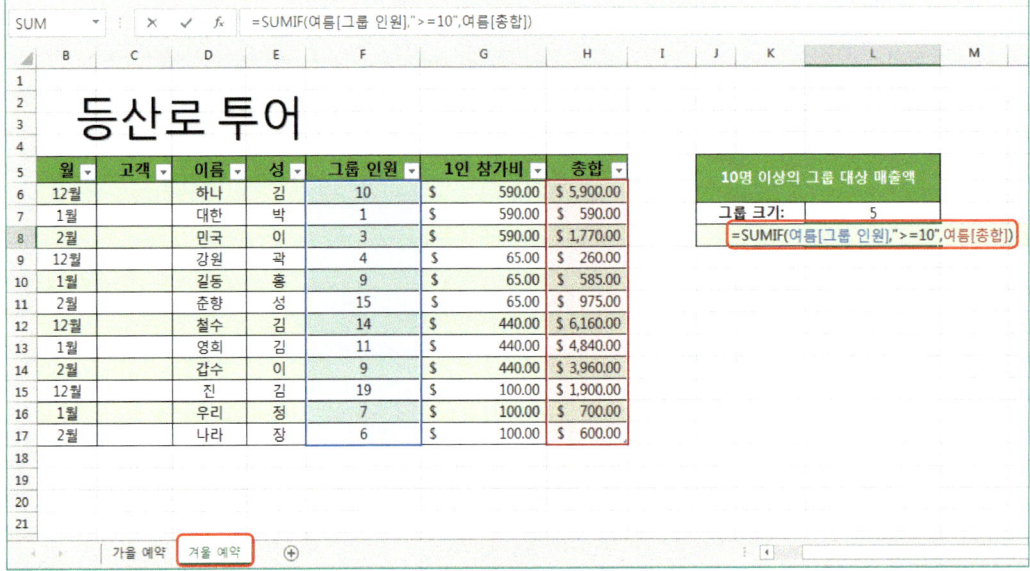

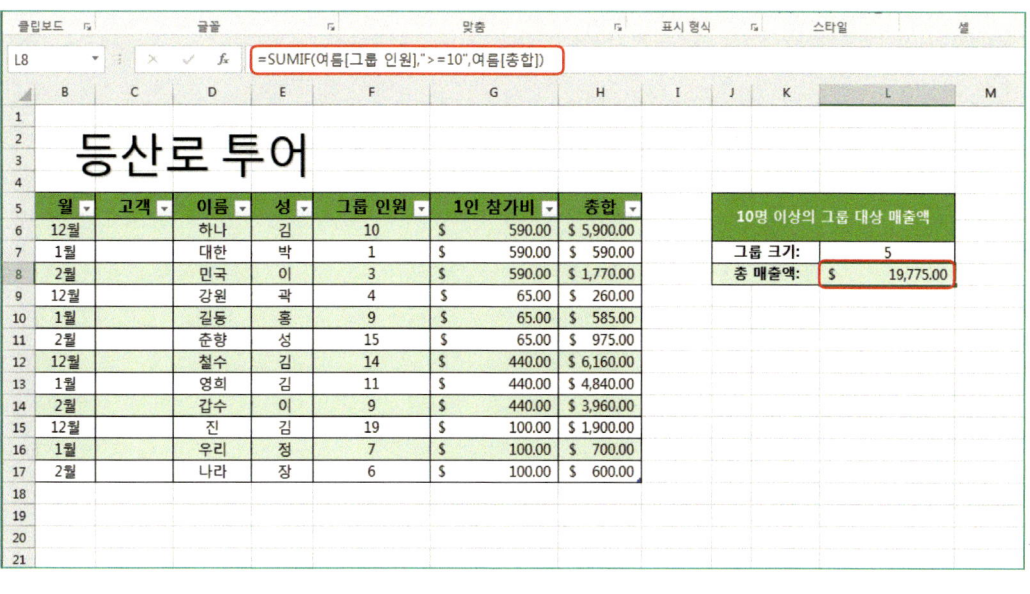

🖥 STEP 3

"겨울 예약" 워크시트의 셀 C6에서, 고객의 "성"과 "이름"사이에 쉼표와 공백을 삽입하여 연결하는 함수를 입력합니다. (예: 길동, 홍).

❶ "겨울 예약" 워크시트에서 [C6] 셀을 클릭한다.
❷ =CONCATENATE(D6,", ",E6) 작성된 것을 확인하고 Enter 키를 누른다.
(참고 : 실제 작성된 모양 =) =CONCATENATE([@이름],", ",[@성]))

PROJECT 06 등산로 투어 57

STEP 4

"가을 예약" 워크시트의 표에서 표 기능을 제거합니다. 데이터의 셀 서식 지정과 위치를 유지합니다.

❶ "가을 예약" 워크시트에서 [A5] 셀을 클릭한다.
❷ [표 도구] 상황 탭 – [디자인] 탭 – [도구] 그룹 – [범위로 변환] 메뉴를 클릭한다.

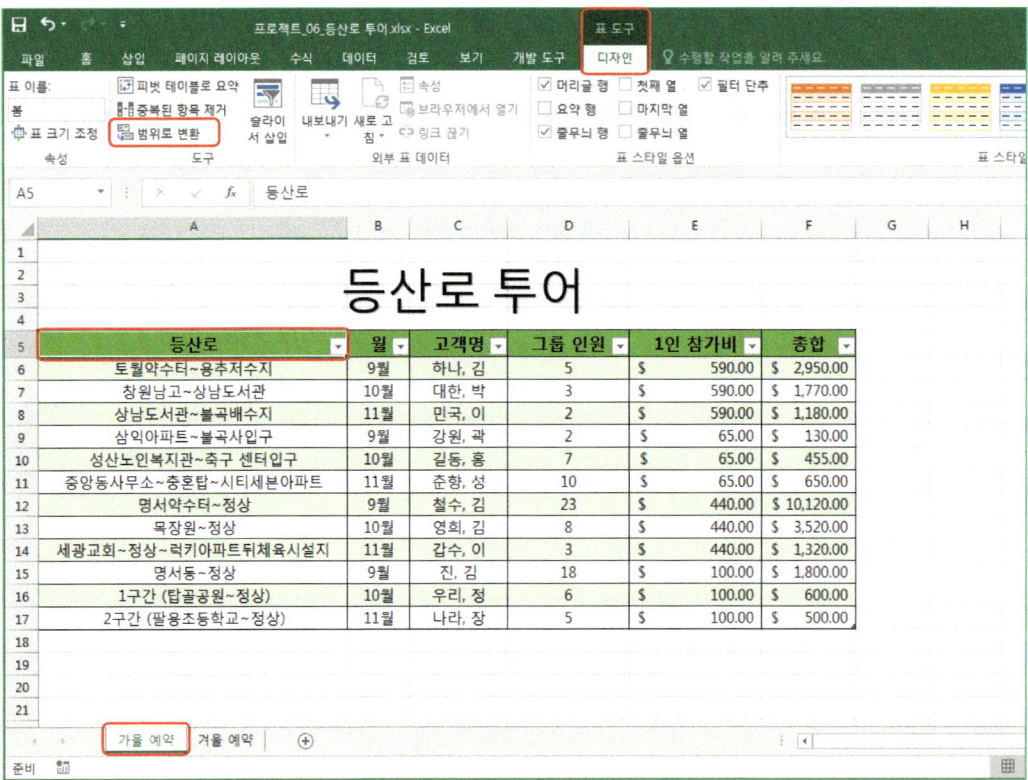

❸ 메시지 대화상자에서 [예]를 클릭한다.

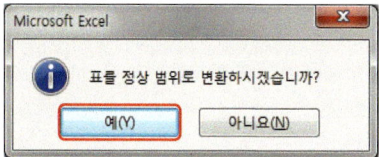

🖥️ STEP 5

"가을 예약" 워크시트의 바닥글 가운데에 ?페이지 중 1페이지 형식을 사용하여 페이지 번호 매기기를 삽입합니다.

❶ "가을 예약" 워크시트에서 [A5] 셀을 클릭한다.
❷ [삽입] 탭 - [텍스트] 그룹 - [머리글/바닥글] 메뉴를 클릭한다.

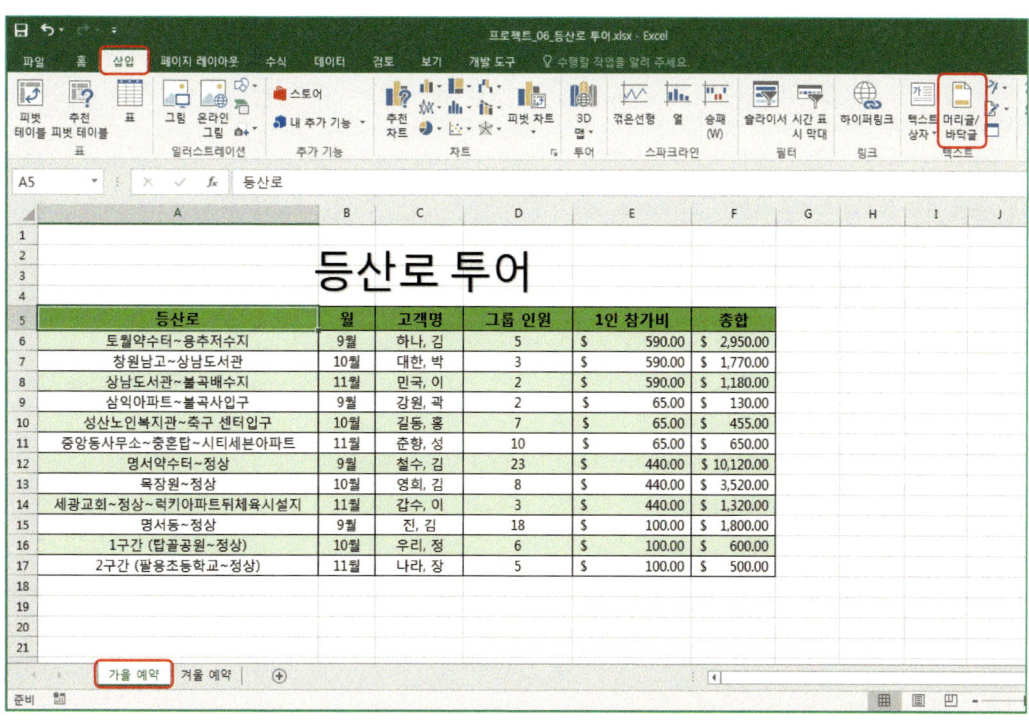

❸ 바닥글 가운데 영역을 클릭한다.

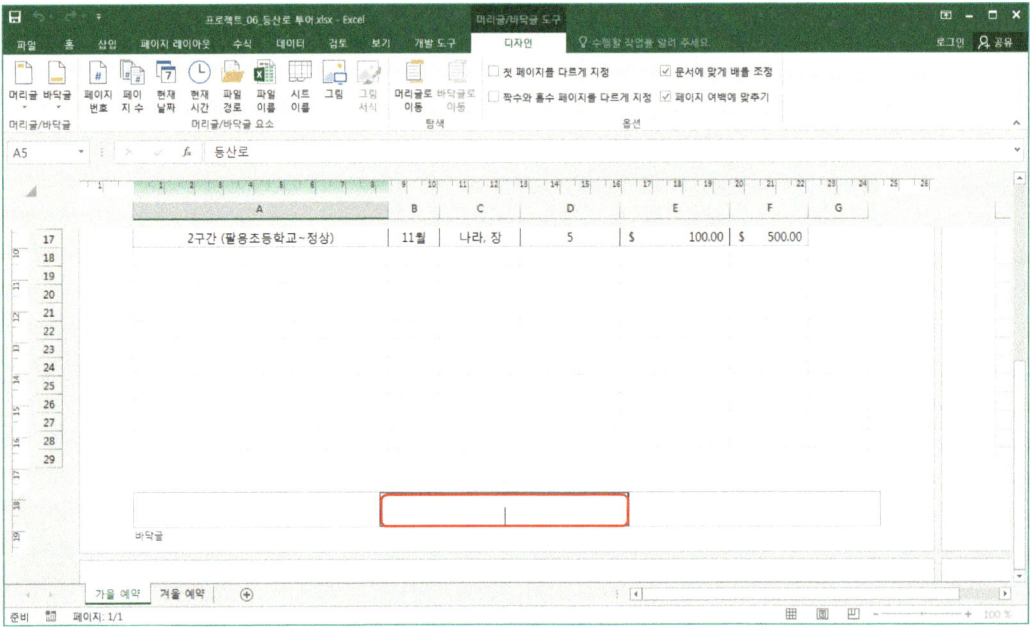

❹ [머리글/바닥글] 상황 탭 – [디자인] 탭 – [머리글/바닥글] 그룹 – [바닥글] 메뉴를 클릭한다.
❺ 목록에서 '?페이지 중 1페이지' 선택한다.

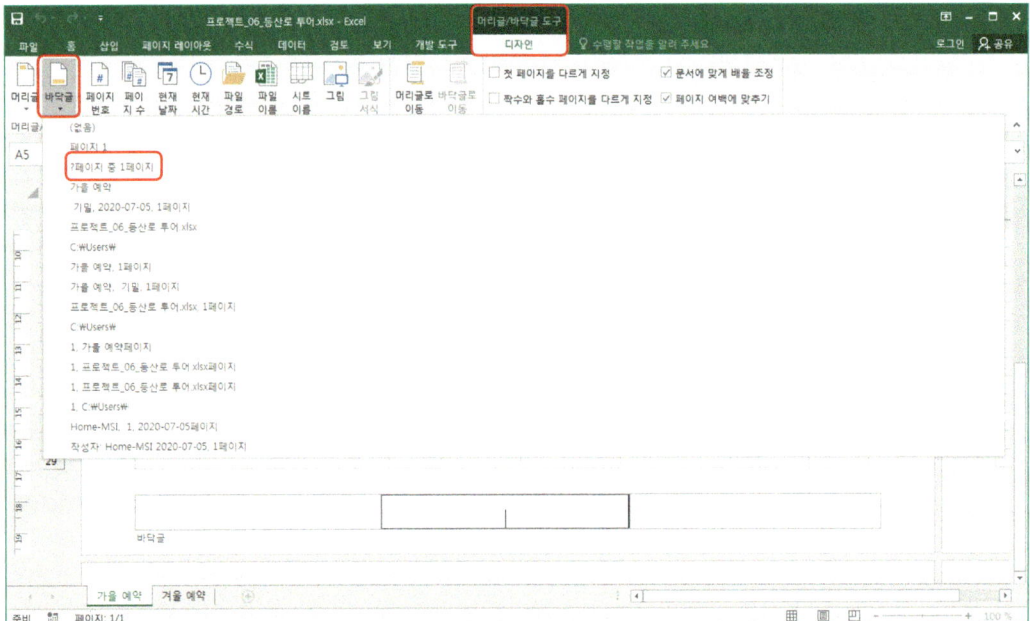

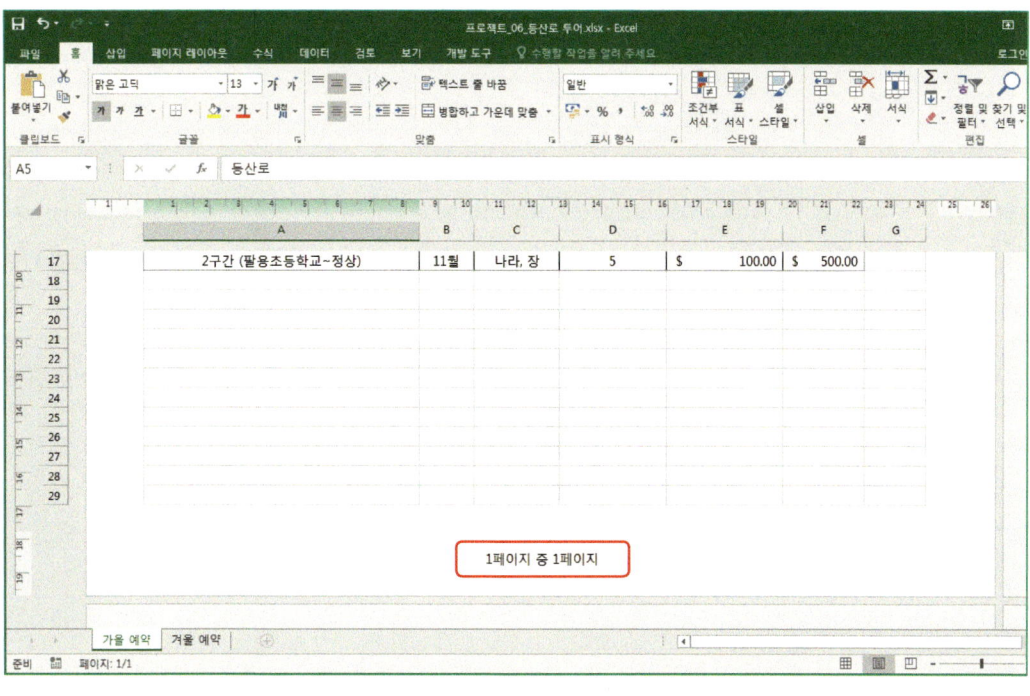

PROJECT 06 등산로 투어

PROJECT 07 쇼핑몰

준비파일 프로젝트_07_쇼핑몰.xlsx   완성파일 프로젝트_07_쇼핑몰_완성.xlsx

 당신은 쇼핑몰 대표입니다. 시즌 중 판매된 제품의 수량과 종류를 보여주는 보고서의 차트를 작성 및 수정하고 있습니다.

STEP 1

"겨울 매출" 워크시트에서, "제품" 및 "총합" 열에 있는 데이터만을 사용하여 3차원 원형 차트를 작성합니다. 새 차트를 막대 차트의 오른쪽에 배치합니다.

❶ "겨울 매출" 워크시트에서 [A6:A12, E6:E12] 범위를 비연속으로 지정한다.
❷ [삽입] 탭 - [차트] 그룹 - [원형 또는 도넛형 차트 삽입] 메뉴를 클릭한다.

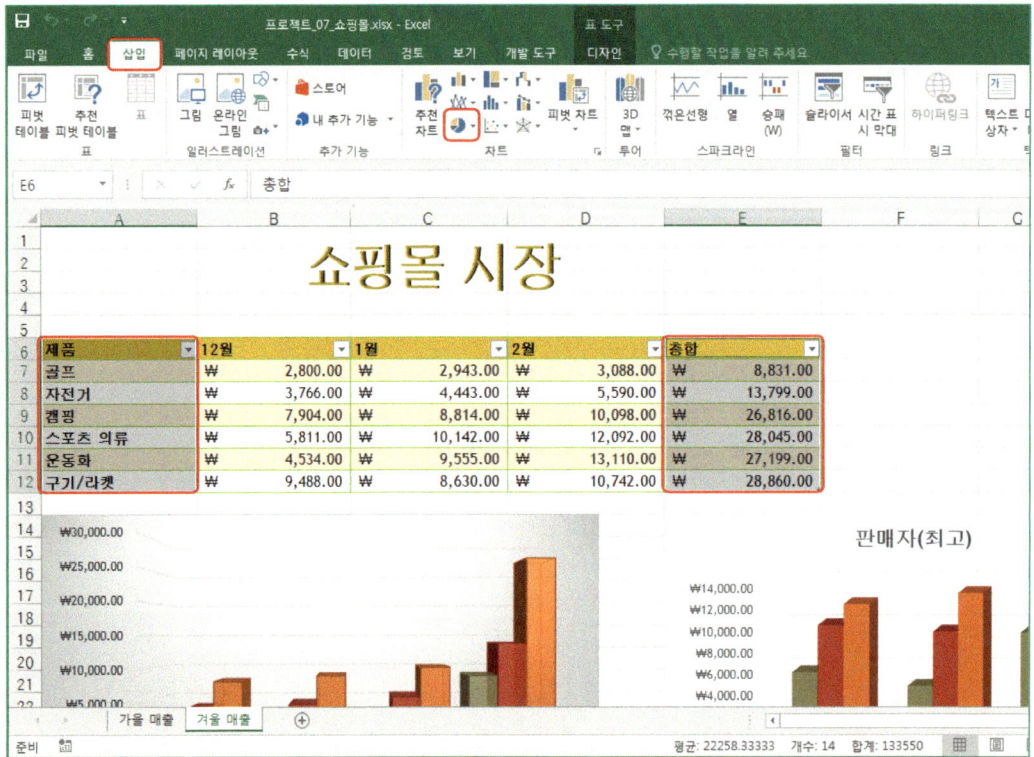

❸ [3차원 원형] 목록에서 [3차원 원형]을 선택한다.

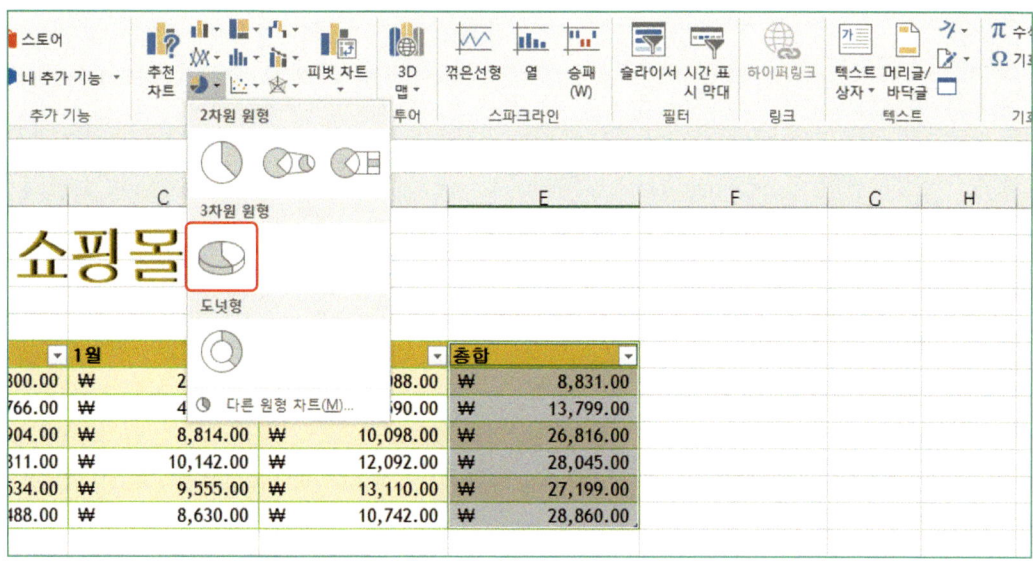

❹ 생성된 차트를 드래그 하여 기존 막대 차트의 오른쪽에 배치한다.

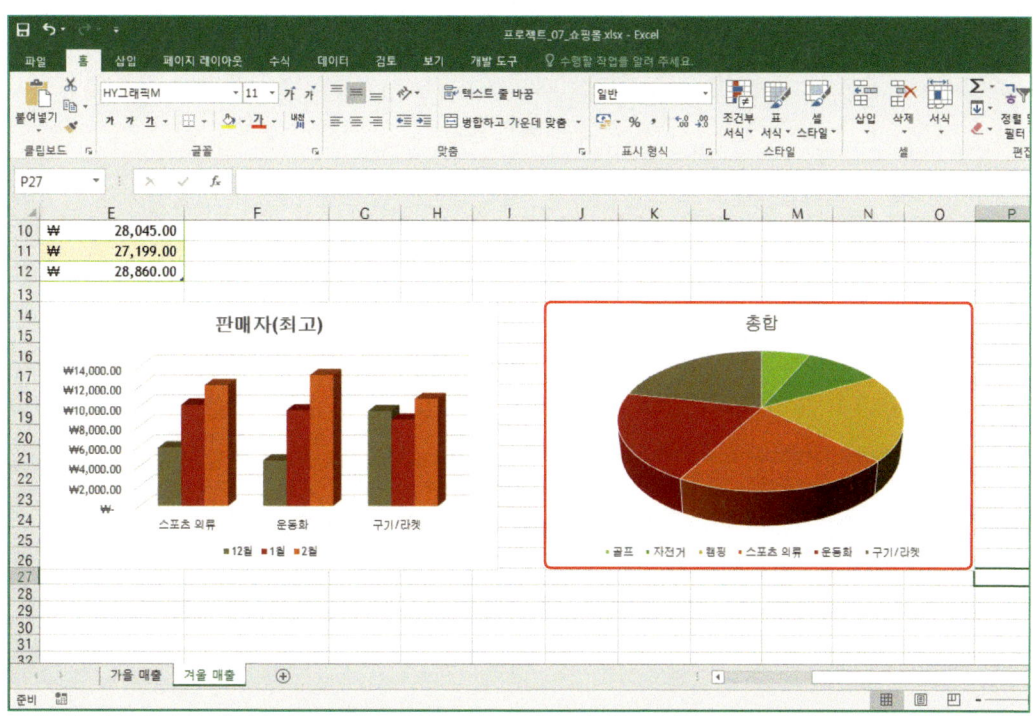

STEP 2

"겨울 매출" 워크시트에서, "판매자(최고)" 막대 차트에 "총합" 데이터를 범례 항목으로 추가합니다. "스포츠 의류", "운동화" 및 "구기/라켓"에 대해서만 총합을 포함시킵니다.

❶ "겨울 매출" 워크시트에서 해당 차트를 선택한다.
❷ 차트 위에 사용된 데이터 범위를 '총합' 열까지 드래그 하여 범위를 조정한다.

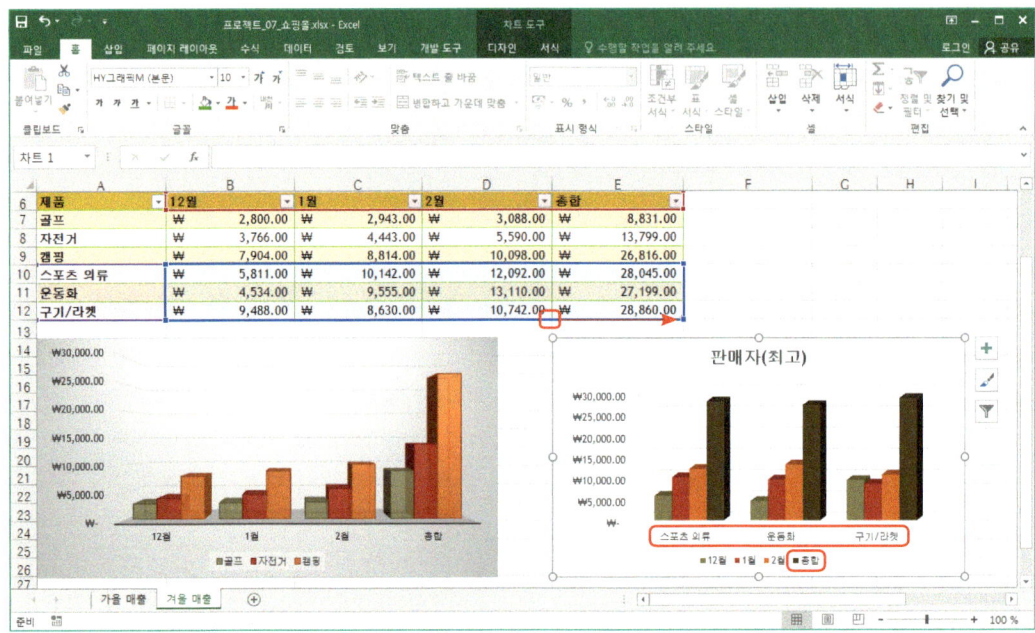

STEP 3

"가을 매출" 워크시트에서, 막대 차트의 제목을 "새로운 제품"으로 추가합니다. 세로축의 제목을 "총합매출액"으로, 가로축의 제목을 "월별"로 지정합니다.

❶ "가을 매출" 워크시트에서 해당 차트를 선택하고 차트 제목 영역을 선택한다.
❷ '새로운 제품'으로 기존 이름(차트 제목)을 변경하여 입력한다.

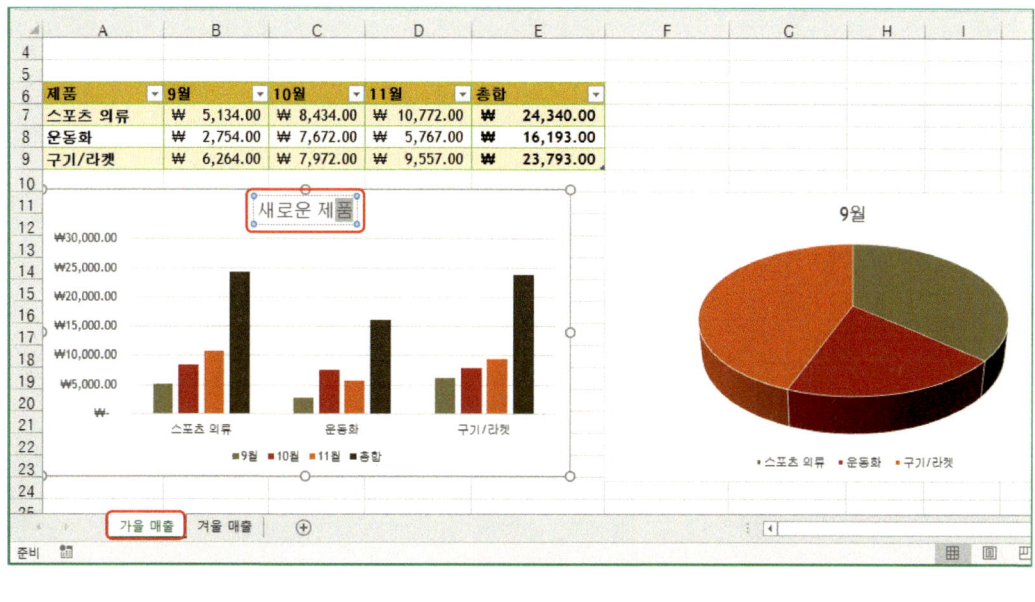

③ [차트 도구] 상황 탭 – [디자인] 탭 – [차트 요소 추가] 메뉴를 클릭한다.
④ [축 제목] 목록에 [기본 세로] 메뉴를 클릭하고, '총합매출액'으로 기존 이름(축 제목)을 변경하여 입력한다.

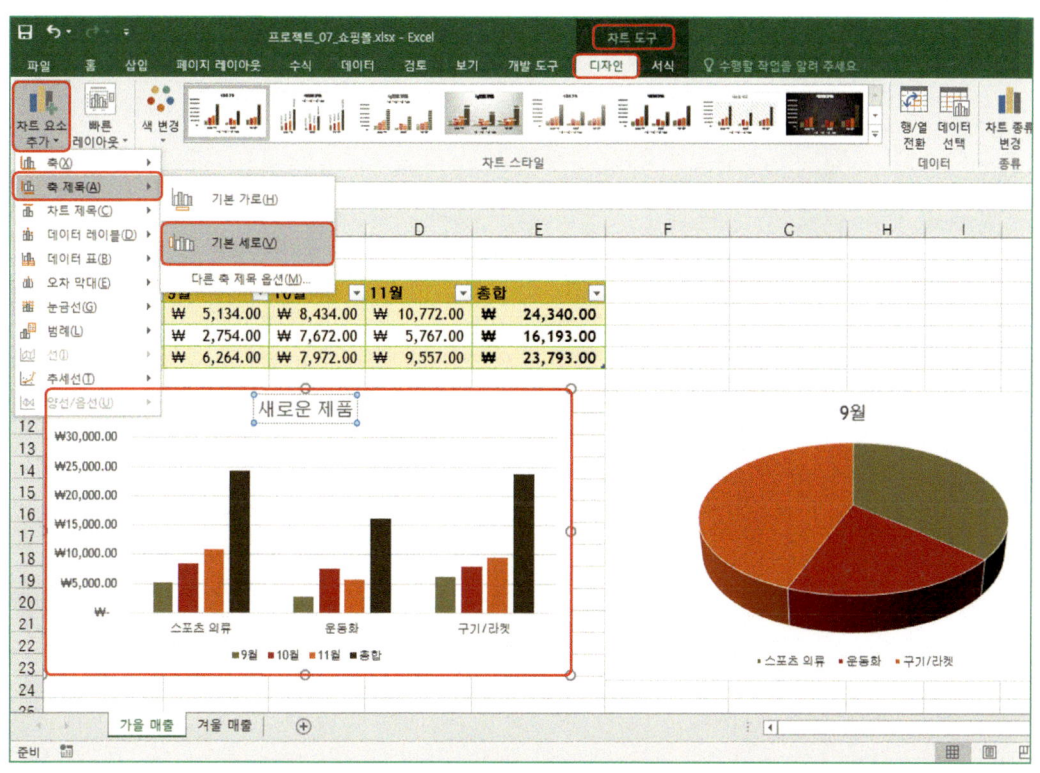

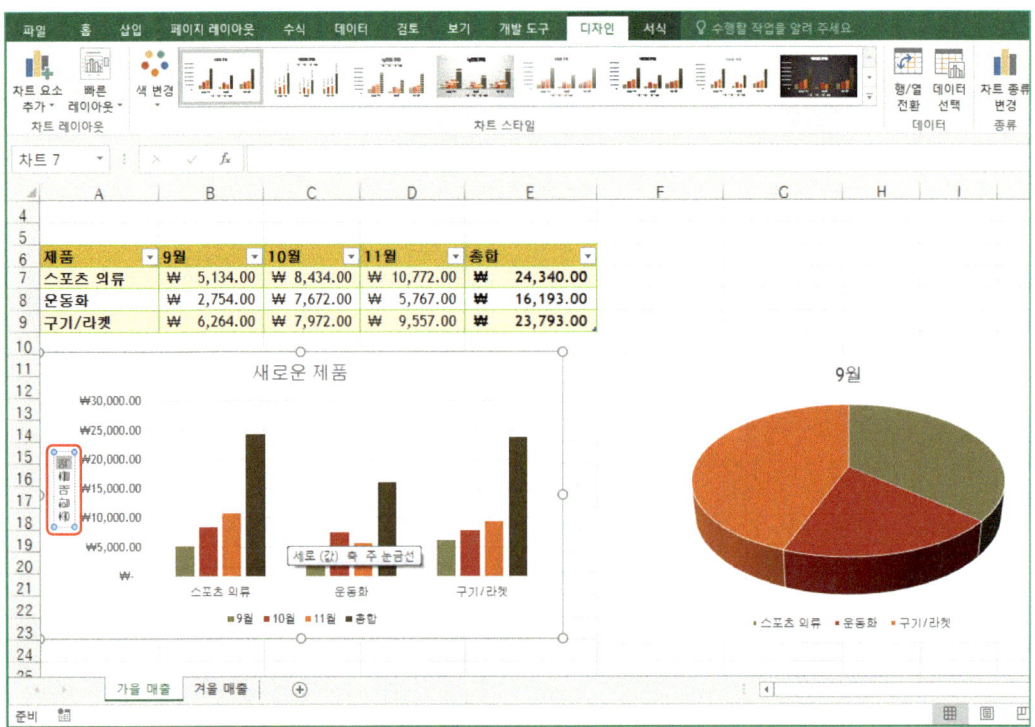

❺ [축 제목] 목록에 [기본 가로] 메뉴를 클릭하고, '월별'로 기존 이름(축 제목)을 변경하여 입력한다.

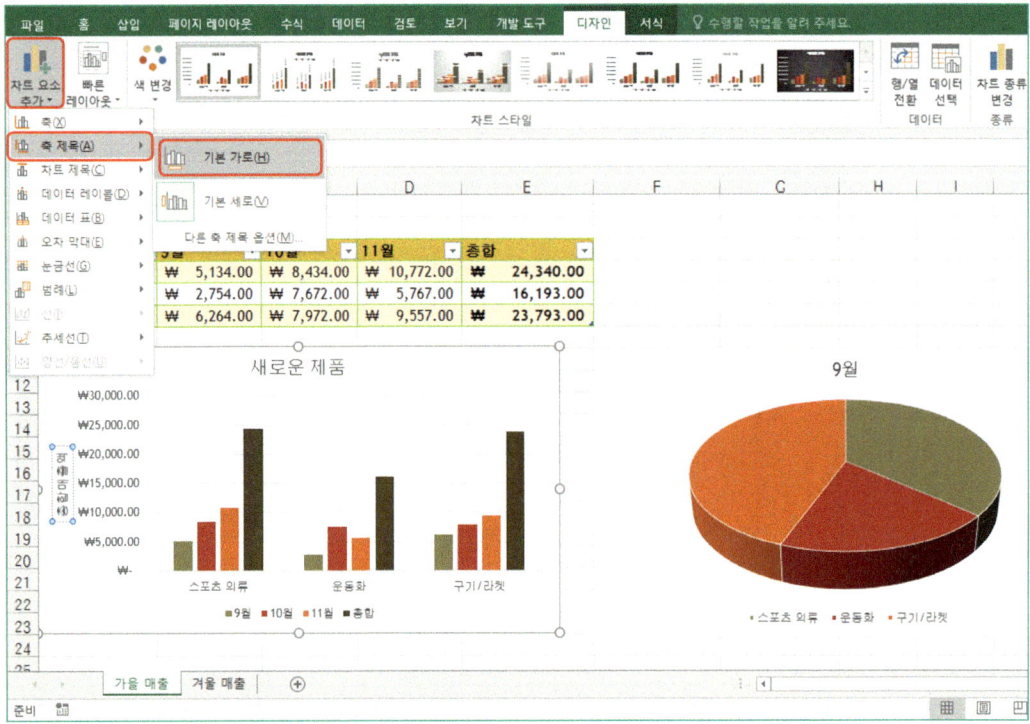

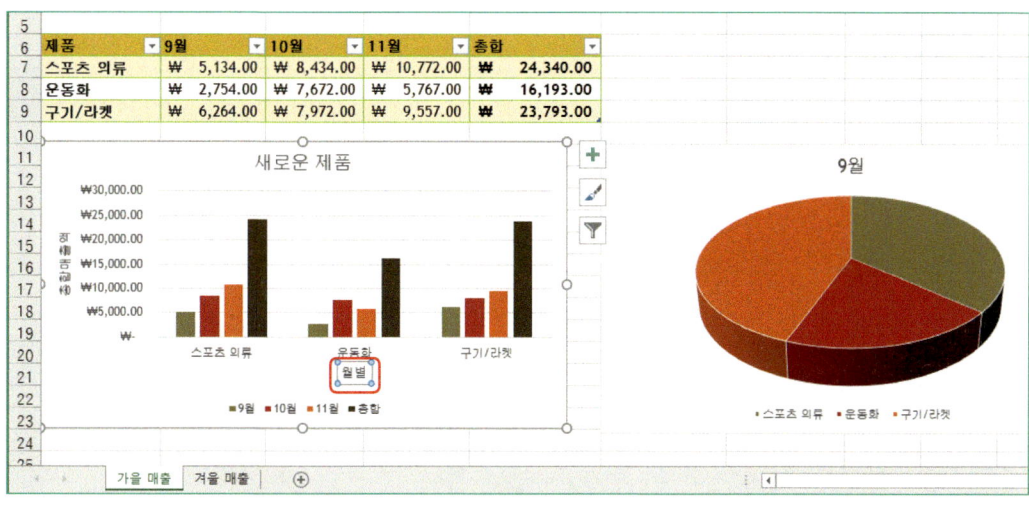

STEP 4

"가을 매출" 워크시트에서, 3차원 원형 차트에 스타일은 스타일 4로, 색은 단색 색상표 3을 적용합니다.

❶ "가을 매출" 워크시트에서 해당 차트를 선택한다.
❷ [차트 도구] 상황 탭 – [디자인] 탭 – [차트 스타일] 탭 – [자세히] 버튼을 클릭한다.

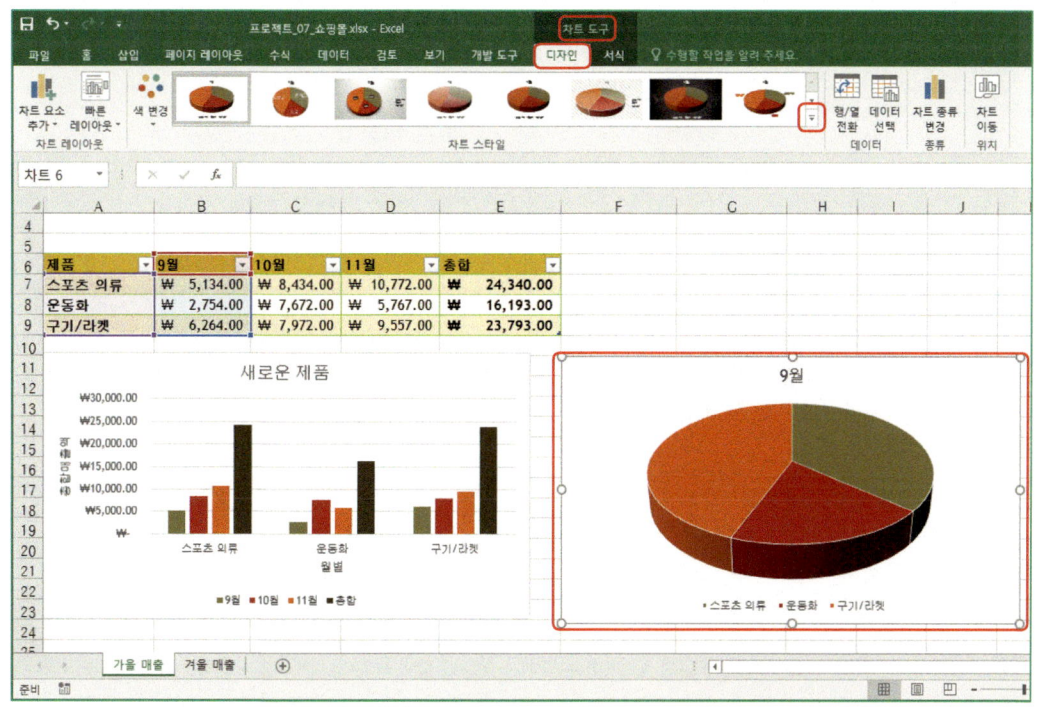

PROJECT 07 쇼핑몰 67

❸ 목록에서 '스타일 4'를 선택한다.

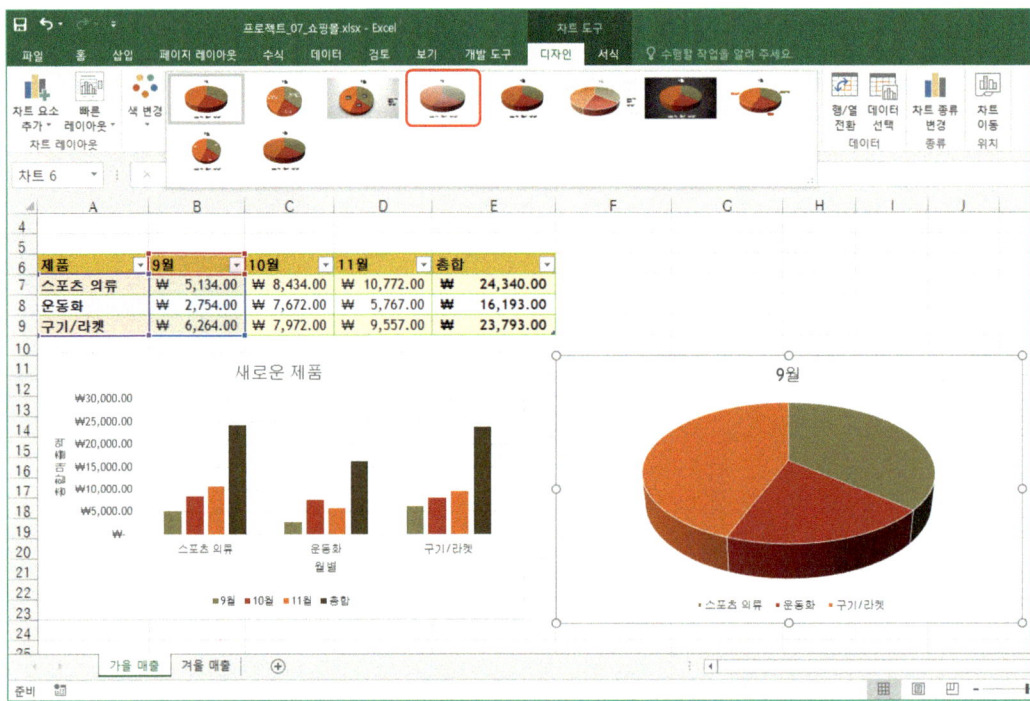

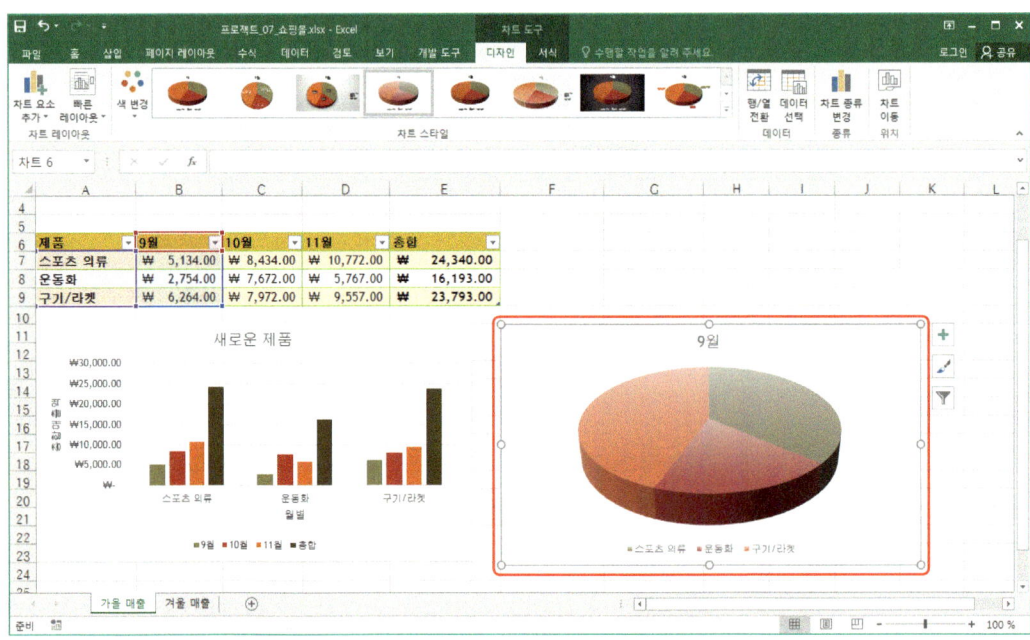

🖥️ STEP 5

"겨울 매출" 워크시트에서, 첫 번째 막대 차트에 행과 열을 바꿉니다.

❶ "겨울 매출" 워크시트에서 해당 차트를 선택한다.

❷ [차트 도구] 상황 탭 – [디자인] 탭 – [데이터] 그룹 – [행/열 전환] 메뉴를 클릭한다.

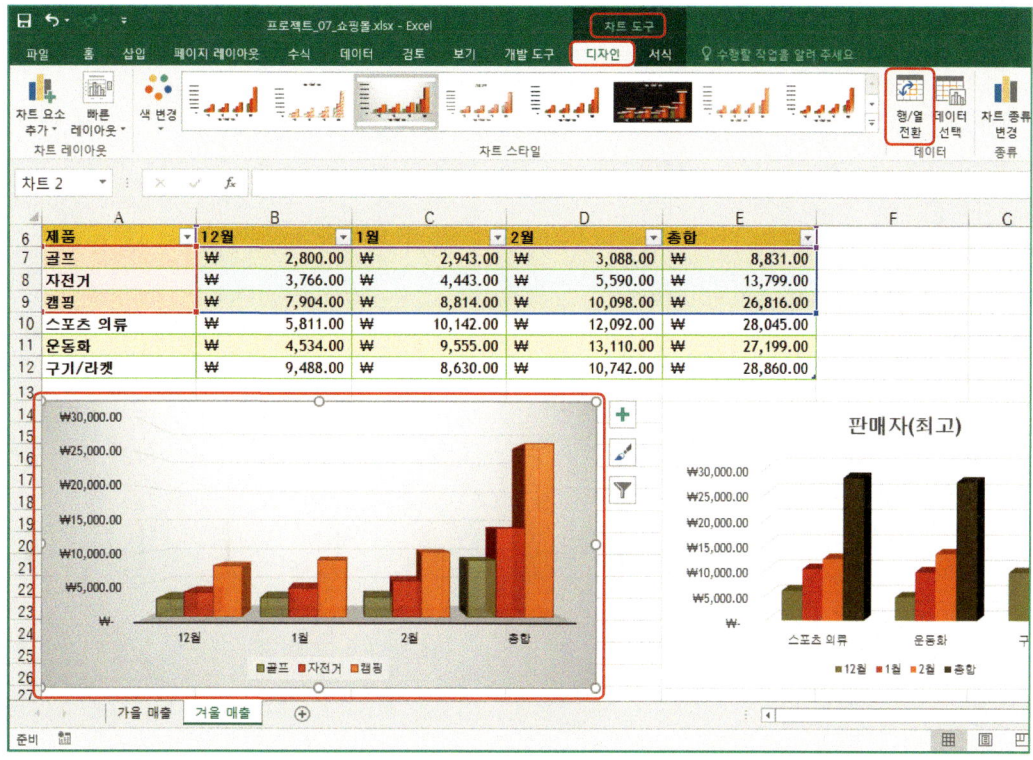

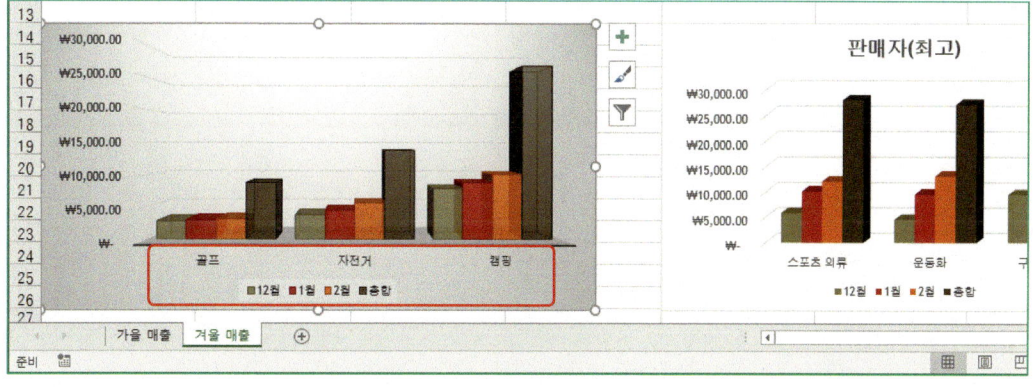

PROJECT 07 쇼핑몰 69

PART 2

05주차	PROJECT 02	고객 수익성 분석	72
	PROJECT 03	월간 회사 예산	77
06주차	PROJECT 04	주방 리모델링	83
	PROJECT 05	대차 대조표	89
07주차	PROJECT 06	인구 현황	97
	PROJECT 07	주간 활동 보고서	103

PROJECT 02 고객 수익성 분석

준비파일 프로젝트_02_고객 수익성 분석.xlsx 완성파일 프로젝트_02_고객 수익성 분석_완성.xlsx

 당신은 누리IT 주식회사에서 고객 수익성을 분석하고 있습니다. 그리고 주문자의 재고 목록 데이터를 준비하고 있습니다.

STEP 1

"고객 수익성" 워크시트에서, 1행에서 5행까지 존재하지만 보이지 않도록 설정합니다.

❶ "고객 수익성" 워크시트를 클릭한다.

❷ 행 머리글 1행부터 5행까지(연속) 선택한다.

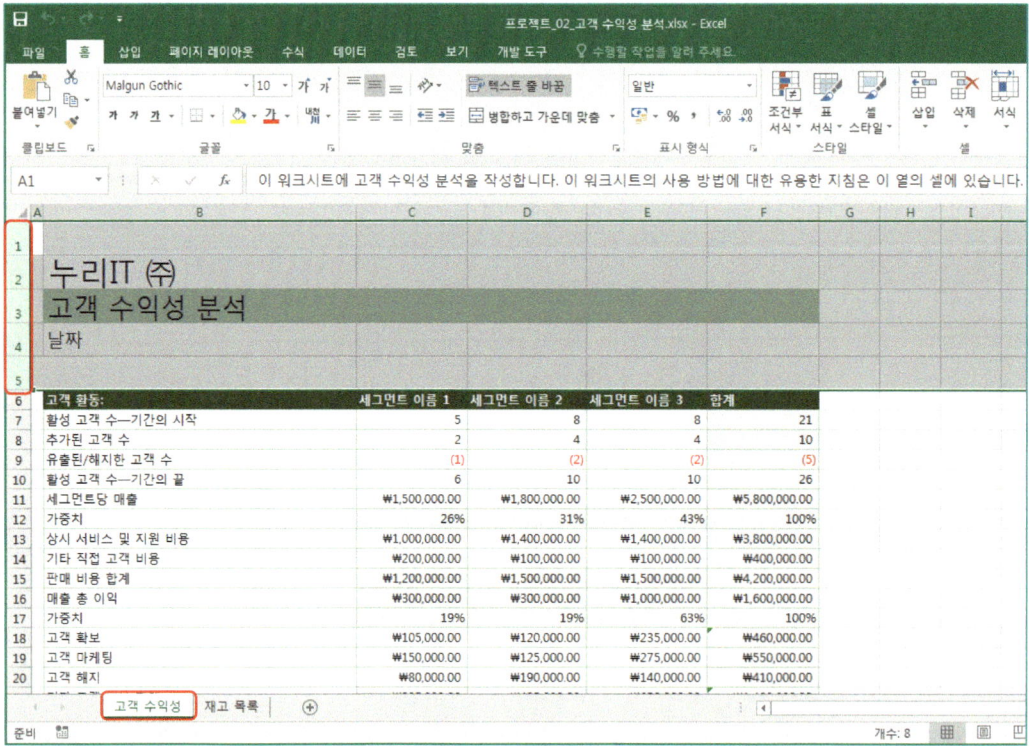

❸ 선택한 행 머리글에서 오른쪽 버튼을 클릭하고 [숨기기] 메뉴를 클릭한다.

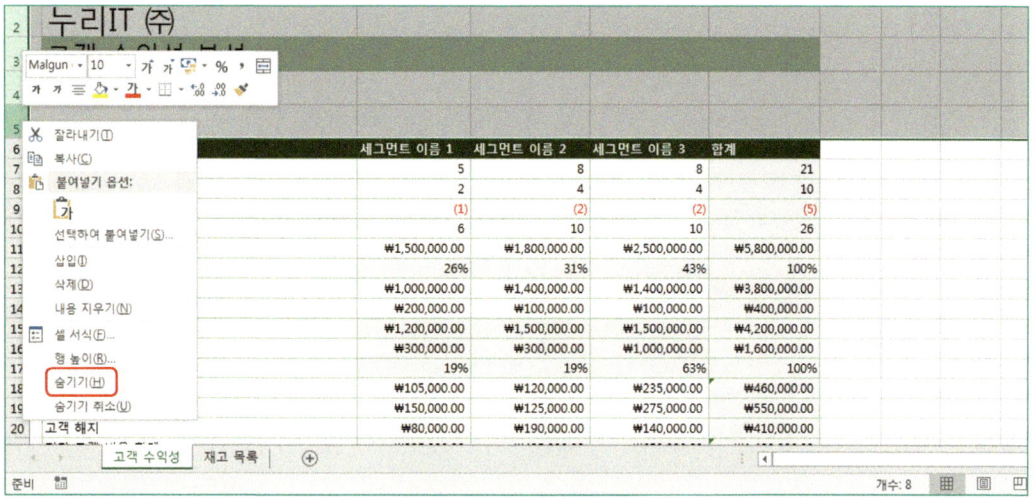

🖥 STEP 2

"재고 목록" 워크시트에서 J열을 삭제합니다.

❶ "재고 목록" 워크시트를 클릭한다.
❷ 열 머리글 J열을 선택한다.

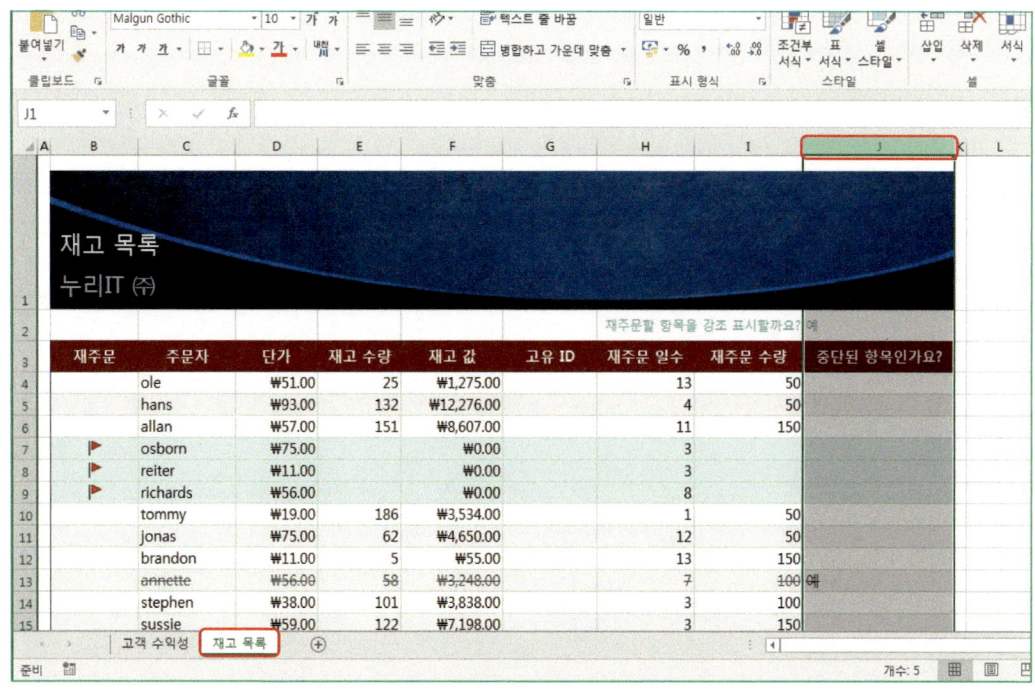

PROJECT 02 고객 수익성 분석　73

❸ 선택한 열 머리글에서 오른쪽 버튼을 클릭하고 [삭제] 메뉴를 클릭한다.

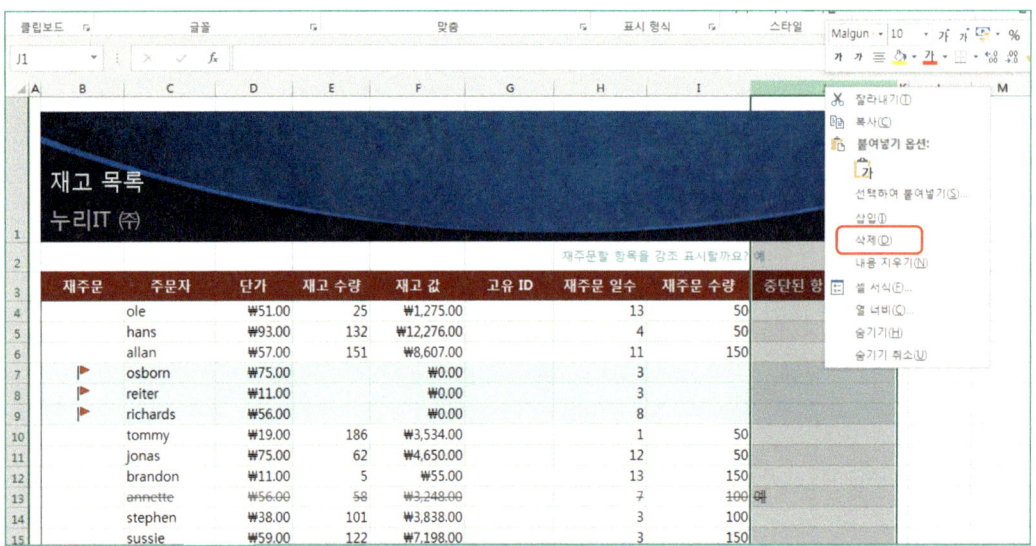

STEP 3

"재고 목록" 워크시트의 G4 셀에 첫 글자만 대문자로 표시되도록 C4 셀을 복사하는 함수를 사용합니다.

❶ "재고 목록" 워크시트에서 [G4] 셀을 클릭한다.
❷ =PROPER(C4) 작성된 것을 확인하고 Enter 키를 누른다.

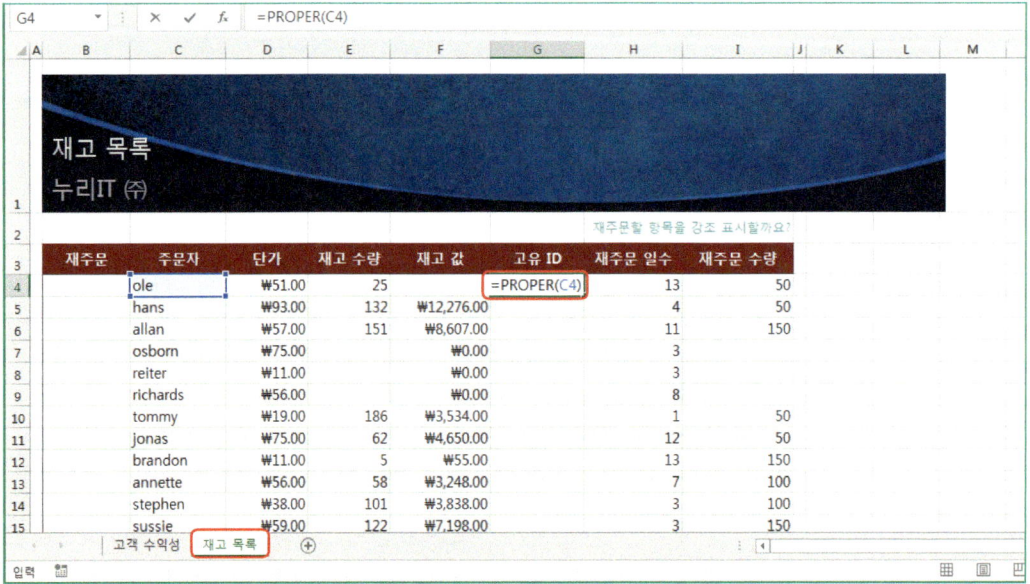

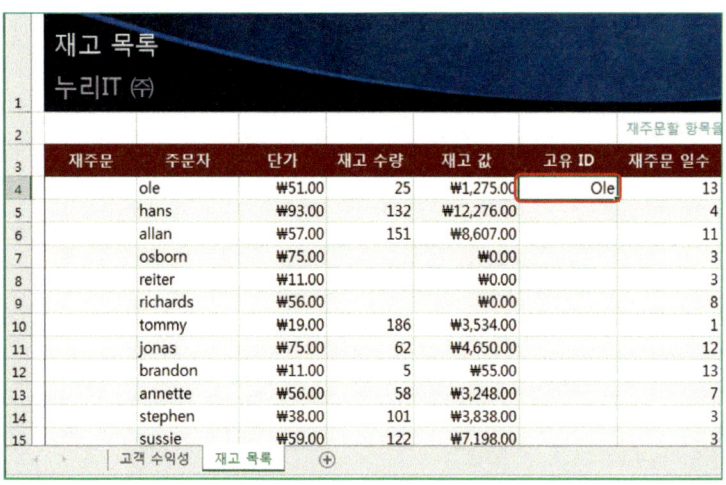

STEP 4

인쇄할 모든 페이지에 3행이 표시되도록 "재고 목록" 시트를 구성합니다.

❶ "재고 목록" 워크시트를 클릭한다.
❷ [페이지 레이아웃] 탭 – [페이지 설정] 그룹 – [인쇄 제목] 메뉴를 클릭한다.

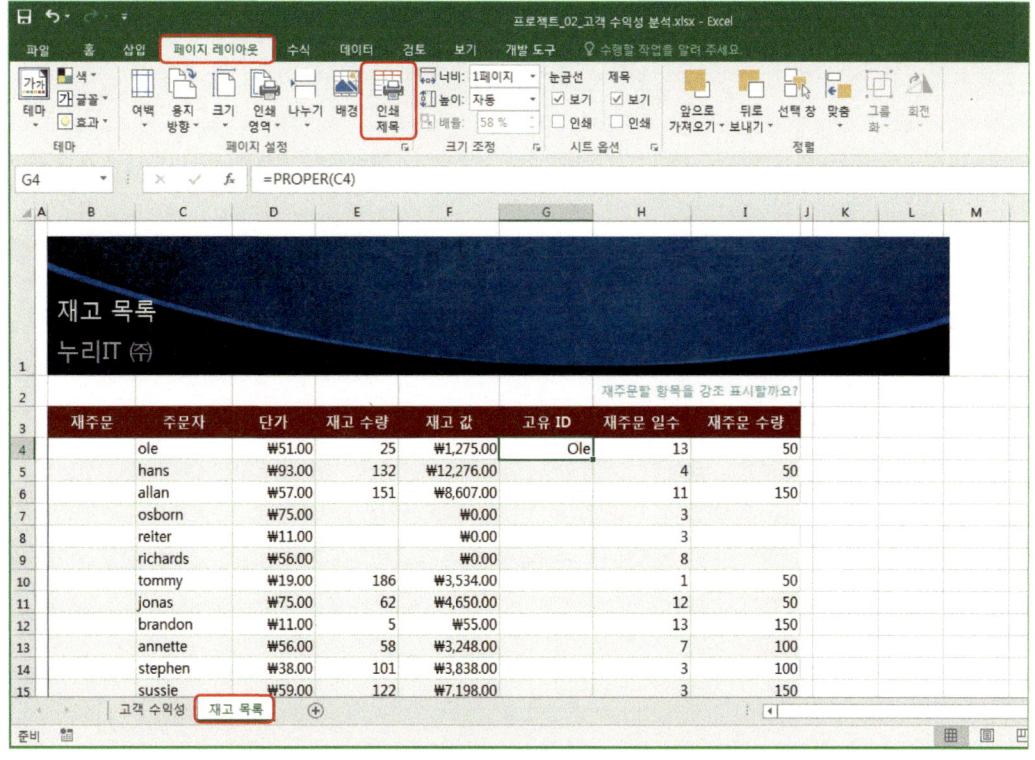

PROJECT 02 고객 수익성 분석 75

❸ [페이지 설정] 대화상자에서 인쇄 제목, 반복할 행 선택란으로 커서를 이동한다.
❹ 워크시트에서 행 머리글 3행을 선택하고 [확인]을 클릭한다.

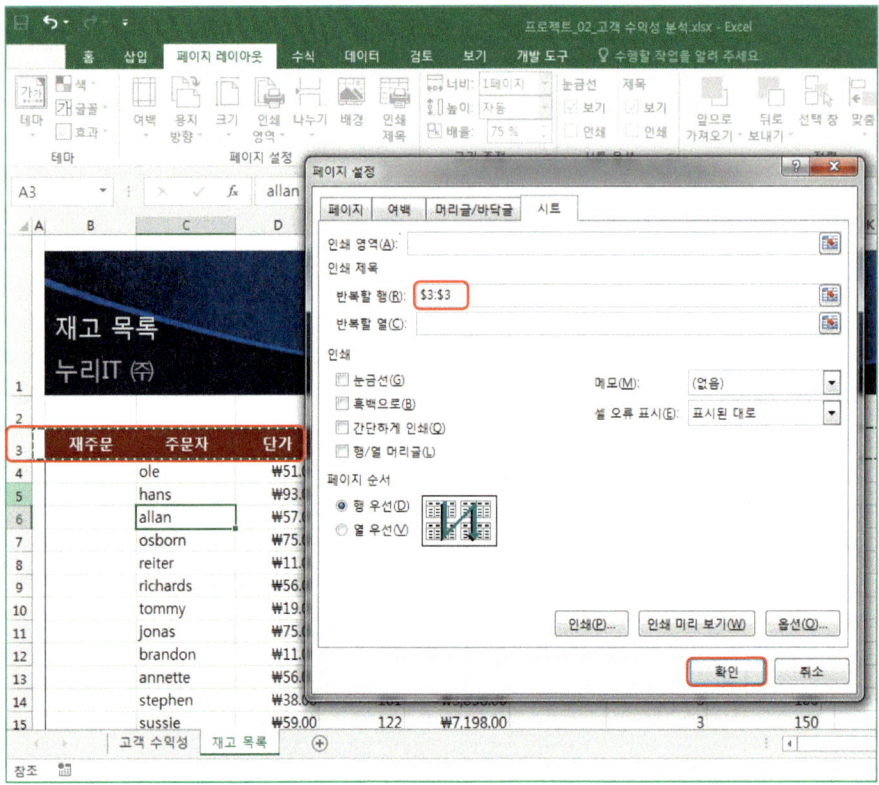

PROJECT
03

월간 회사 예산

준비파일 프로젝트_03_월간 회사 예산.xlsx   완성파일 프로젝트_03_월간 회사 예산_완성.xlsx

 당신은 행복 주식회사의 총무부에서 근무하고 있습니다. 월별 회사 예산을 요약하는 보고서를 작성하고 있습니다.

STEP 1

이 통합 문서에 "Accounting"라는 이름의 새 워크시트를 추가합니다.

❶ 좌측 하단 시트 목록 끝에 '⊕'를 클릭한다.

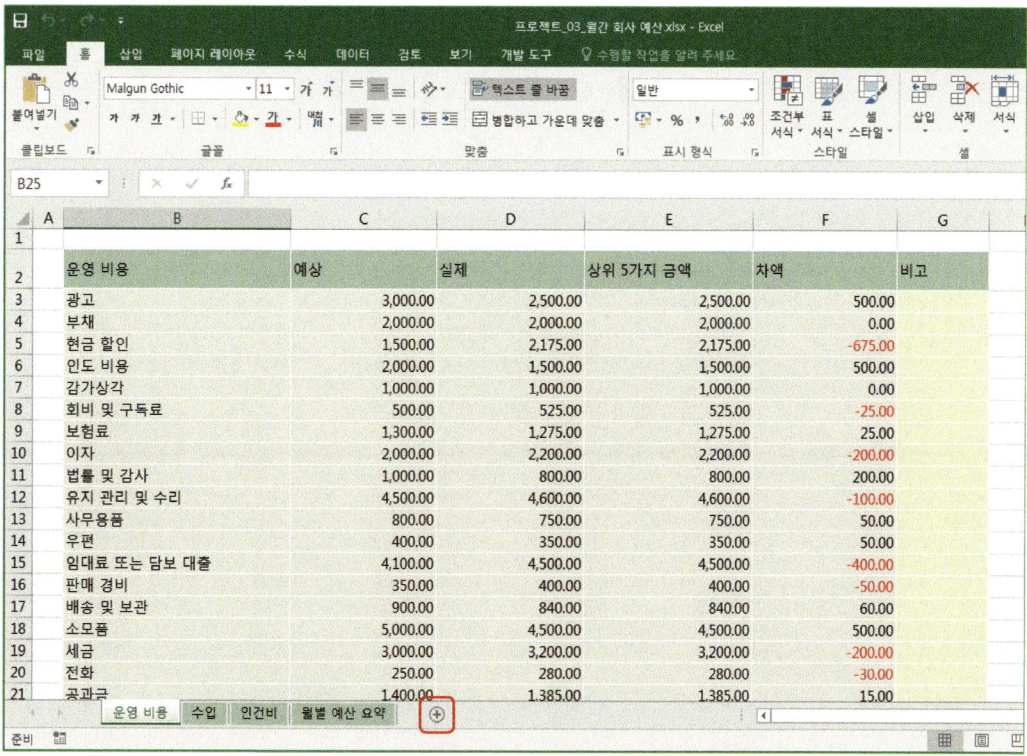

❷ 'Sheet1' 선택 후 오른쪽 버튼, [이름 바꾸기] 메뉴 선택한다.
❸ 시트 이름을 'Accounting' 입력 후 Enter 키를 누른다.

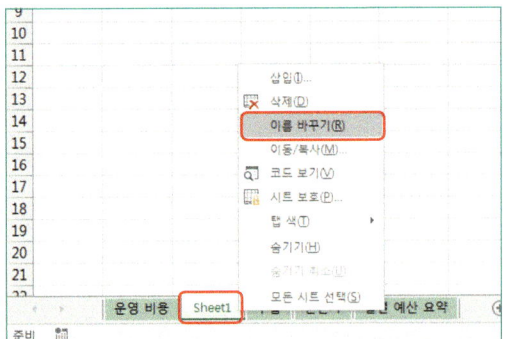

STEP 2

"운영 비용" 워크시트의 G3 셀에, F3 셀의 값이 0 보다 작을 경우 "감소"가 표시되고, 그 밖의 경우 "증가"가 표시되도록 함수를 추가합니다. 각 학생의 합격 여부를 표시하도록 모든 G열의 셀을 채웁니다.

❶ "운영 비용" 워크시트에서 [G3] 셀을 클릭한다.
❷ =IF(F3<0, "감소", "증가") 작성된 것을 확인하고 Enter 키를 누른다.

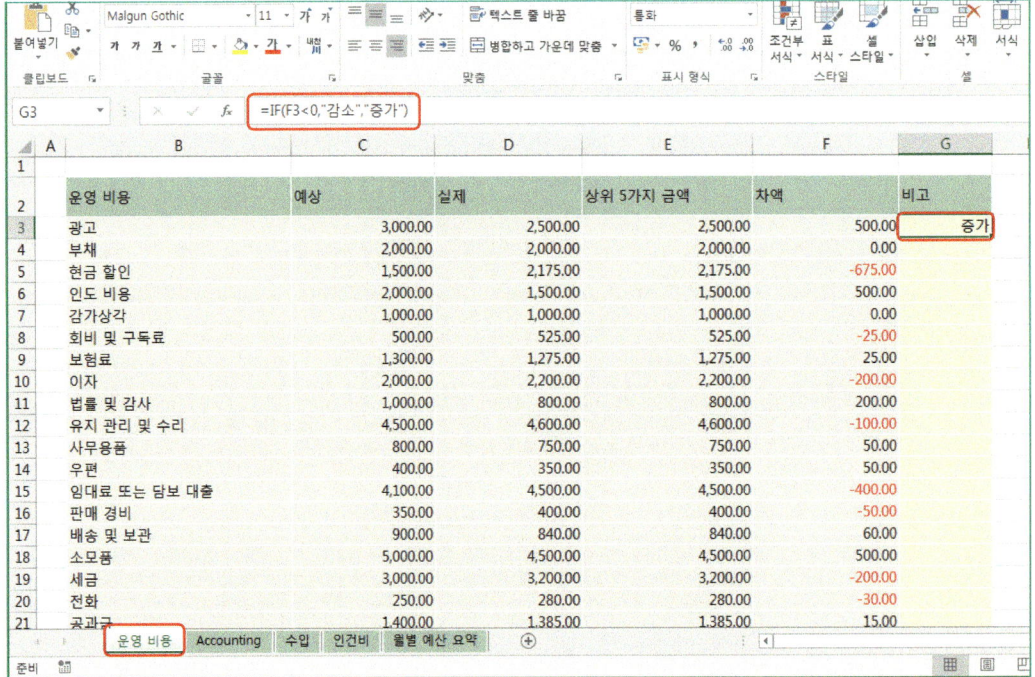

❸ [G3] 셀을 선택하고 채우기 핸들로 [G22]까지 드래그 한다.

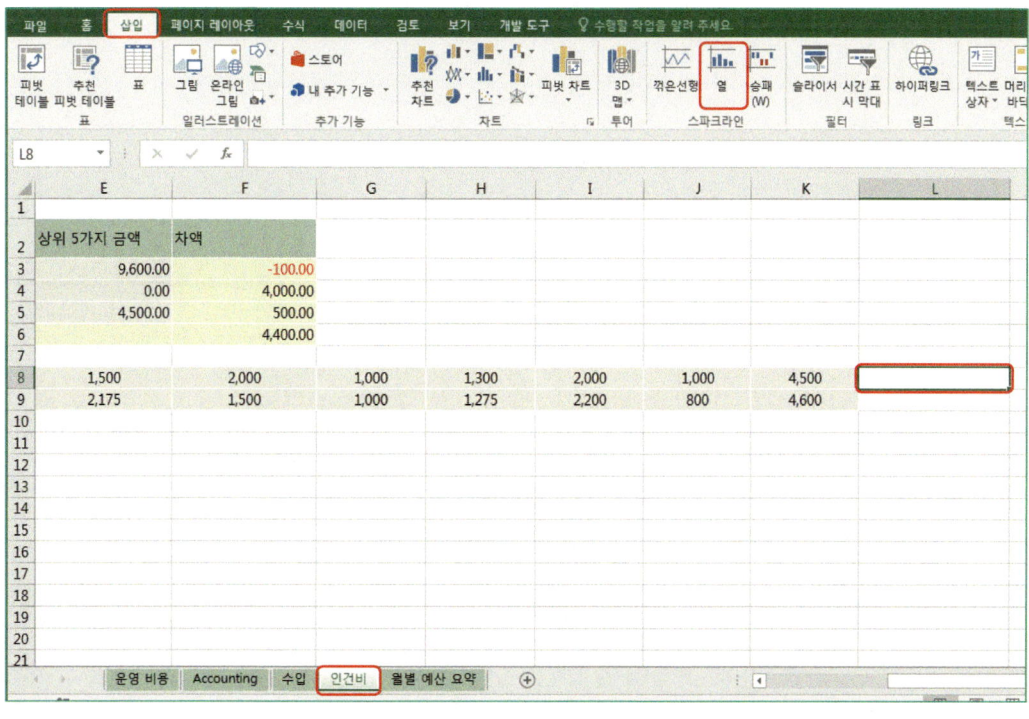

STEP 3

"인건비" 워크시트의 L8셀에 C8:K8의 수치를 나타내는 열 스파크라인을 추가합니다.

❶ "인건비" 워크시트에서 [L8] 셀을 선택한다.
❷ [삽입] 탭 - [스파크라인] 그룹 - [열] 메뉴를 클릭한다.

PROJECT 03 월간 회사 예산

❸ [스파크라인 만들기] 대화상자에서 데이터 범위 선택란에서 'C8:K8' 범위를 지정하고 [확인]을 클릭한다.

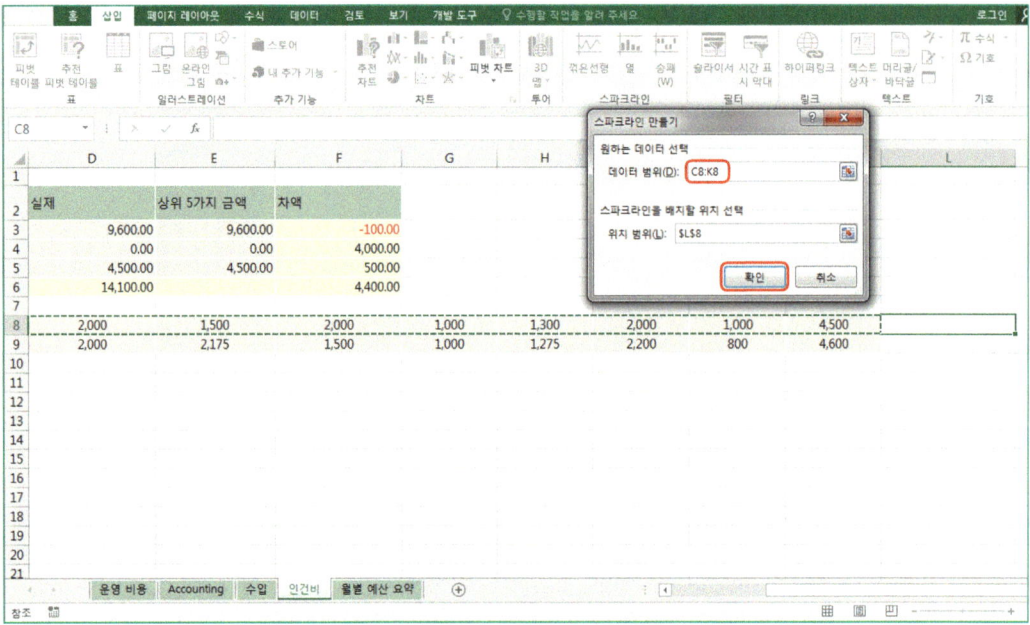

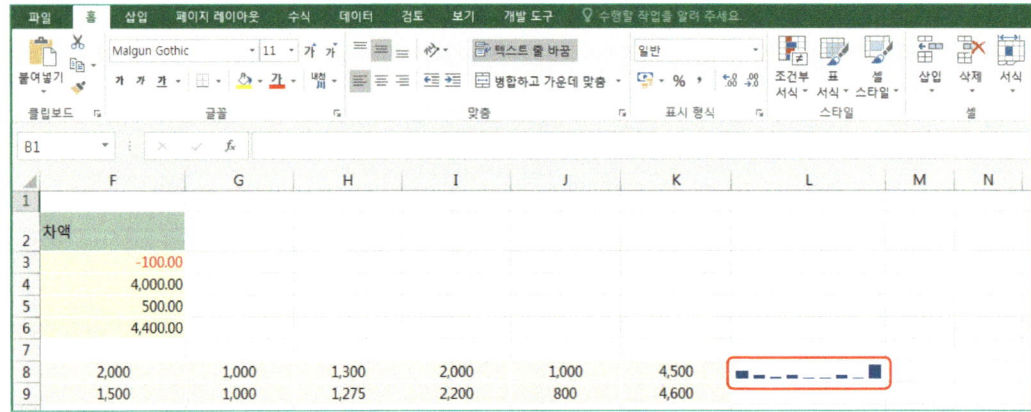

🖥 STEP 4

"월별 예산 요약" 워크시트의 "예산 개요" 차트에 C7:D7 셀을 추가합니다. "잔액"라는 계열 이름을 지정합니다.

❶ "월별 예산 요약" 워크시트에서 차트를 선택한다.
❷ 차트 위에 사용된 데이터 범위를 잔액(수입 - 지출) 행까지 드래그 하여 범위를 조정한다.

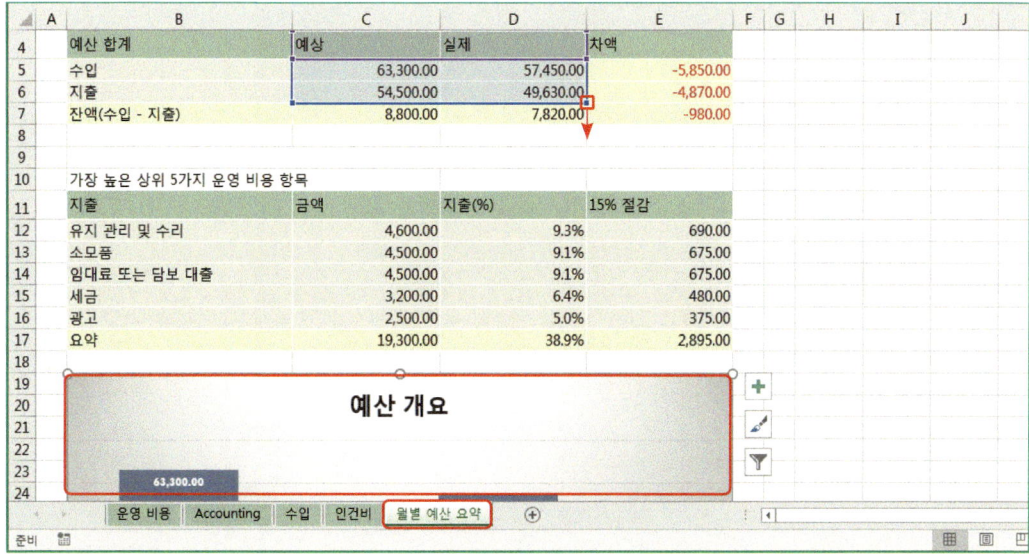

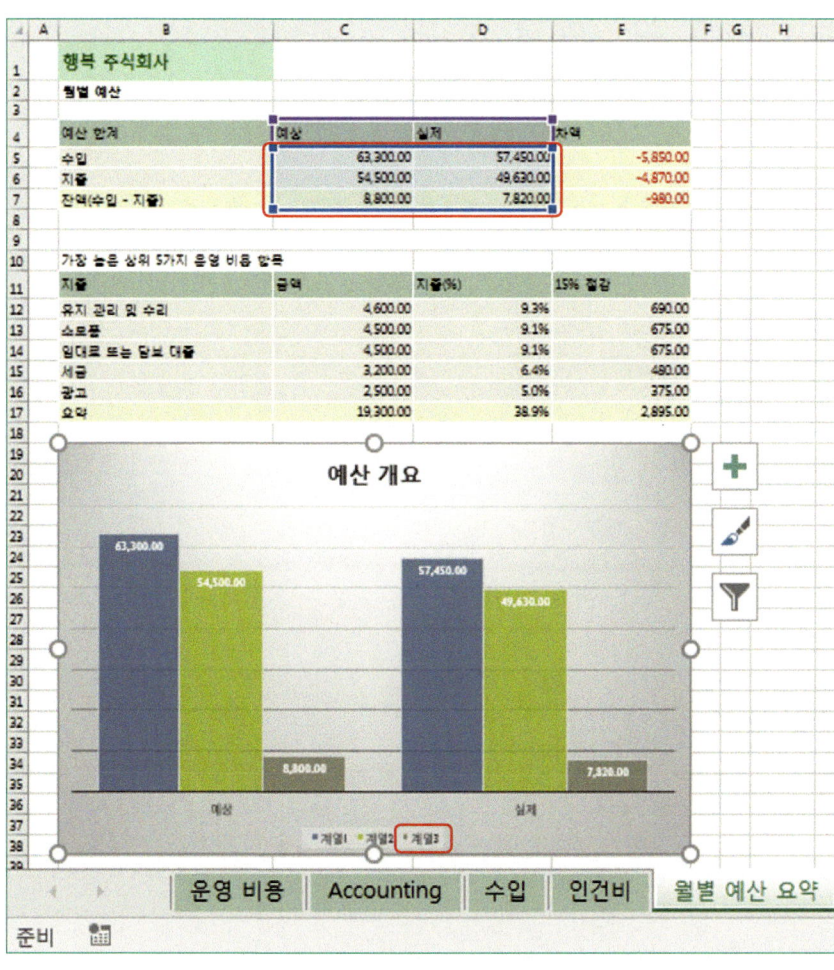

STEP 5

"수입" 워크시트의 모든 셀에 수식이 표시되도록 합니다.

❶ "수입" 워크시트를 선택한다.

❷ [수식] 탭 – [수식 분석] 그룹 – [수식 표시] 메뉴를 클릭한다.

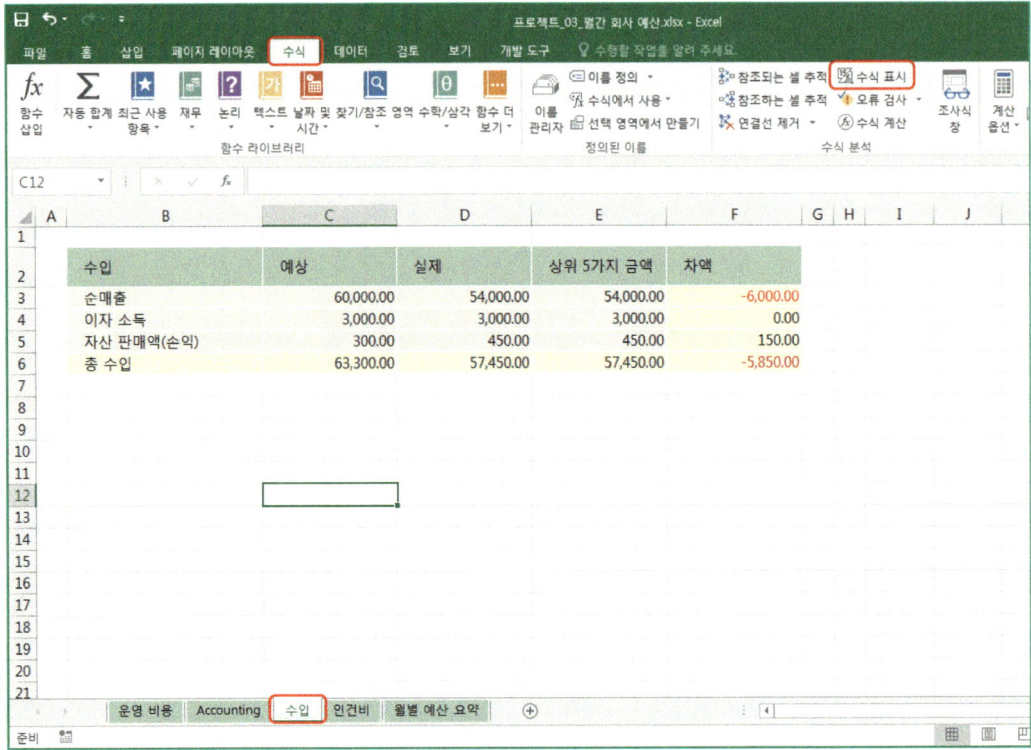

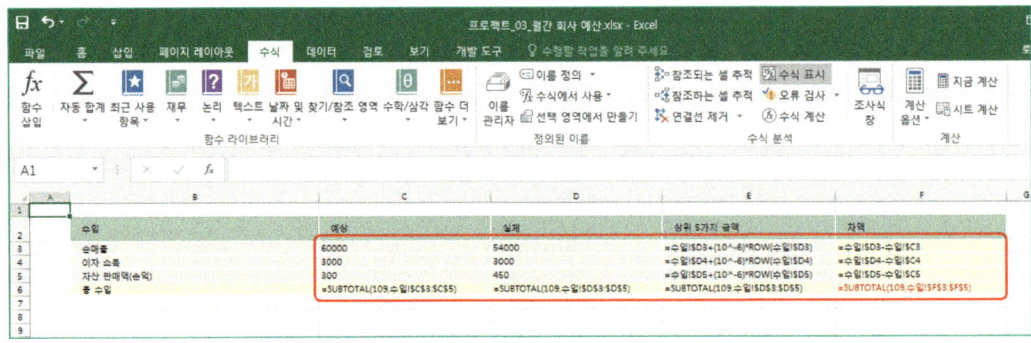

PROJECT 04 주방 리모델링

준비파일 프로젝트_04_주방 리모델링.xlsx, 주방.png   완성파일 프로젝트_04_주방 리모델링_완성.xlsx

학습개요 당신은 리모델링 디자이너로 활동하고 있으며, 의뢰 받은 주방 리모델링 비용을 계산하고 있습니다.

 STEP 1

문서의 제목 속성에 "2020년"을 추가합니다.

❶ [파일] - [속성] - [고급 속성] 메뉴를 클릭한다.

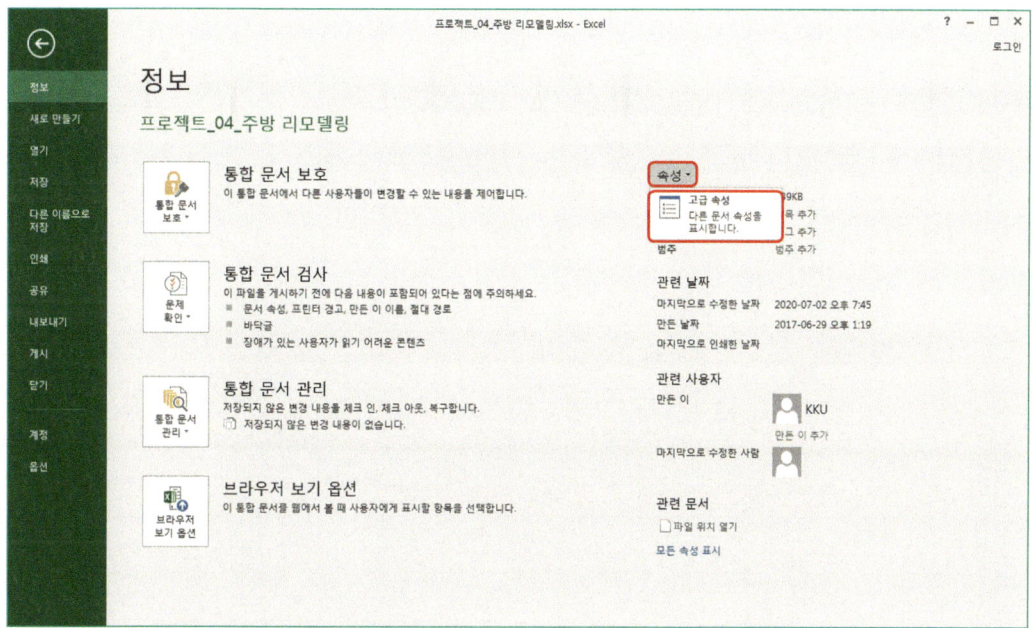

❷ [고급 속성] 대화상자에서 [요약] 탭 클릭한다.
❸ 제목 입력란에 '2020년'을 입력하고 [확인]을 클릭한다.

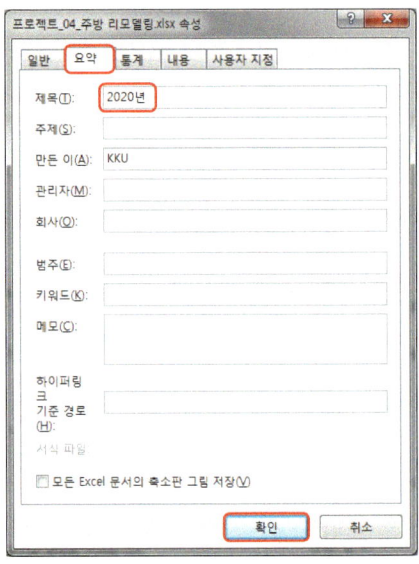

STEP 2

"리모델링 비용" 워크시트에서, G9:G27 셀을 채우도록 G8 셀의 수식을 복사합니다.

❶ [G8] 셀을 선택하고 채우기 핸들로 [G27]까지 드래그 한다.

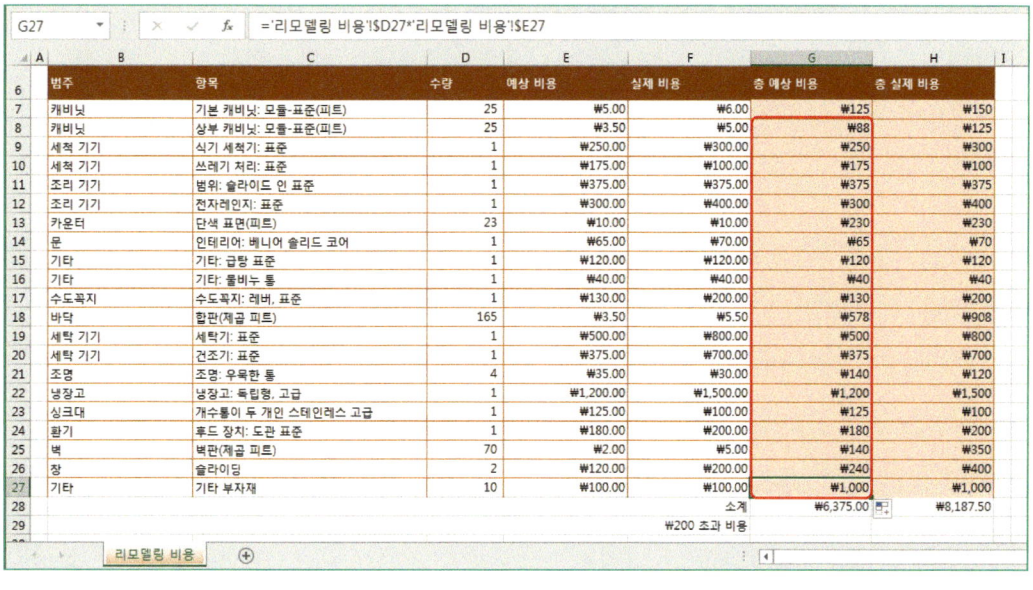

STEP 3

"리모델링 비용" 워크시트의 G29 셀에 예상 비용 값이 ₩200 보다 클 경우 F7:F27 셀의 평균을 계산하는 함수를 삽입합니다.

❶ [G29] 셀을 클릭한다.
❷ =AVERAGEIF(E7:E27, ")200", F7:F27) 작성된 것을 확인하고 Enter 키를 누른다.

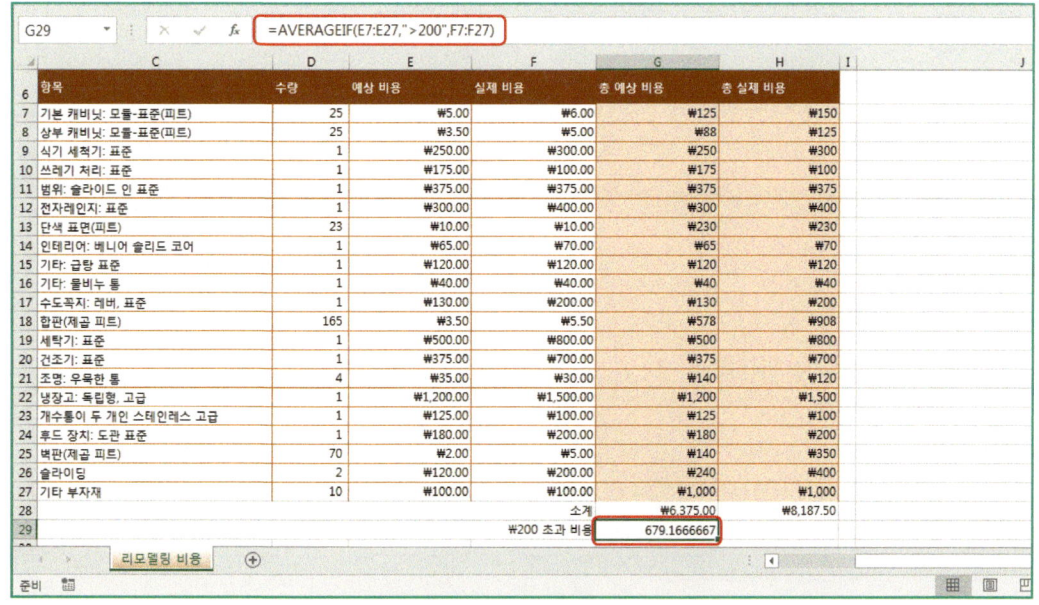

PROJECT 04 **주방 리모델링** 85

🖥️ STEP 4

"리모델링 비용" 워크시트 오른쪽에 "리모델링 비용" 워크시트 복사본을 만듭니다.

❶ 좌측 하단 "리모델링 비용" 시트를 선택하고 오른쪽 버튼을 클릭한다.

❷ 메뉴 목록에서 '이동/복사'를 클릭한다.

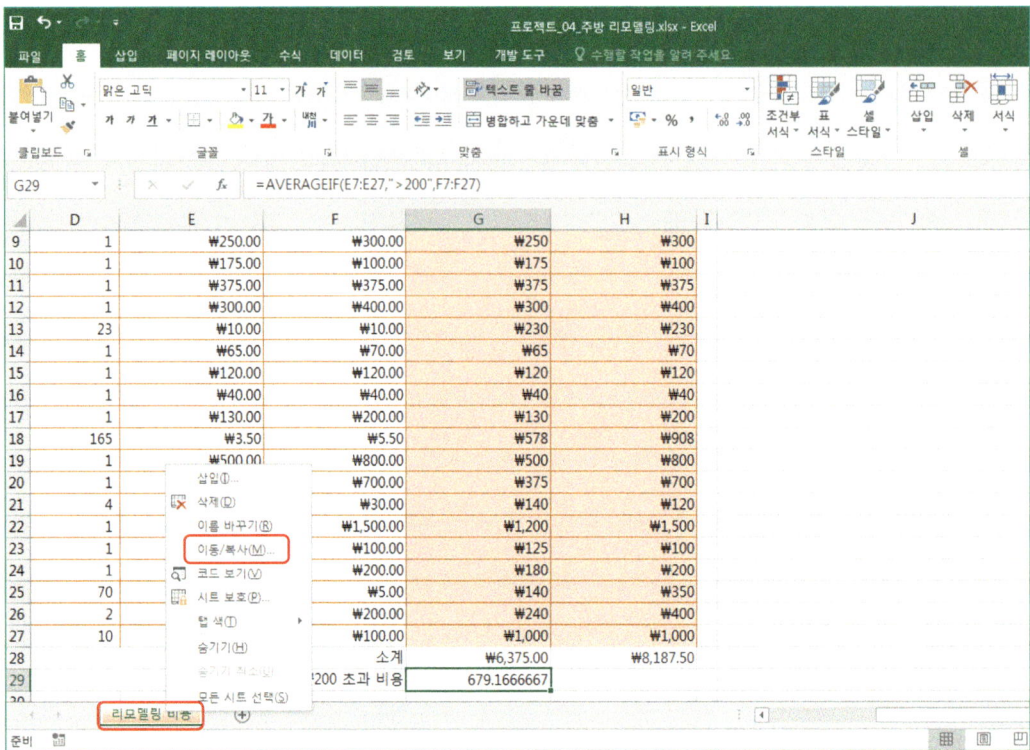

❸ [이동/복사] 대화상자에서 다음 시트의 앞에 목록 중에 '(끝으로 이동)'을 선택하고 '복사본 만들기' 체크 설정을 하고 [확인]을 클릭한다.

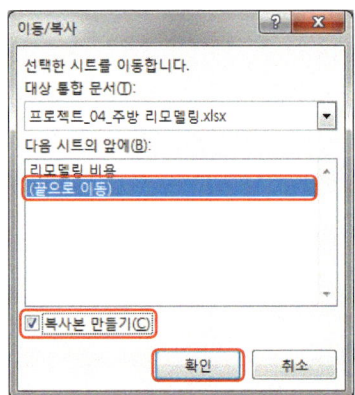

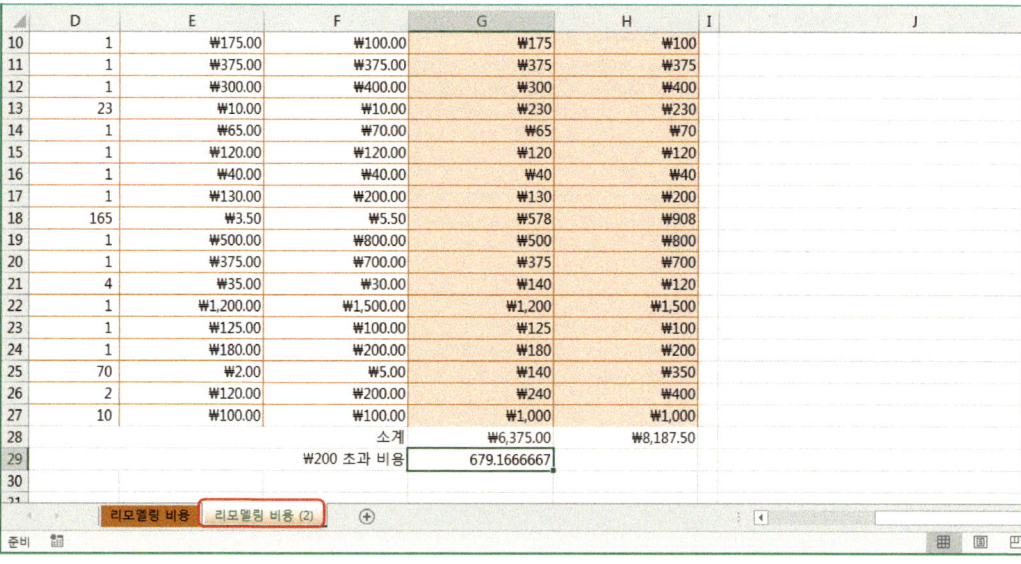

STEP 5

사진 폴더의 주방.png 파일을 "리모델링 비용" 워크시트의 "주방 리모델링 비용" 제목 오른쪽에 추가합니다.

❶ "리모델링 비용" 워크시트를 선택한다.
❷ [삽입] 탭 – [일러스트레이션] 그룹 – [그림] 메뉴를 클릭한다.

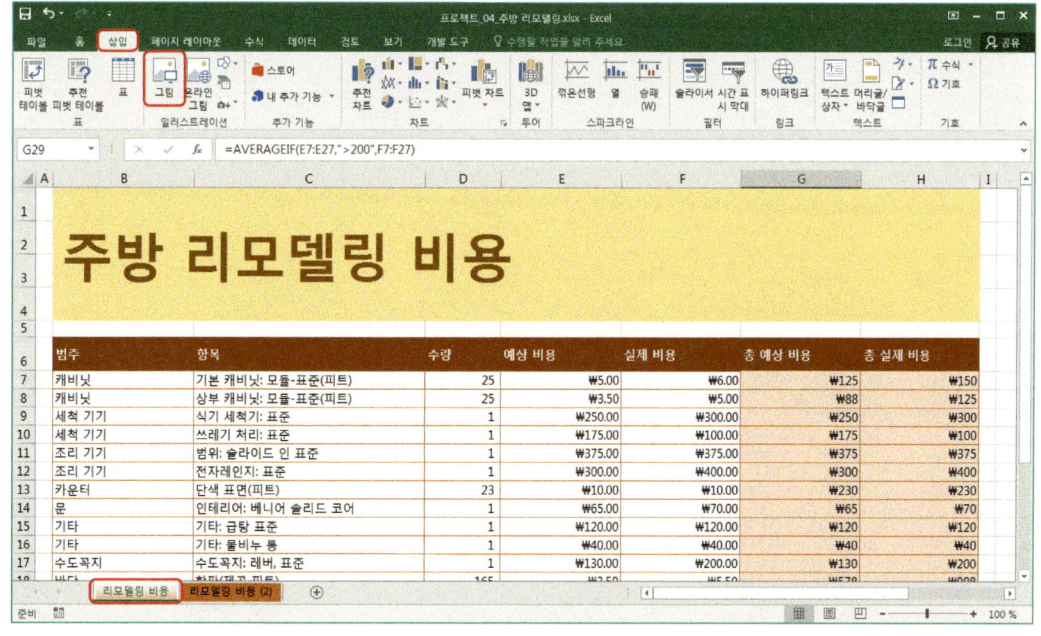

❸ [그림 삽입] 대화상자에서 [문서] 폴더에 해당 '주방.png' 파일을 선택하고 [삽입]을 클릭한다.

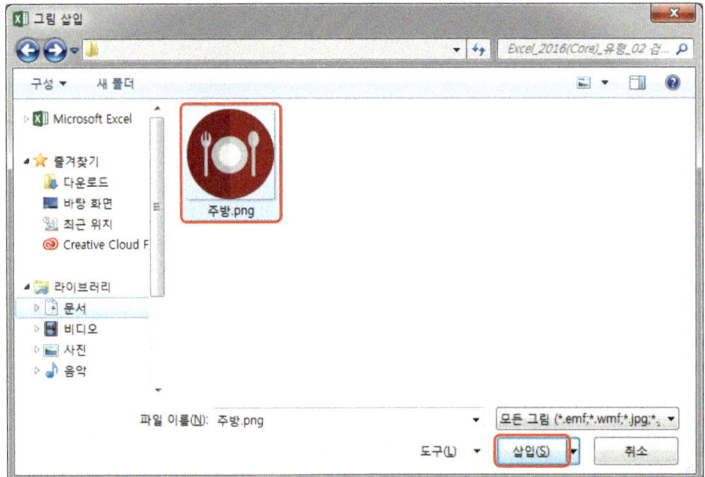

❹ 삽입된 이미지를 '주방 리모델링 비용' 제목 오른쪽에 임의로 크기를 조정한 후 드래그 하여 배치한다.

PROJECT
05

대차 대조표

준비파일 프로젝트_05_대차 대조표.xlsx, 연금주요통계.csv   완성파일 프로젝트_05_대차 대조표_완성.xlsx

 당신은 공단에서 근무하고 있으며, 연금기금의 자산, 부채, 자본 세부 항목별 현황매출에 대한 보고서를 작성해야 합니다.

STEP 1

문서 폴더에 있는 연금주요통계.csv 의 내용을 "기금 자산" 워크시트의 A11 셀로 가져옵니다. 쉼표를 구분 기호로 선택합니다(다른 모든 기본값을 수락합니다).

❶ "기금 자산" 워크시트에서 [A11] 셀을 클릭한다.
❷ [데이터] 탭 – [외부 데이터 가져오기] 그룹 – [텍스트] 메뉴를 클릭한다.

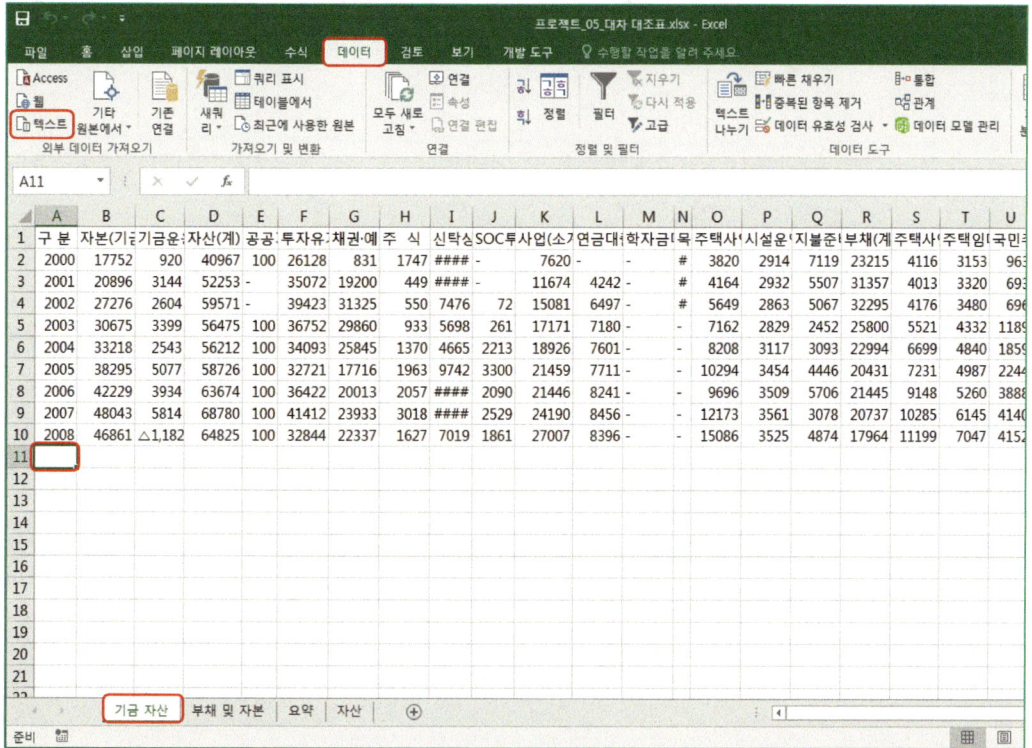

PROJECT 05 대차 대조표   89

❸ [텍스트 가져오기] 불러오기 창에서 해당 파일(연금주요통계.csv)을 선택하고 가져오기를 클릭한다.

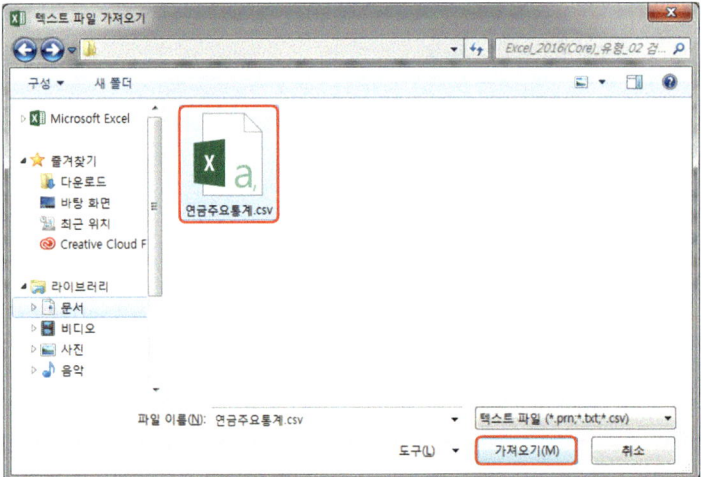

❹ [텍스트 마법사 – 3단계 중 1단계] 대화상자에서 '구분 기호로 분리됨' 선택 – [다음]을 클릭한다.

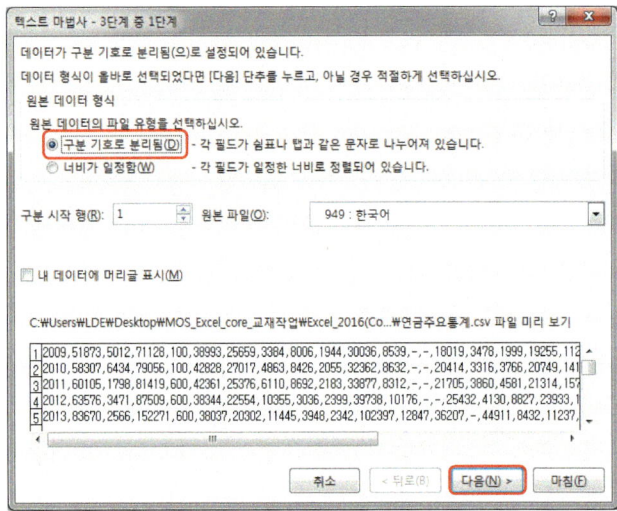

❺ [텍스트 마법사 – 3단계 중 2단계] 대화상자에서 '쉼표' 체크 설정 – [다음]을 클릭한다.

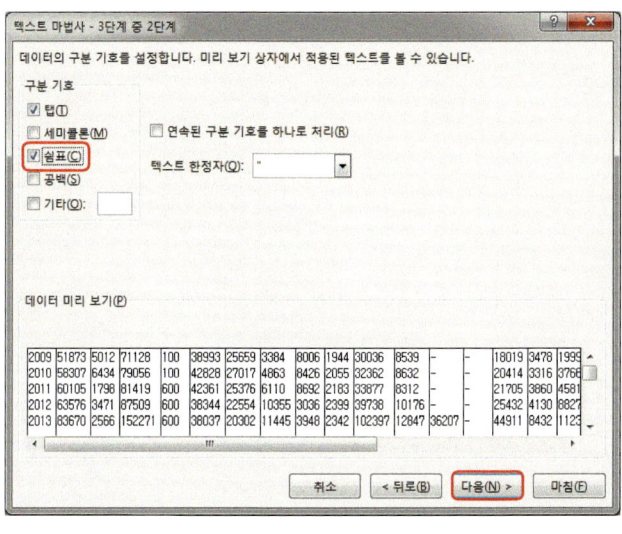

❻ [텍스트 마법사 – 3단계 중 3단계] 대화상자에서 기본 값 유지하고 [마침] 클릭한다.

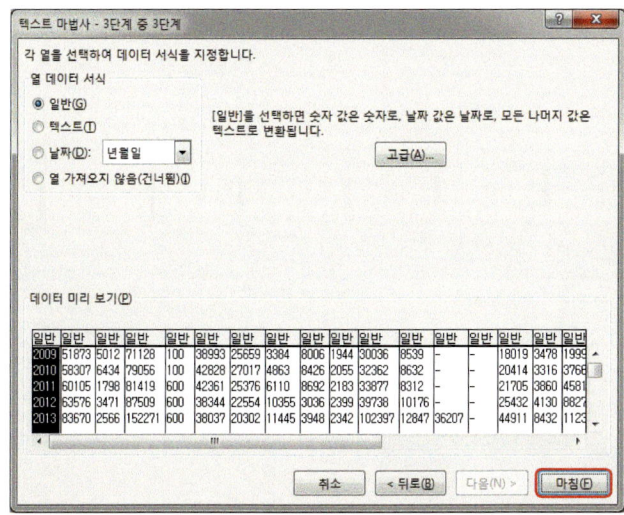

❼ [데이터 가져오기] 대화상자에서 기존 워크시트 '=$A$11' 확인 후 [확인] 클릭한다.

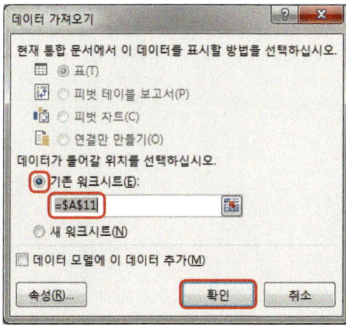

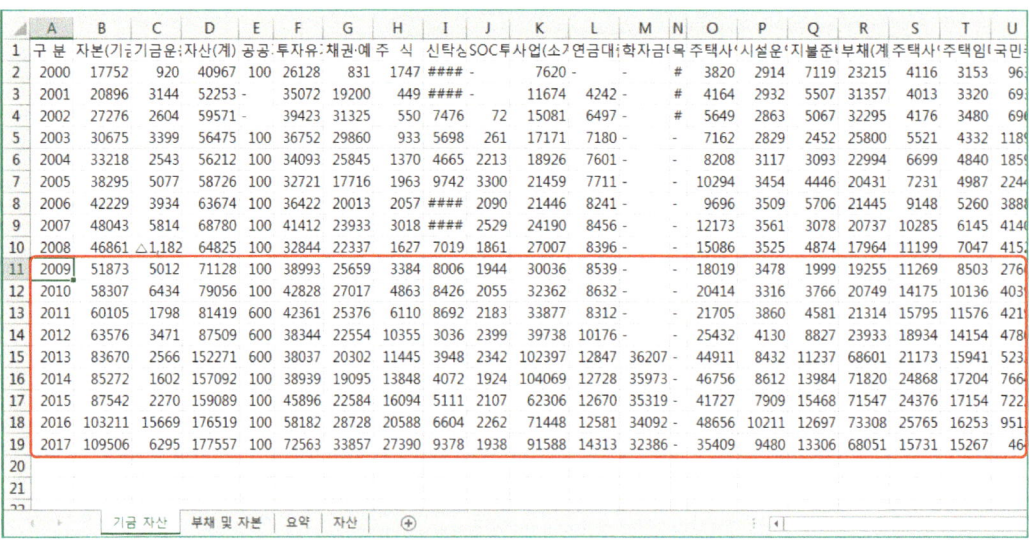

STEP 2

"부채 및 자본" 워크시트의 현재 부채 표에서, 총 매출을 자동으로 계산하는 행을 표에 추가합니다.

❶ "부채 및 자본" 워크시트에서 [B3] 셀을 클릭한다.

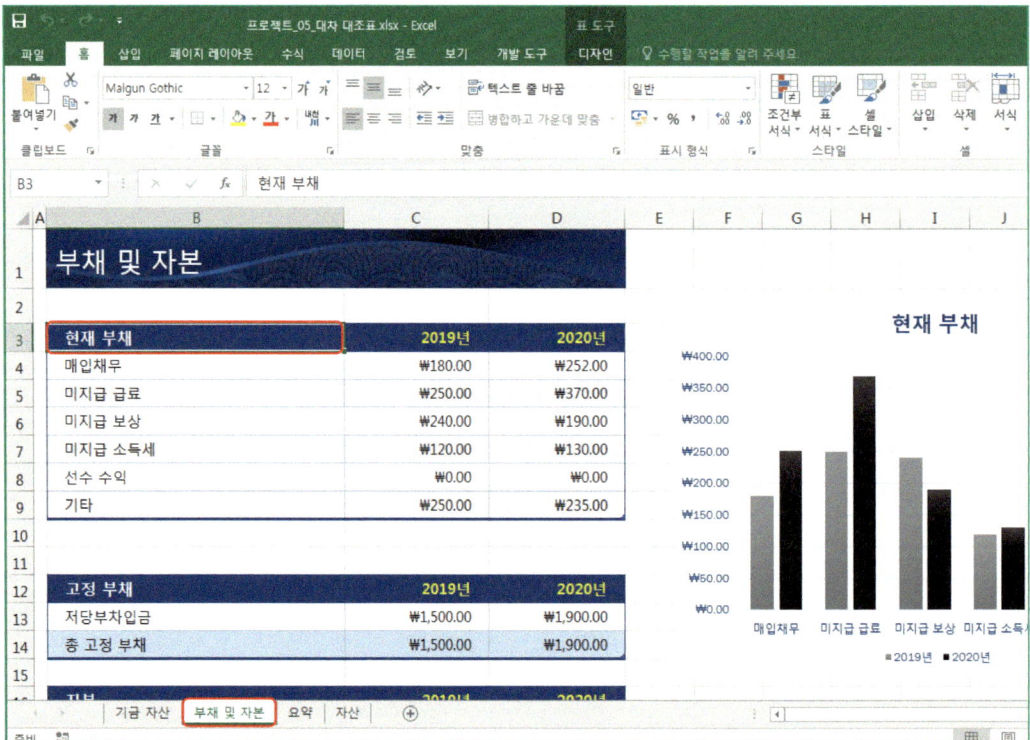

❷ [표 도구] 상황 탭 – [디자인] 탭 – [표 스타일 옵션] 그룹 – '요약 행' 체크 설정

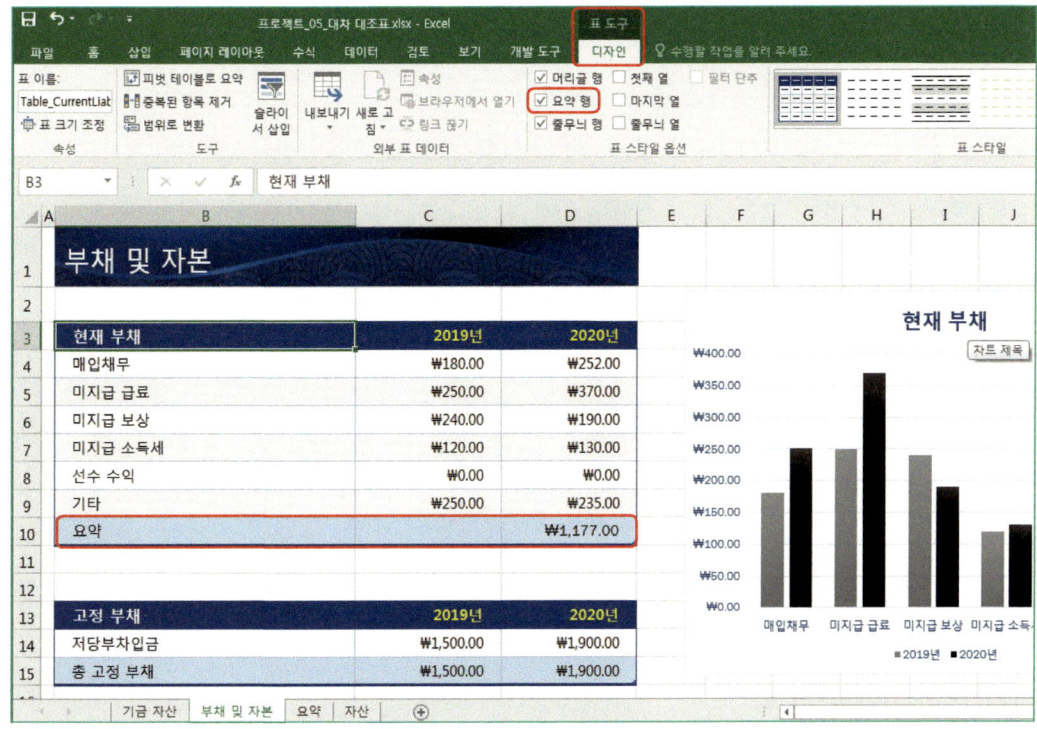

💻 STEP 3

"부채 및 자본" 워크시트에서, "현재 부채" 차트가 F4 셀부터 L9 셀 위에 표시되도록 차트의 크기를 조정합니다.

❶ "부채 및 자본" 워크시트에서 해당 차트를 선택한다.
❷ 선택된 차트에서 좌측 상단 조절점에서 [Alt] 키를 누른 상태에서 F4에 맞춰서 조절한다.
❸ 선택된 차트에서 우측 하단 조절점에서 [Alt] 키를 누른 상태에서 L9에 맞춰서 조절한다.

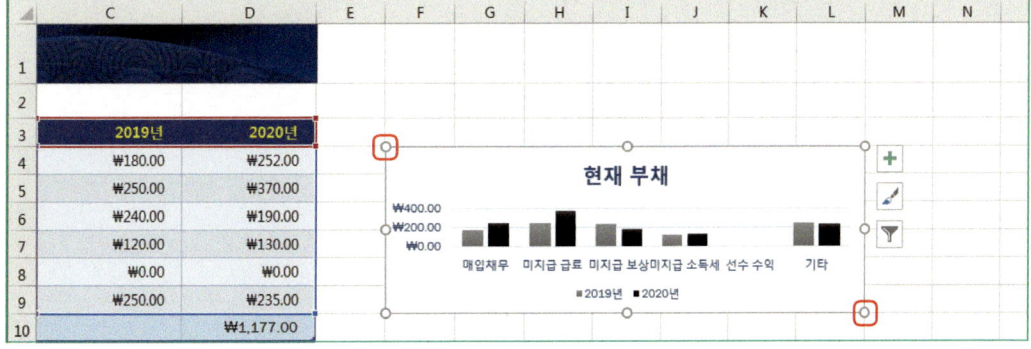

PROJECT 05 대차 대조표 93

🖥️ STEP 4

"요약" 워크시트의 가로막대형 차트를 "자산 분석 차트" 라는 이름의 새 시트로 이동합니다.

❶ "요약" 워크시트에서 해당 차트를 선택한다.

❷ [차트 도구] 상황 탭 – [디자인] 탭 – [위치] 그룹 – [차트 이동] 메뉴를 클릭한다.

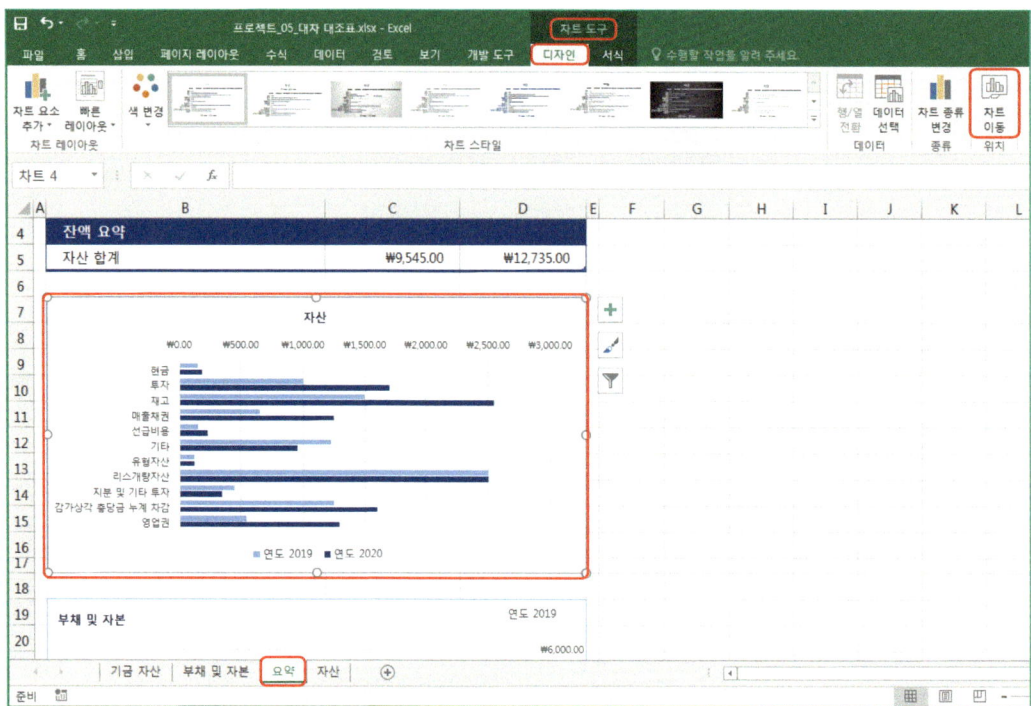

❸ [차트 이동] 대화상자에서 '새 시트'를 선택하고 입력란에 '자산 분석 차트'라고 입력하고 [확인]을 클릭한다.

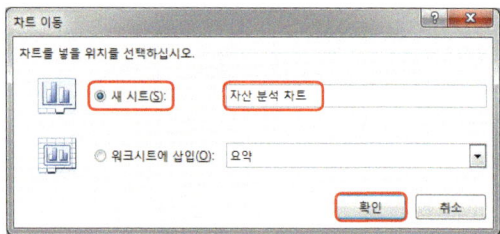

STEP 5

"부채 및 자본" 워크시트에서, 가로축에 자본 항목을 표시하고 해당 년도를 범례 항목으로 표시하도록 "자본 분석" 차트를 수정합니다.

❶ "부채 및 자본" 워크시트에서 해당 차트를 선택한다.
❷ [차트 도구] 상황 탭 – [디자인] 탭 – [데이터] 그룹 – [행/열 전환] 메뉴를 클릭한다.

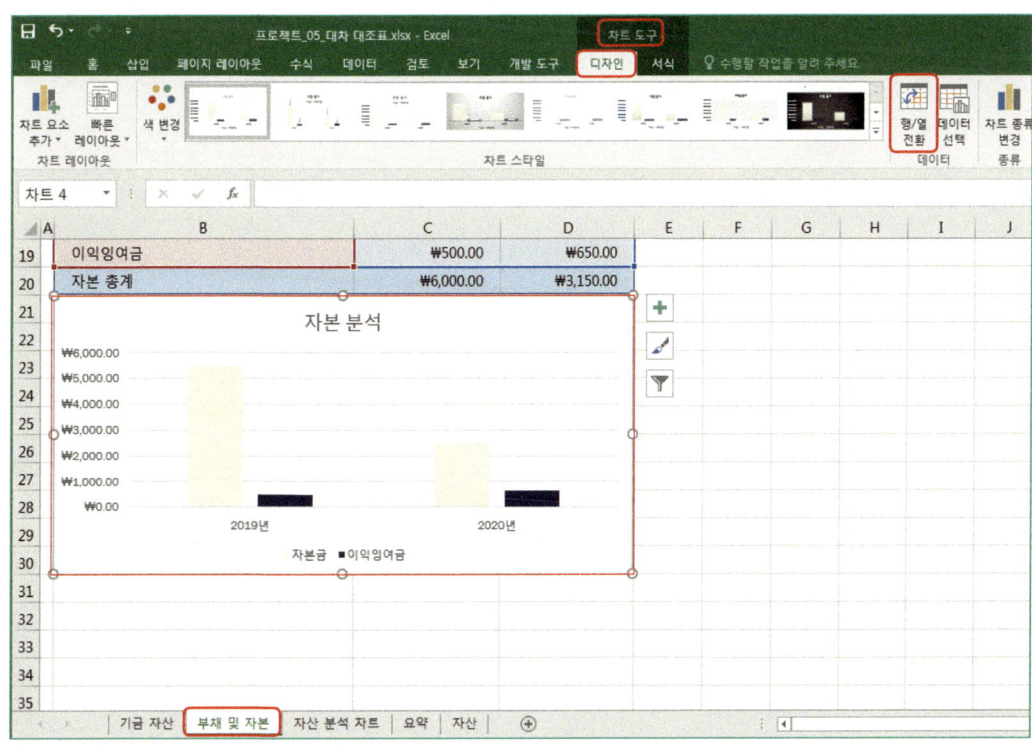

PROJECT 05 **대차 대조표** 95

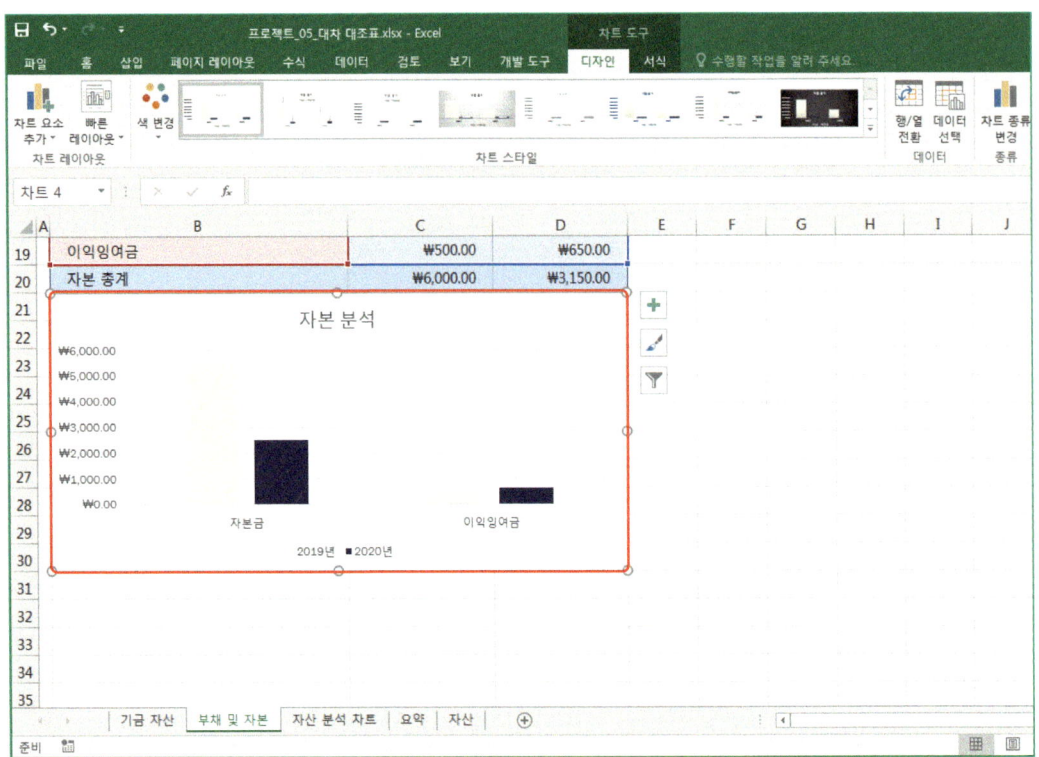

05주차 06주차 **07주차**

PROJECT
06

인구 현황

준비파일 프로젝트_06_인구 현황.xlsx 완성파일 프로젝트_06_인구 현황_완성.xlsx

 당신은 연령대 별 인구 현황을 조사하고 있습니다. 인구 구성비와 성비를 정확하게 파악하고자 문서를 작성하고 있습니다.

💻 STEP 1

"동별 남여" 워크시트에서 "구성비"라는 이름의 열을 "세대수" 열의 왼쪽에 추가합니다.

❶ "동별 남여" 워크시트에서 열 머리글 E열을 선택한다.
❷ 선택한 열 머리글에서 오른쪽 버튼을 클릭하고 [삽입] 메뉴를 클릭한다.

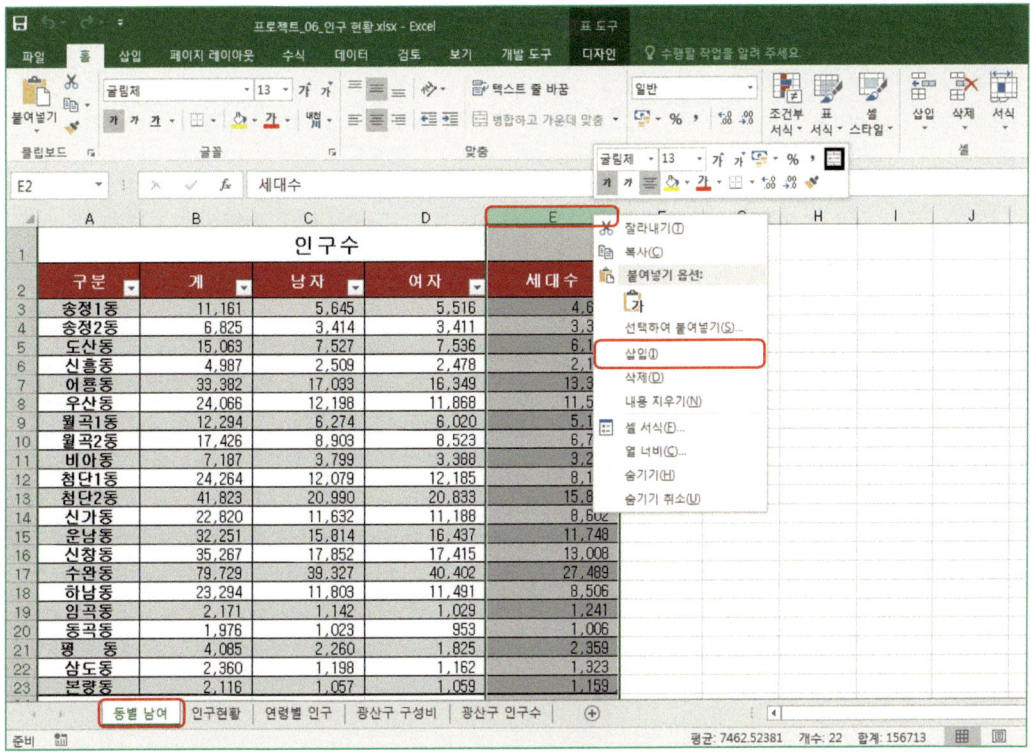

PROJECT 06 **인구 현황** 97

❸ [E2] 셀을 선택하고 '구성비' 값을 입력하고 Enter 키를 누른다.

STEP 2

"인구현황" 워크시트에서 "인구수" 표를 셀로 변경합니다. 서식을 그대로 유지합니다.

❶ "인구현황" 워크시트에서 [A2] 셀을 클릭한다.
❷ [표 도구] 상황 탭 – [디자인] 탭 – [도구] 그룹 – [범위로 변환] 메뉴를 클릭한다.

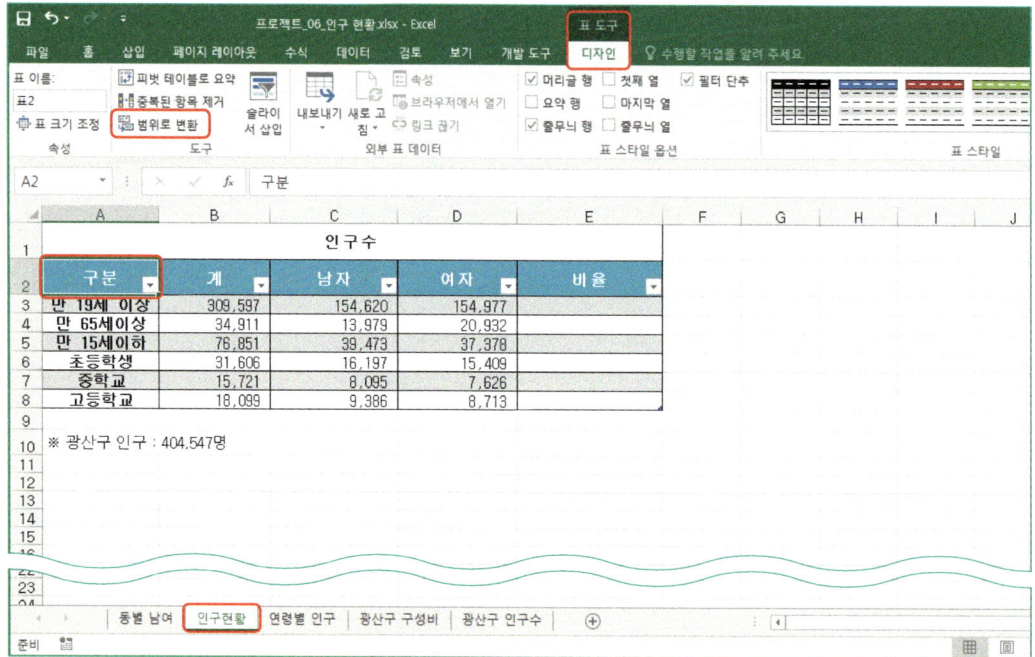

❸ 메시지 대화상자에서 [예]를 클릭한다.

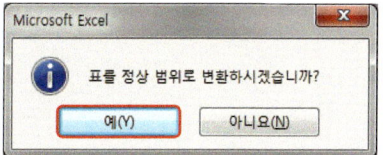

🖥️ STEP 3

"연령별 인구" 워크시트의 C36:D47 데이터를 "광산구 구성비" 워크시트의 C3:D14에 복사합니다.

❶ "연령별 인구" 워크시트에서 [C36:D47] 범위를 지정한다.
❷ [홈] 탭 - [클립보드] 그룹 - [복사](Ctrl + C) 메뉴를 클릭한다.

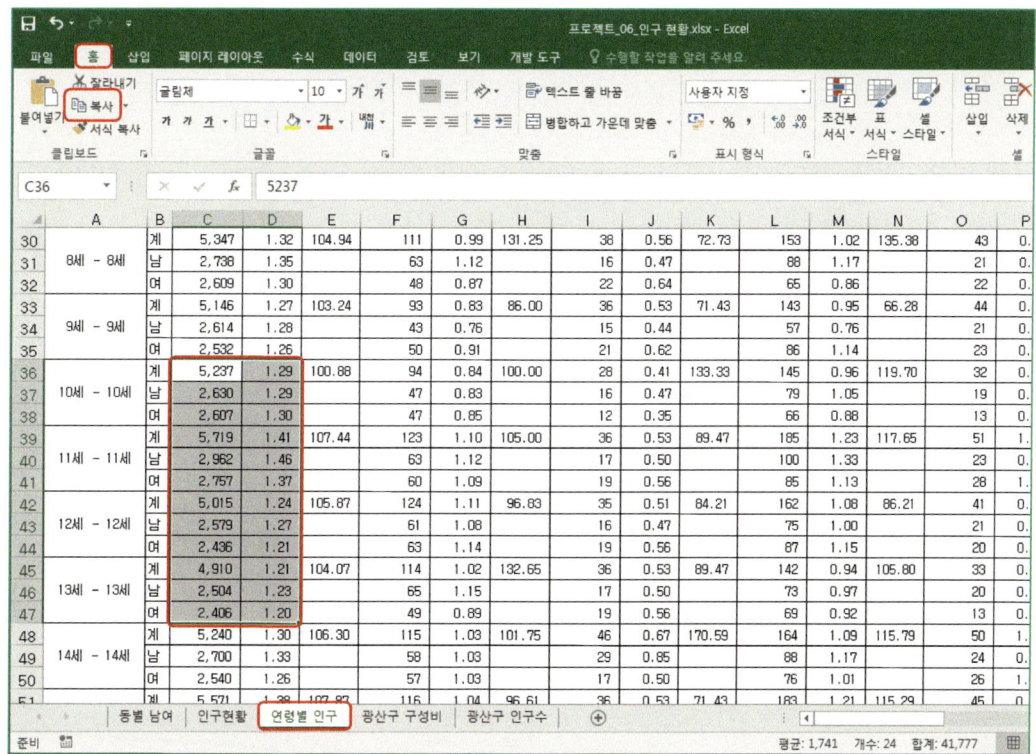

❸ "광산구 구성비" 워크시트에서 [C3] 셀을 선택한다.
❹ [홈] 탭 - [클립보드] 그룹 - [붙여넣기](Ctrl + V) 메뉴를 클릭한다.

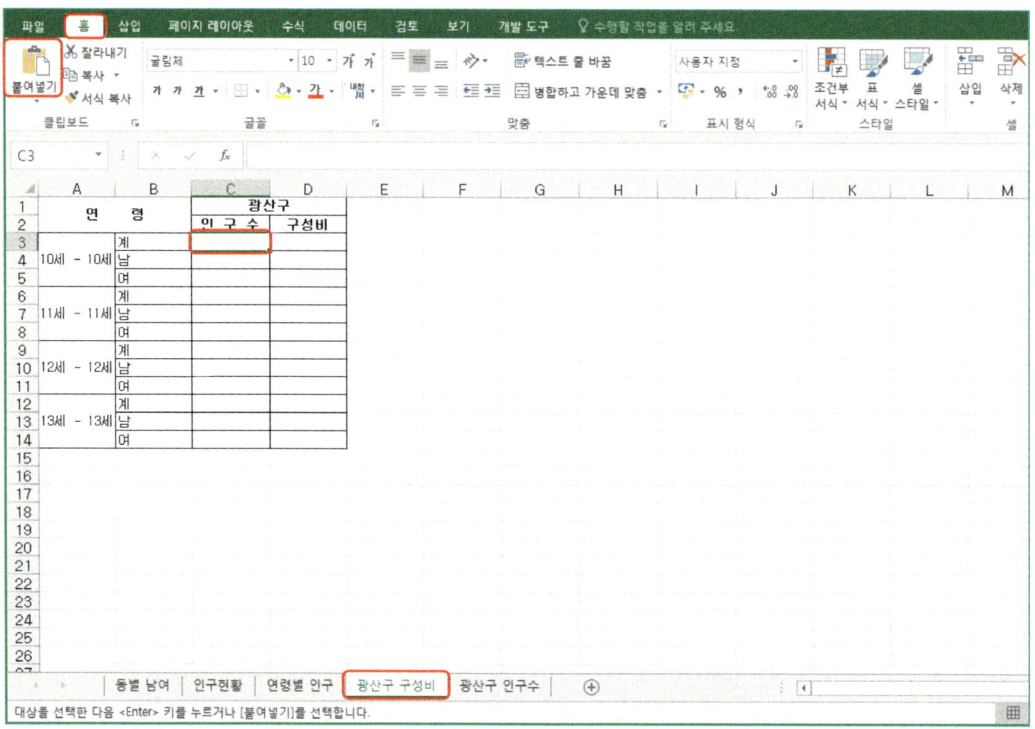

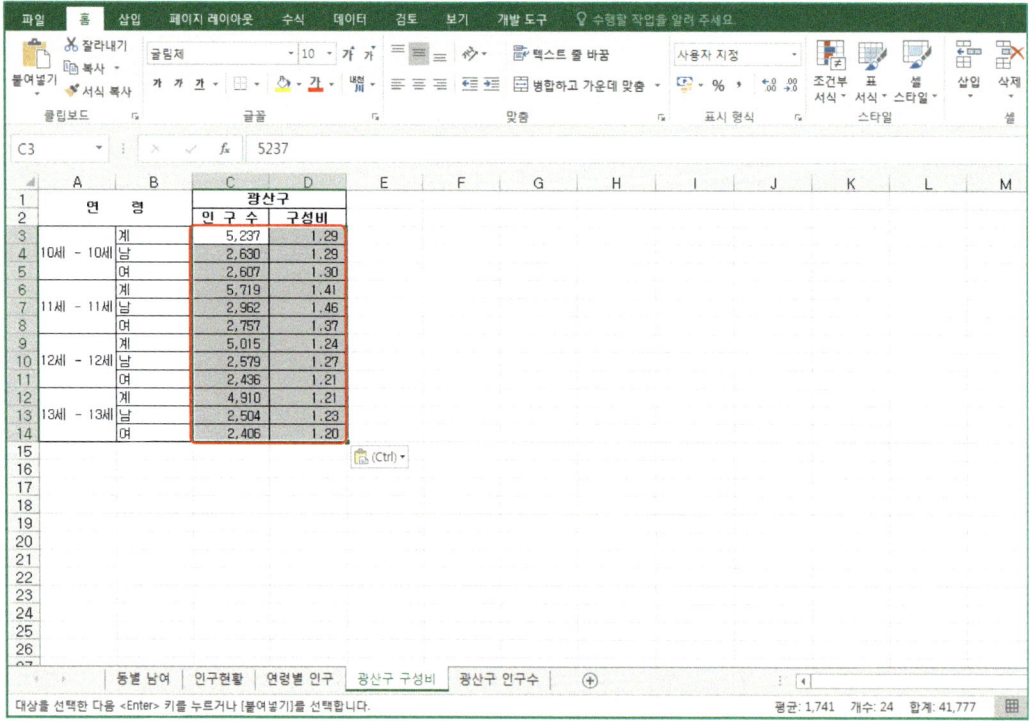

🖥️ STEP 4

"광산구 인구수" 워크시트에서 50대의 총 인구를 나타내는 3차원 묶은 세로 막대 차트를 생성합니다. 가로축은 가장 적은 나이에서 가장 많은 나이 순으로 나열되어야 합니다. 차트 제목을 "광산구 50대 인구수"로 변경합니다.

❶ "광산구 인구수" 워크시트에서 [E2:E12, H2:H12] 범위를 비연속으로 지정한다.
❷ [삽입] 탭 - [차트] 그룹 - [세로 또는 가로 막대형 차트 삽입] 메뉴를 클릭한다.
❸ [3차원 세로 막대형] 목록에서 [3차원 묶은 세로 막대형]을 선택한다.

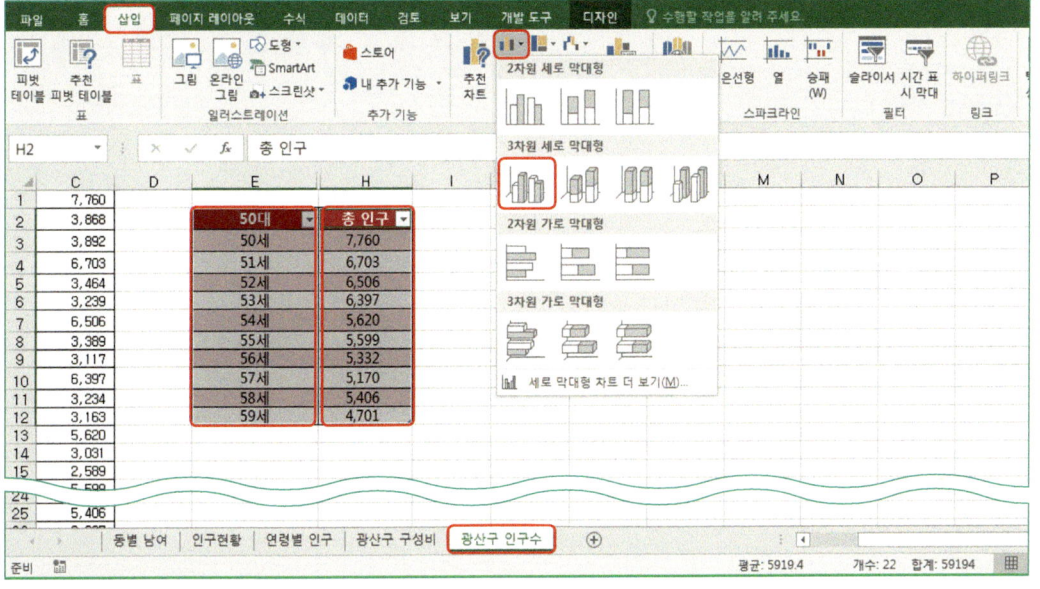

❹ 해당 차트를 선택하고 차트 제목 영역을 선택한다.

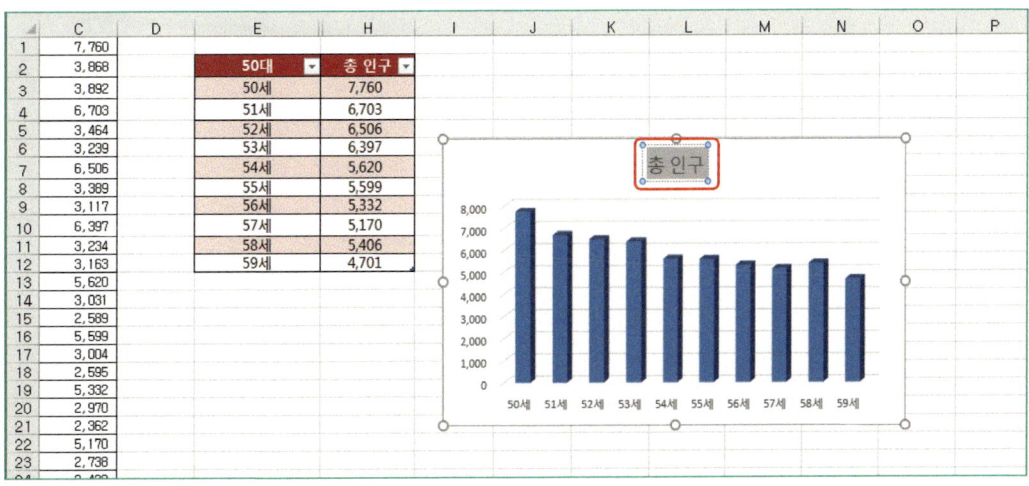

PROJECT 06 인구 현황   101

❺ '광산구 50대 인구수'으로 기존 이름(총 인구)을 변경하여 입력한다.

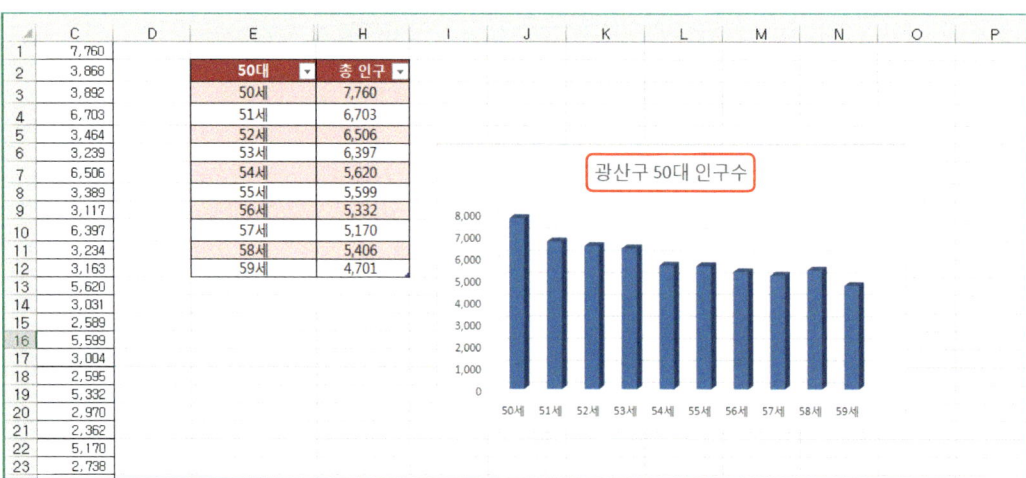

PROJECT
07

주간 활동 보고서

준비파일 프로젝트_07_주간 활동 보고서.xlsx   완성파일 프로젝트_07_주간 활동 보고서_완성.xlsx

 당신은 인사팀의 회계 보고서를 작성 중에 있습니다. 요일별 주간 판매 활동의 목표를 분석하여 효율적인 수치 결과를 도출하기 위한 계산기를 작성하려고 합니다.

STEP 1

"주간 판매 활동" 워크시트의 표 데이터에서, "요일" 열과 "열1" 열을 병합하여 왼쪽에 있는 "요일" 열만 남게 합니다. 값은 왼쪽으로 정렬해야 합니다.

❶ "주간 판매 활동" 워크시트 선택한다.
❷ [B5:C5, B6:C6, B7:C7, B8:C8, B9:C9, B10:C10, B11:C11, B12:C12] 범위를 비연속으로 지정한다.
❸ [홈] 탭 – [맞춤] 그룹 – [병합하고 가운데 맞춤] 메뉴를 클릭한다.

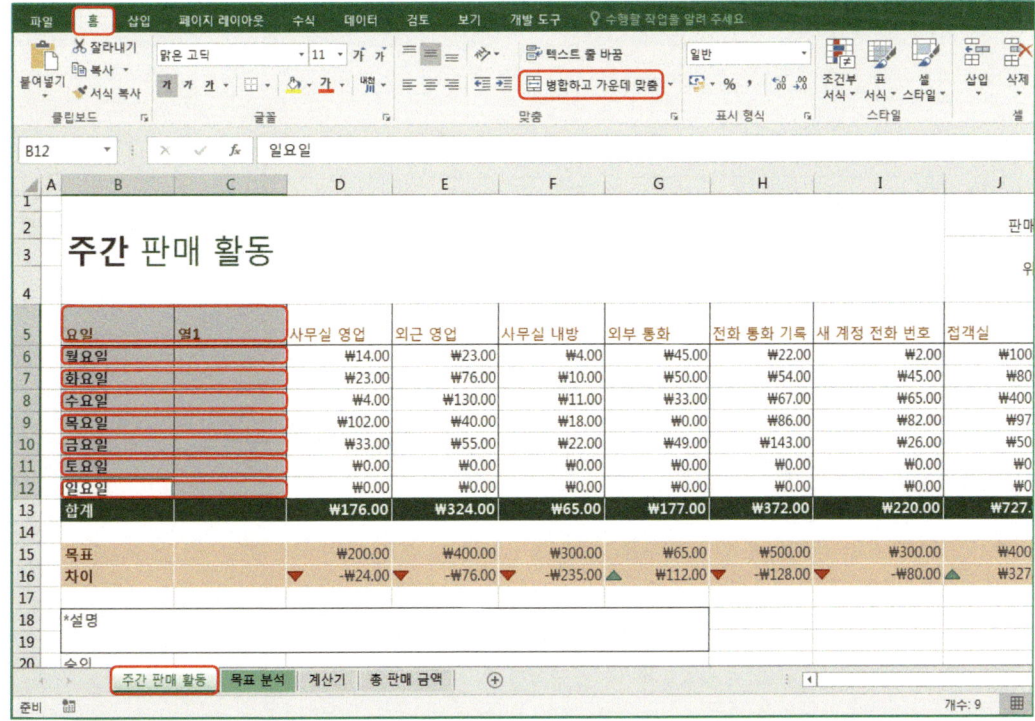

PROJECT 07 주간 활동 보고서   103

❹ [Microsoft Excel] 대화상자에서 [확인]을 클릭한다.

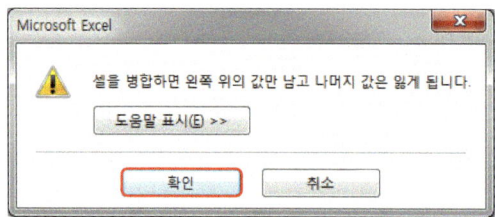

❺ [홈] 탭 - [맞춤] 그룹 - [왼쪽 맞춤] 메뉴를 클릭한다.

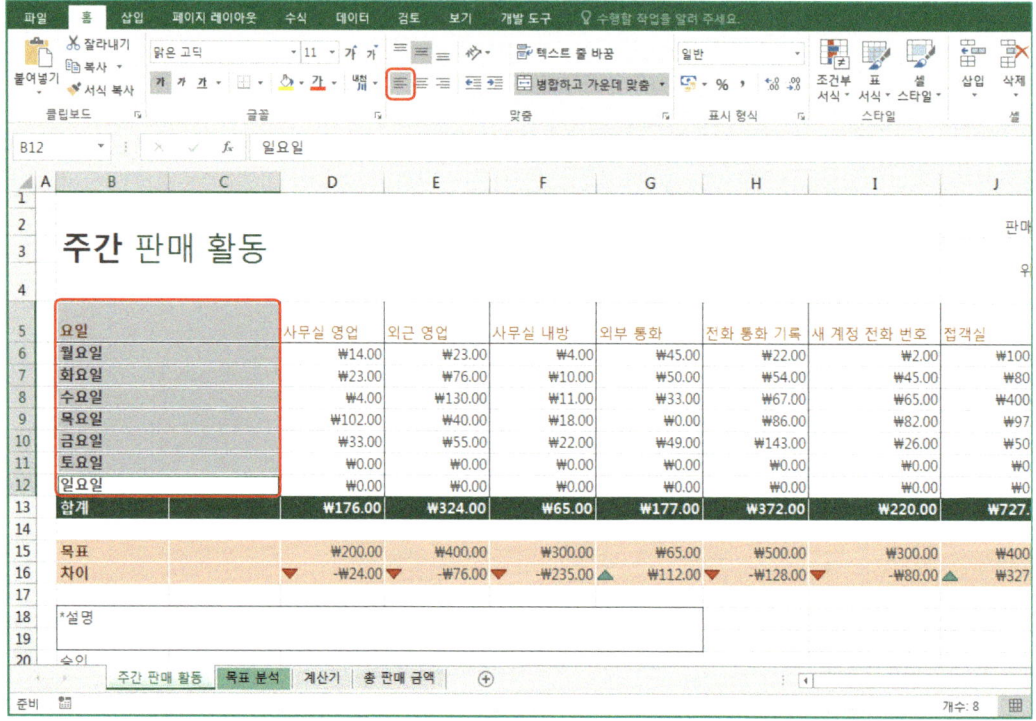

STEP 2

"목표 분석" 워크시트에서 "목표와 차이"가 적힌 행의 높이를 "40"으로 변경합니다.

❶ "목표 분석" 워크시트에서 행 머리글 1행을 선택한다.
❷ 선택한 행 머리글에서 오른쪽 버튼을 클릭하고 [행 높이] 메뉴를 클릭한다.

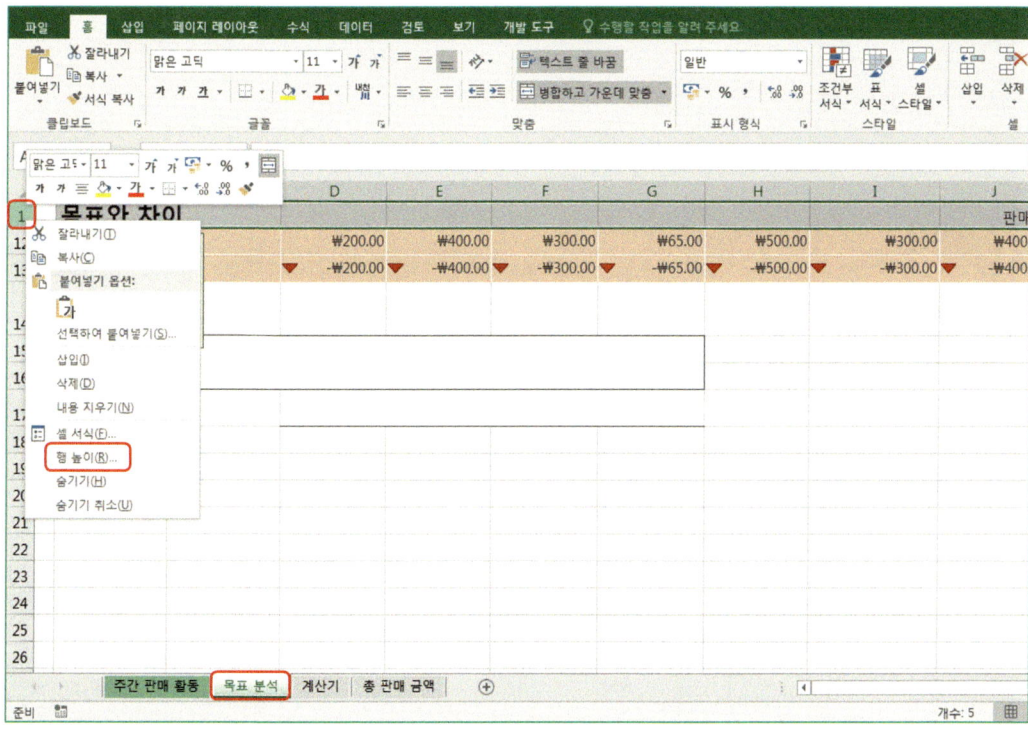

❸ [행 높이] 대화상자에서 '행 높이' 입력란에 '40'을 입력하고 [확인]을 클릭한다.

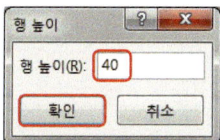

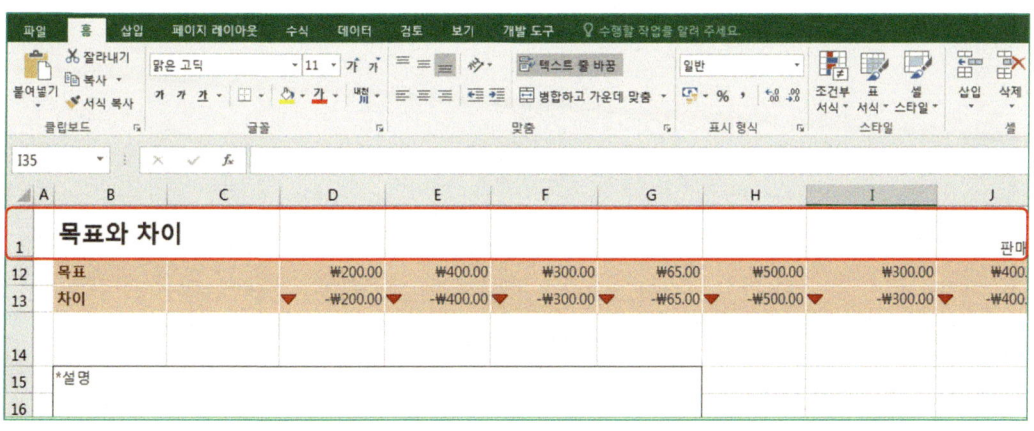

STEP 3

"계산기" 워크시트의 이름을 "수수료 계산기"로 변경합니다.

❶ 좌측 하단 시트 목록 중에 "계산기" 워크시트를 선택하고 오른쪽 버튼을 클릭한다.
❷ [이름 바꾸기] 메뉴 선택한다

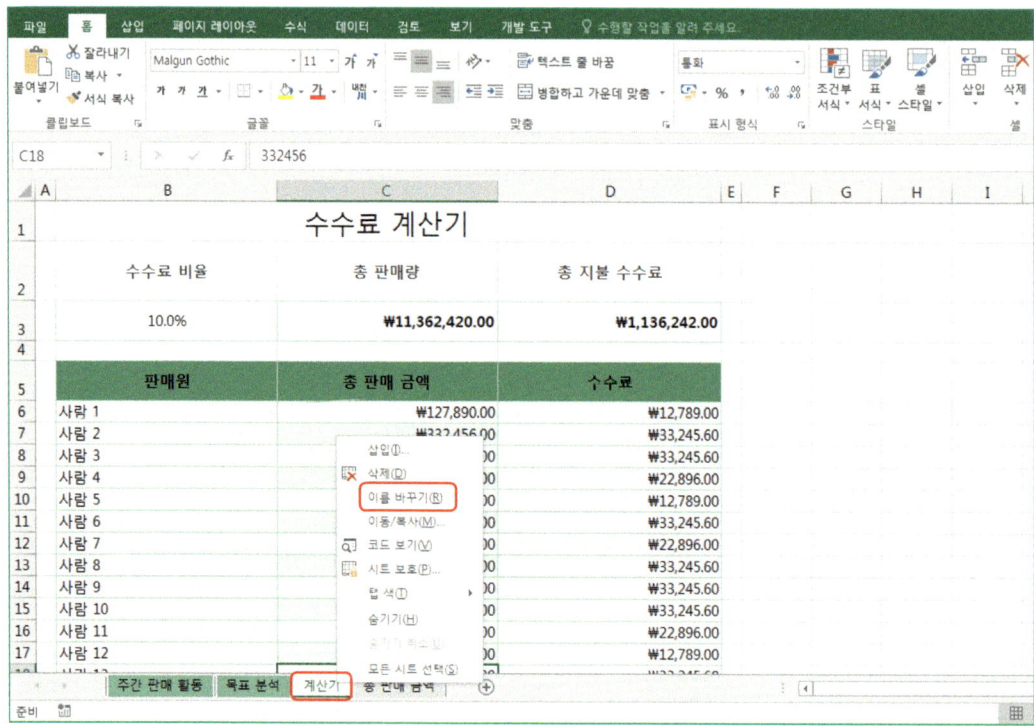

❸ 시트 이름을 '수수료 계산기' 입력 후 Enter 키를 누른다.

🖥 STEP 4

"총 판매 금액" 워크시트의 B1 셀에 "http://ymbit.com/"이라는 하이퍼링크를 추가한 후, 해당 셀에 "판매 금액 계산"라는 텍스트를 표시합니다.

❶ "총 판매 금액" 워크시트에서 [B1] 셀을 클릭한다.
❷ [삽입] 탭 - [링크] 그룹 - [하이퍼링크] 메뉴를 클릭한다.

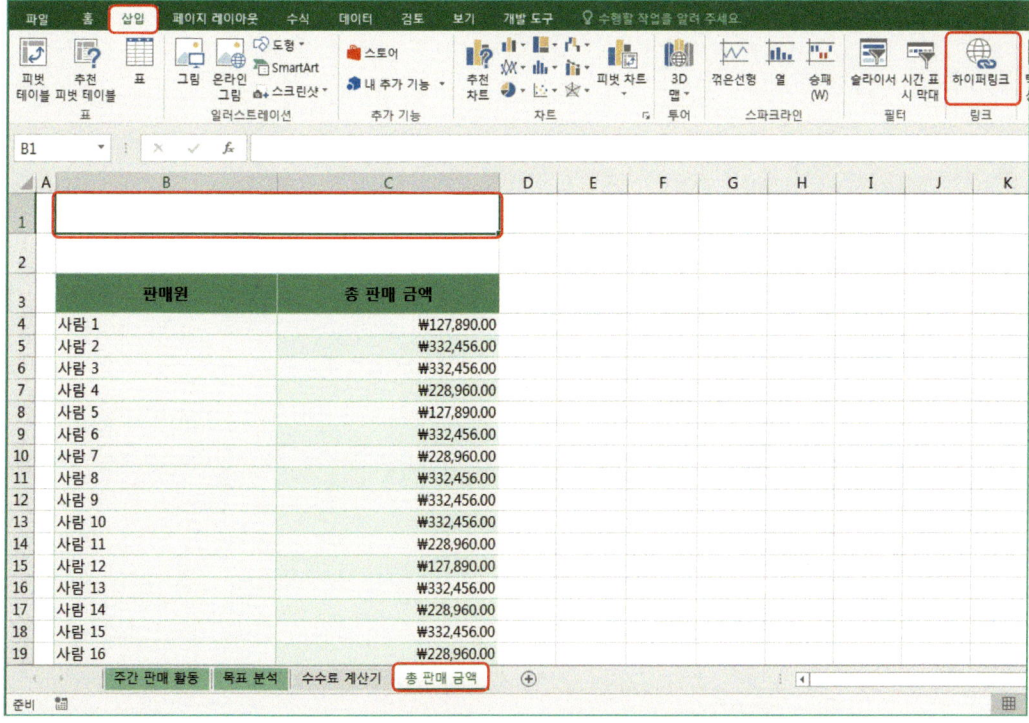

❸ [하이퍼링크 삽입] 대화상자에서 연결 대상 – '기존 파일/웹 페이지' 클릭한다.
❹ [주소] 입력란에 'http://ymbit.com/'을 입력하고 [확인]을 클릭한다.

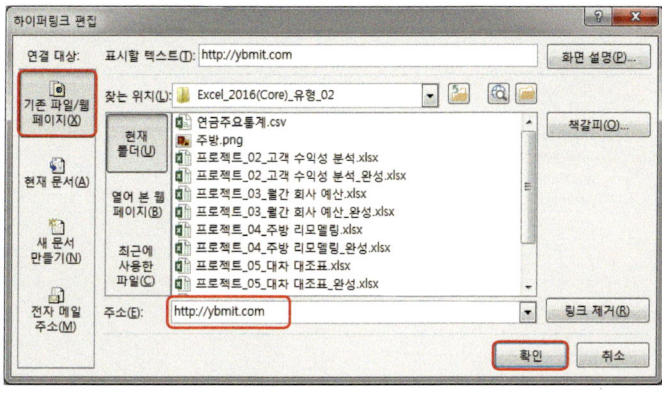

PROJECT 07 **주간 활동 보고서** 107

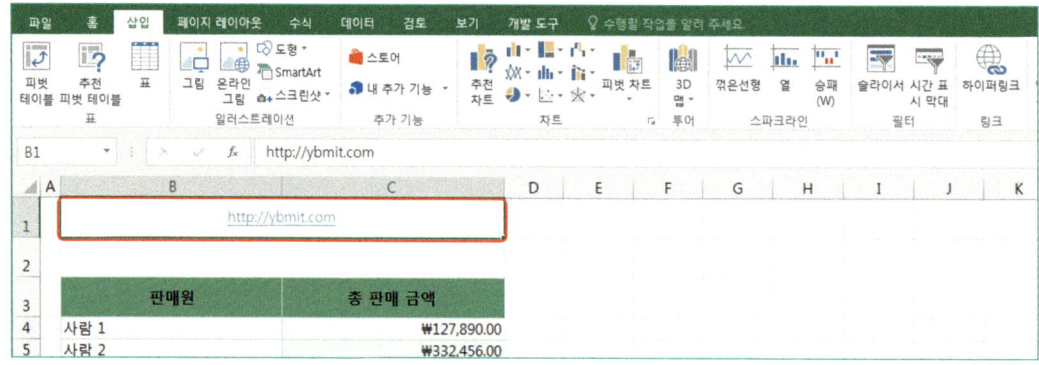

🖥️ STEP 5

각 워크시트가 한 페이지에 들어가도록 인쇄 설정을 수정합니다.

❶ "총 판매 금액", "목표 분석", "수수료 계산기", "총 판매 금액" 워크시트를 연속이나 비연속 지정 방법을 사용하여 모두 선택한다.

❷ [페이지 레이아웃] 탭 – [페이지 설정] 그룹 – 바로 가기 표시 아이콘 을 클릭한다.

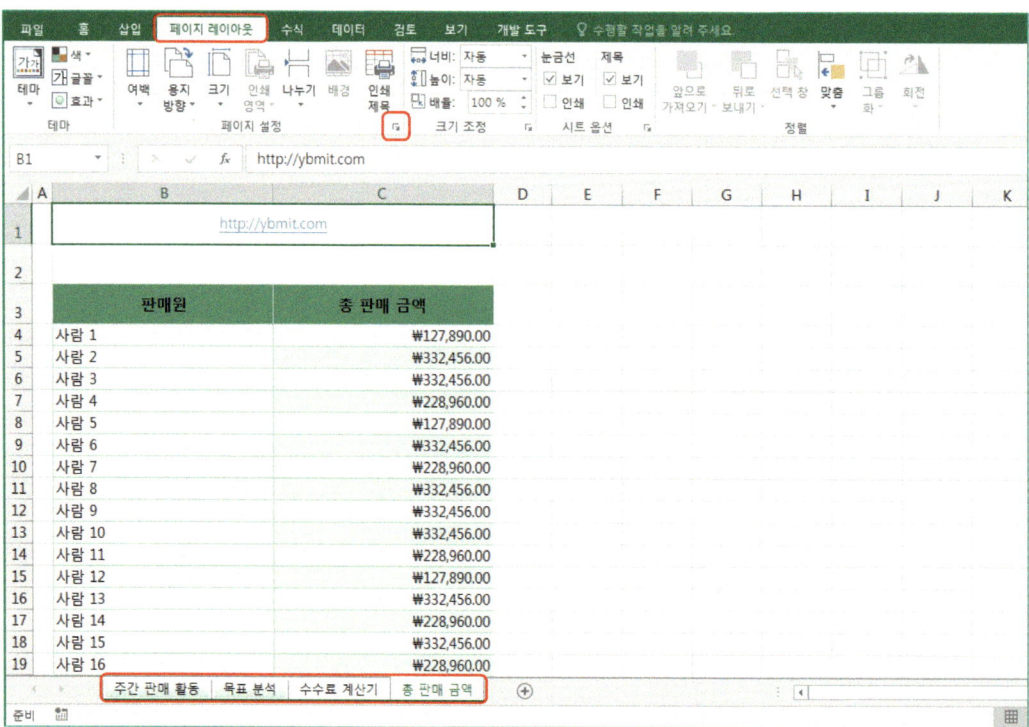

❸ [페이지 설정] 대화상자에서 '페이지' 탭을 선택한다.
❹ [배율] 범주에서 '자동 맞춤' ('1' 용지 너비, '1' 용지 높이)을 선택하고 [확인]을 클릭한다.

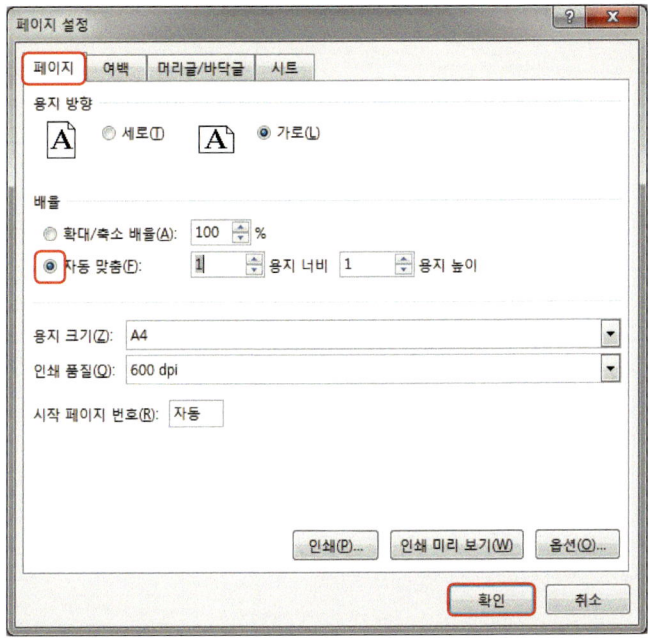

PROJECT 07 주간 활동 보고서

PART 3

09주차	PROJECT 02	연간 매출 보고서	112
	PROJECT 03	전국 도서관 현황	117
10주차	PROJECT 04	프랜차이즈 매출 분석	125
	PROJECT 05	택시 운임 정보	130
11주차	PROJECT 06	석유 소비 현황	135
	PROJECT 07	비즈니스 비용 예산	140

PROJECT 02 연간 매출 보고서

준비파일 프로젝트_02_연간 매출 보고서.xlsx   완성파일 프로젝트_02_연간 매출 보고서_완성.xlsx

 당신은 7명의 직원이 근무하는 소규모 음식점의 매니저를 담당하고 있습니다. 연간 매출 보고서를 작성하기 위해서 제품정보를 분석하여 통합문서를 수정하고 있습니다.

STEP 1

"매출보고" 라는 이름의 새 워크시트를 통합문서에 추가합니다.

❶ 좌측 하단 시트 목록 끝에 '⊕' 를 클릭한다.

❷ 'Sheet1' 선택 후 오른쪽 버튼, [이름 바꾸기] 메뉴 선택한다.

❸ 시트 이름을 '매출보고' 입력 후 Enter 키를 누른다.

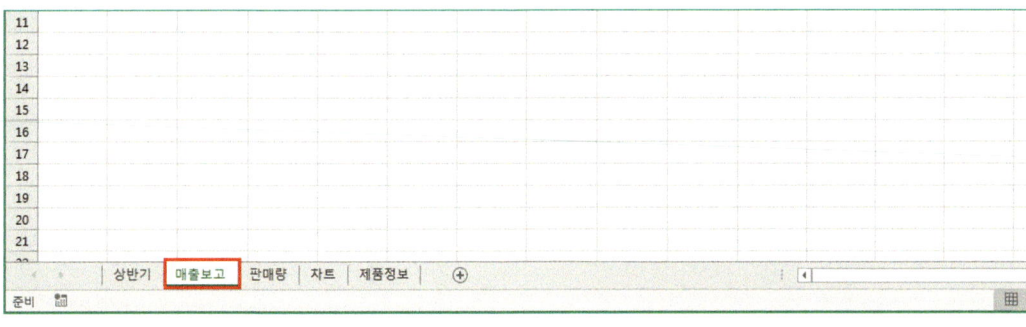

STEP 2

"상반기" 워크시트에서 이미지에 패턴 점선 40% 채우기를 적용합니다.

❶ "상반기" 워크시트에서 이미지를 선택한다.
❷ 오른쪽 버튼 클릭, [그림 서식] 메뉴를 선택한다.

❸ [그림 서식] 창 – 채우기 및 선(1번째) – '채우기' 범주 – '패턴 채우기' 선택한다.
❹ '40%' 스크린 팁을 확인하고 클릭한 후 [닫기]를 클릭한다.

STEP 3

"판매량" 워크시트의 탭 색상을 분홍, 강조 1, 40 % 더 밝게 변경합니다.

❶ 좌측 하단 시트 목록 중에 '판매량' 시트를 선택하고 오른쪽 버튼을 클릭한다.
❷ 메뉴 목록에서 '탭 색'을 클릭한다.
❸ '테마 색' 범주에서 '분홍, 강조 1, 40% 더 밝게'를 선택한다.

STEP 4

"제품정보" 워크시트를 숨기십시오. 이때, 탭에서는 보이지 않더라도 계속 사용가능해야 합니다.

❶ 좌측 하단 시트 목록 중에 '제품정보' 시트를 선택하고 오른쪽 버튼을 클릭한다.
❷ 메뉴 목록에서 '숨기기'를 클릭한다.

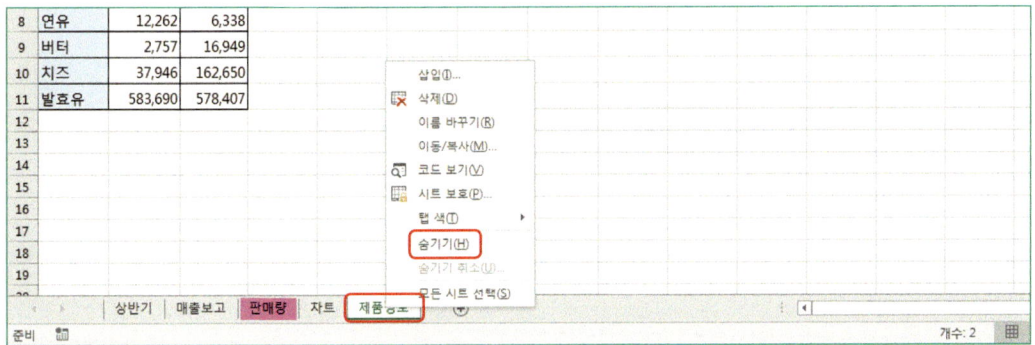

STEP 5

통합문서에서 문서 속성 및 개인 정보를 찾아 삭제합니다.

❶ [파일] - [문제 확인] - [문서 검사] 메뉴를 클릭한다.

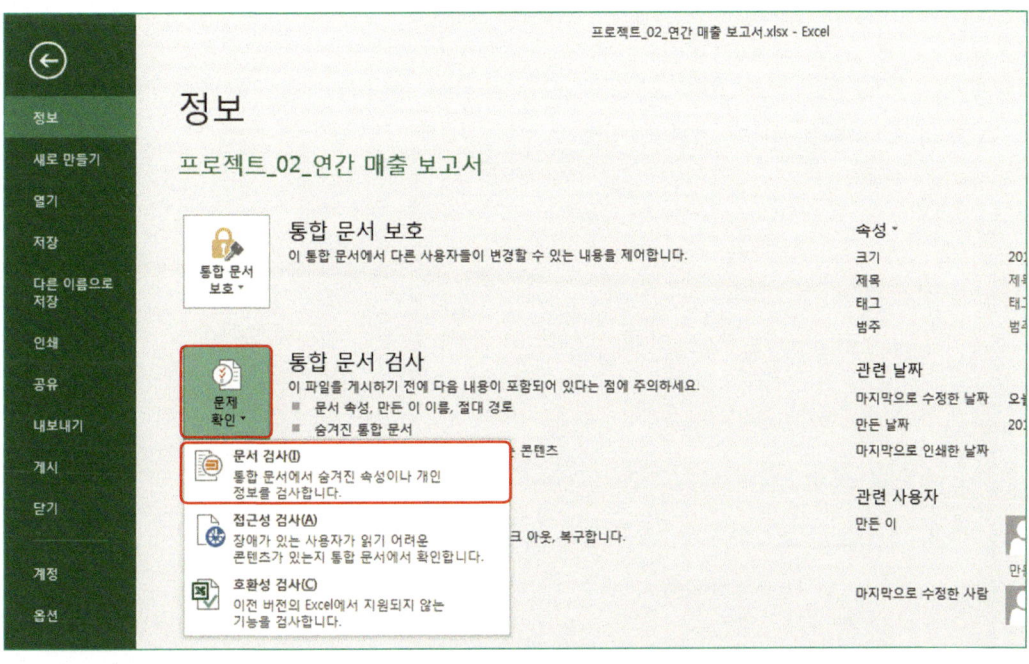

❷ 대화상자에서 '예' 클릭한다.

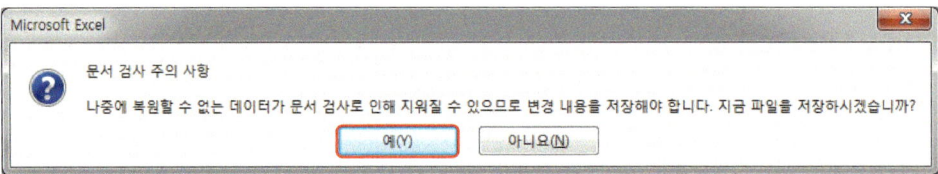

❸ [문서 검사] 대화상자에서 '문서 속성 및 개인 정보' 체크 설정하고 [검사]를 클릭한다.

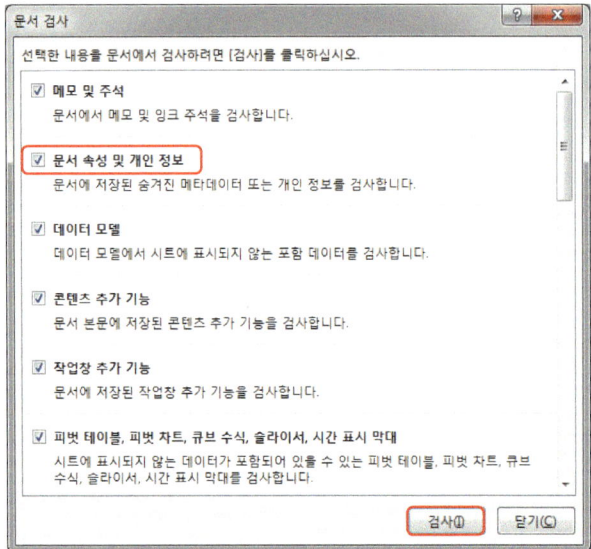

❹ '문서 속성 및 개인 정보' 목록 오른쪽에 [모두 제거]를 클릭하고 [닫기]를 클릭한다.

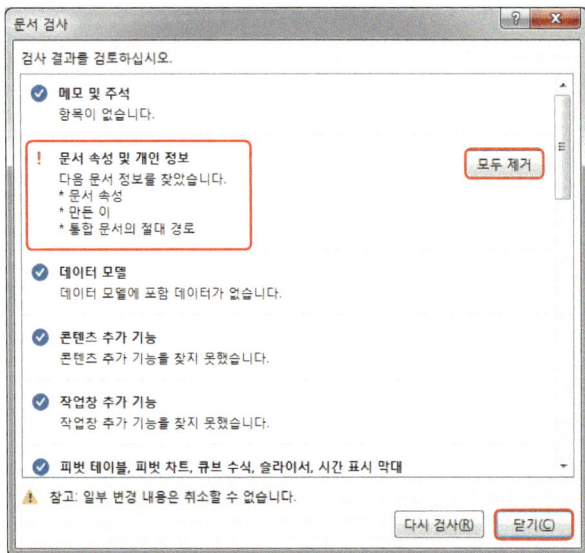

PROJECT 03 전국 도서관 현황

준비파일 프로젝트_03_전국 도서관 현황.xlsx, 고객정보.txt 완성파일 프로젝트_03_전국 도서관 현황_완성.xlsx

 당신은 통계 자료를 통해 전국 도서관 현황을 조사하고 있습니다.

STEP 1

"전국"이라는 이름을 가진 표를 찾고 "직원 수(명)" 행의 "사립" 열에 있는 값을 "120"으로 변경합니다.

❶ [이름 상자] 목록을 클릭해서 '전국' 선택한다.

❷ 선택된 영역을 해제하고 [E10] 셀을 지정한다.

❸ '120'을 입력하고 Enter 키를 누른다.

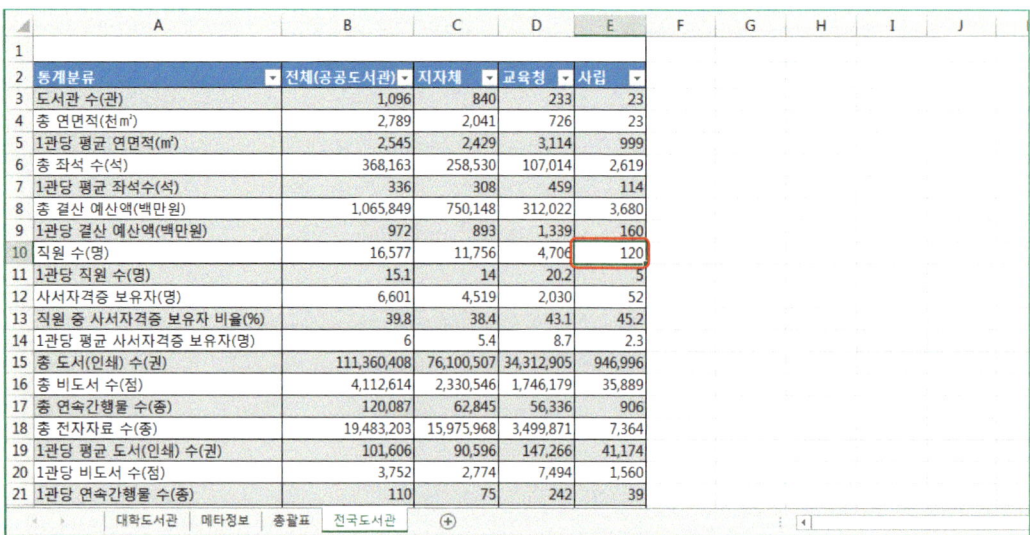

💻 STEP 2

"메타정보" 워크시트에서, 입력 내용이 열의 너비를 벗어나면 줄 바꿈이 되도록 "정보" 열을 설정합니다.

❶ [C3:C6] 범위를 지정한다.
❷ [홈] 탭 – [셀] 그룹 – [서식] – [셀 서식] 메뉴를 클릭한다.

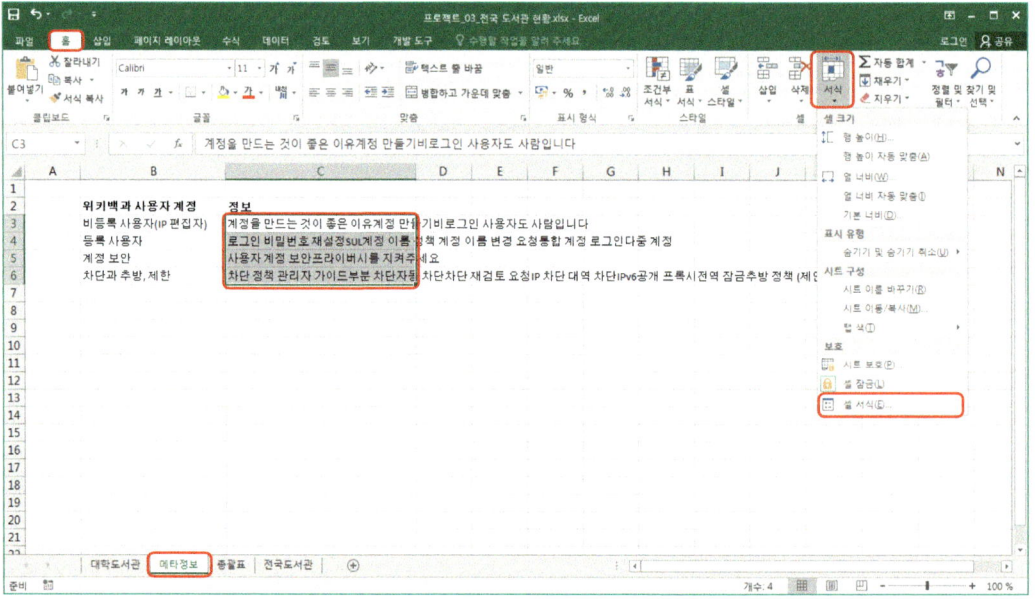

❸ [셀 서식] 대화상자에서 [맞춤] 탭으로 이동한다.
❹ 텍스트 조정 – 텍스트 줄 바꿈에 체크 설정을 하고 [확인]을 클릭한다.

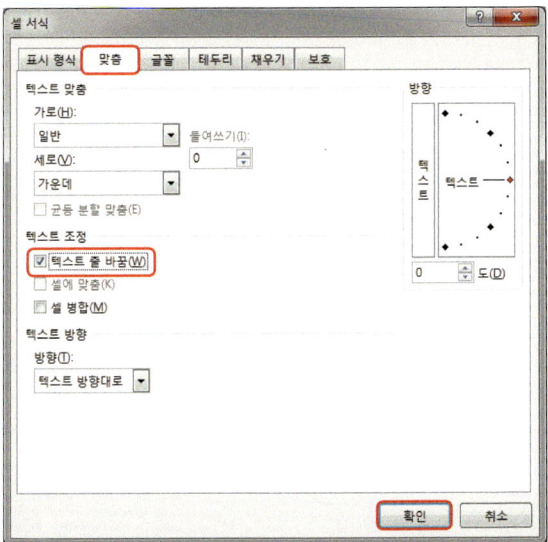

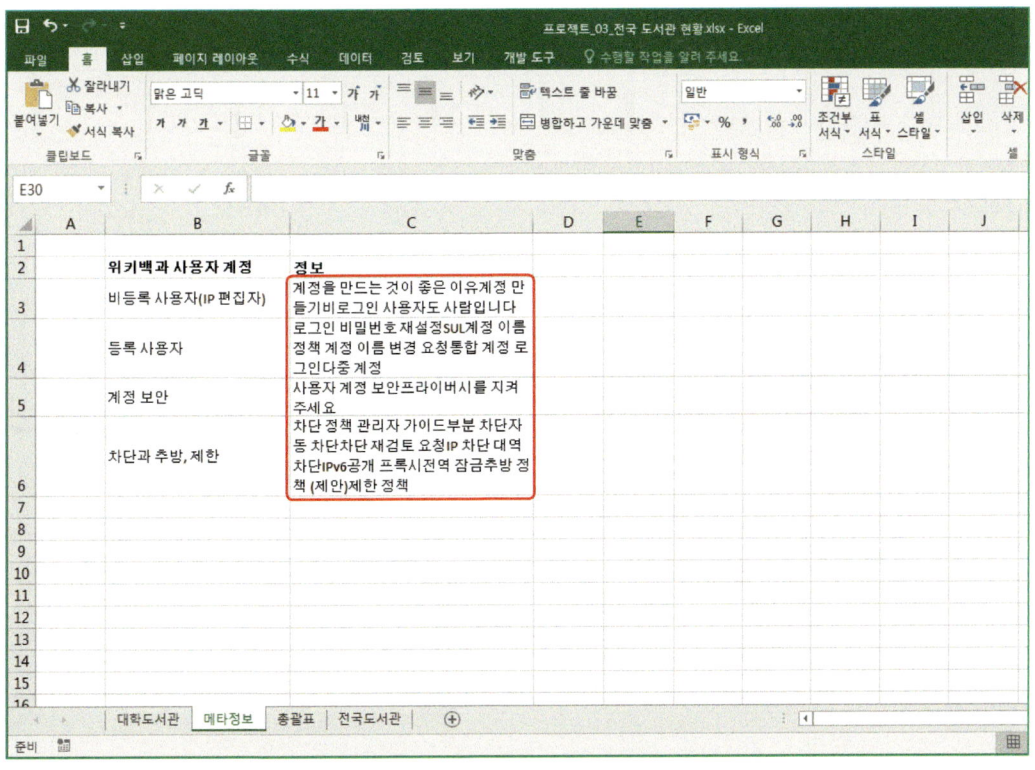

PROJECT 03 전국 도서관 현황

STEP 3

"대학도서관" 워크시트의 표에서 표 기능을 제거합니다. 글꼴 및 셀 서식 지정을 유지합니다.

❶ "대학도서관" 워크시트에서 [A1] 셀을 클릭한다.

❷ [표 도구] 상황 탭 – [디자인] 탭 – [도구] 그룹 – [범위로 변환] 메뉴를 클릭한다.

❸ 메시지 대화상자에서 [예]를 클릭한다.

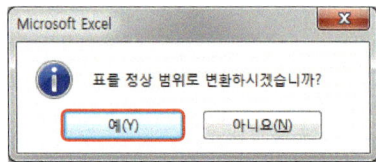

🖥️ STEP 4

"총괄표" 워크시트의 복사본을 만듭니다.

❶ 좌측 하단 "총괄표" 시트를 선택하고 오른쪽 버튼을 클릭한다.
❷ 메뉴 목록에서 '이동/복사'를 클릭한다.

❸ [이동/복사] 대화상자에서 '복사본 만들기' 체크 설정을 하고 [확인]을 클릭한다.

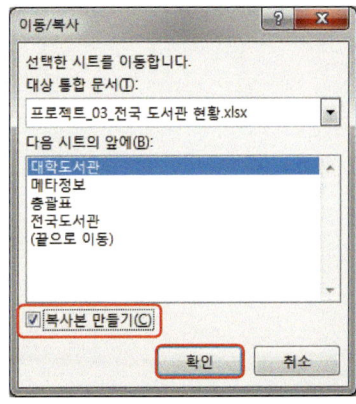

PROJECT 03 전국 도서관 현황

STEP 5

"대학도서관" 워크시트의 G1 셀에 머리글을 포함한 고객정보.txt 파일을 탭 구분 기호를 사용해서 가져옵니다. 다른 모든 기본값을 수락합니다.

❶ "대학도서관" 워크시트에서 [G1] 셀을 클릭한다.
❷ [데이터] 탭 – [외부 데이터 가져오기] 그룹 – [텍스트] 메뉴를 클릭한다.

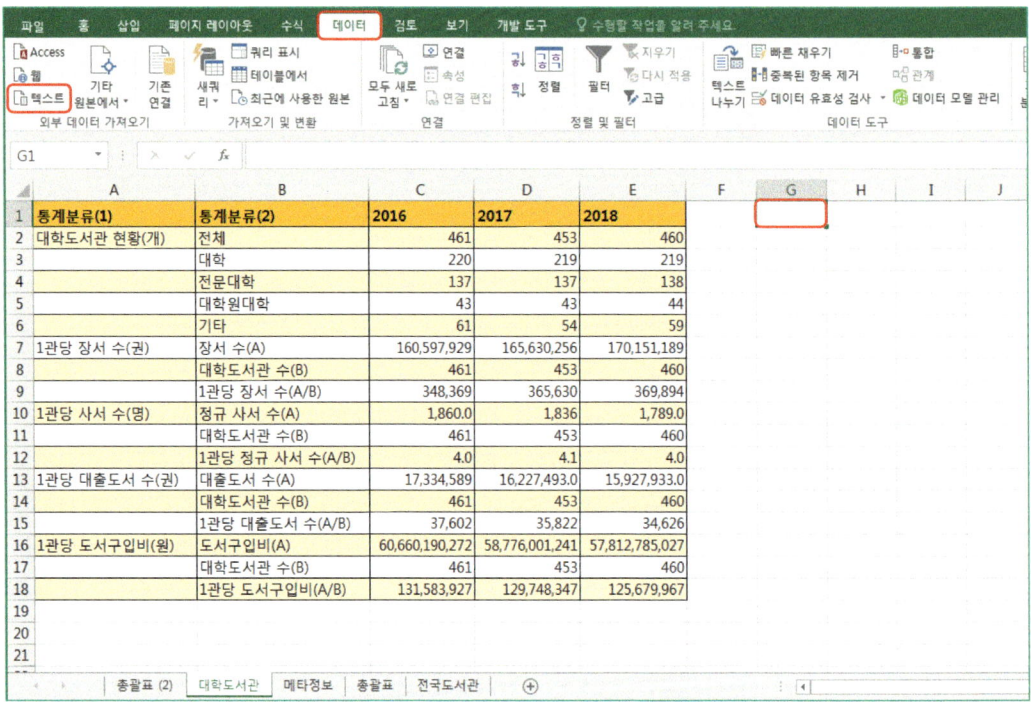

❸ [텍스트 가져오기] 불러오기 창에서 해당 파일(고객정보.txt)을 선택하고 가져오기를 클릭한다.

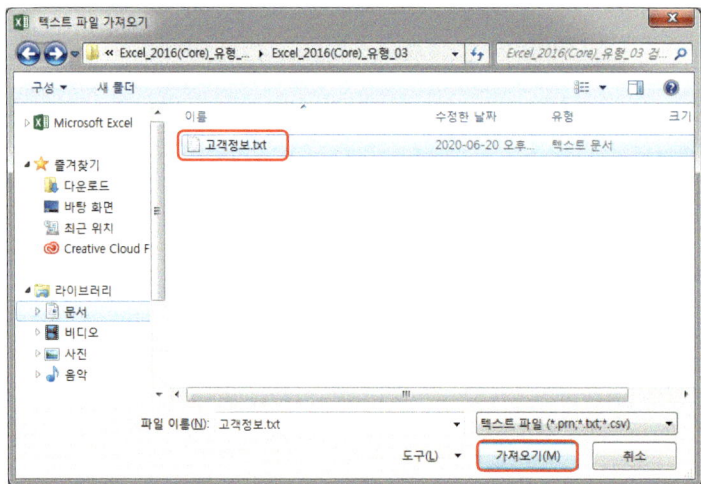

❹ [텍스트 마법사 – 3단계 중 1단계] 대화상자에서 '구분 기호로 분리됨' 선택

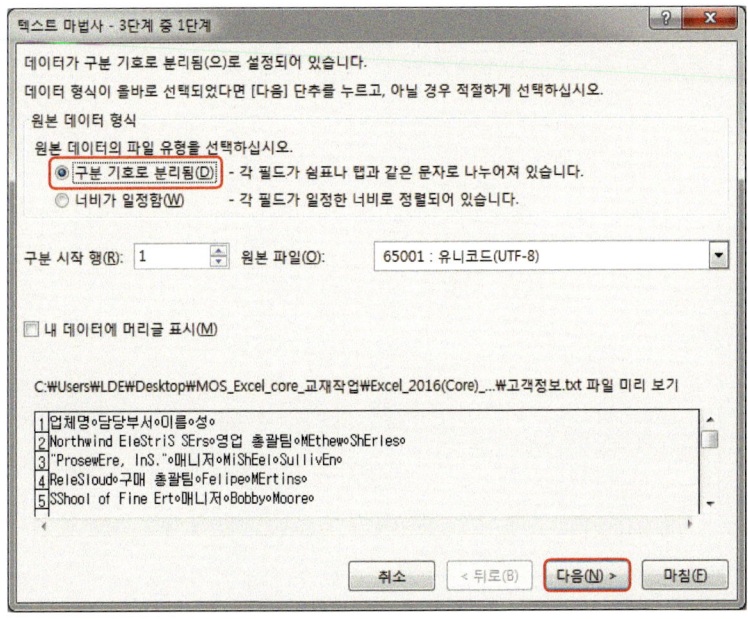

❺ [텍스트 마법사 – 3단계 중 2단계] 대화상자에서 '탭' 체크 설정

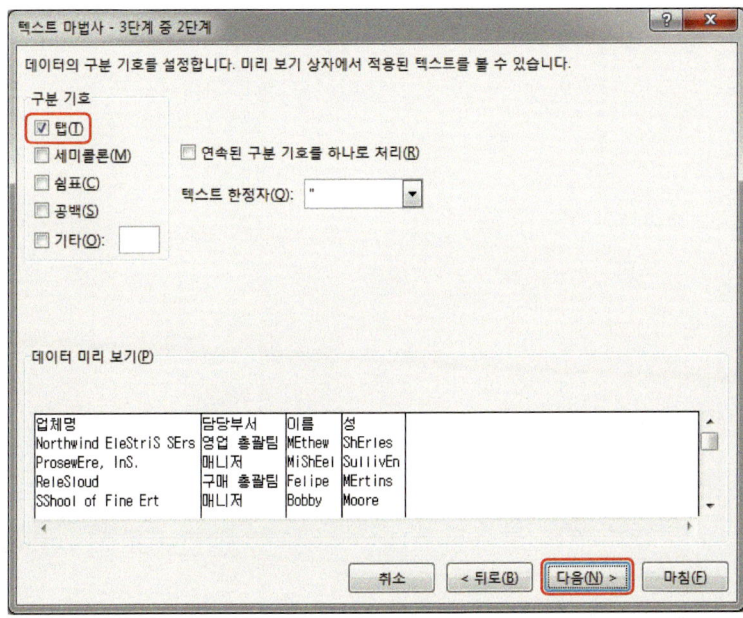

❻ [텍스트 마법사 – 3단계 중 3단계] 대화상자에서 기본 값 유지하고 [마침] 클릭한다.

PROJECT 03 전국 도서관 현황

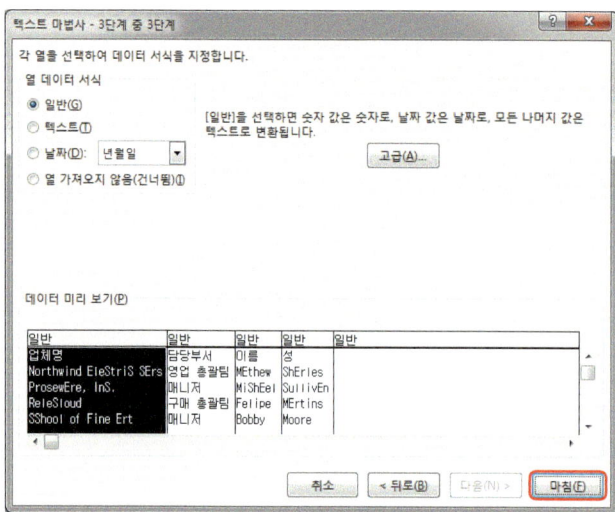

❼ [데이터 가져오기] 대화상자에서 기존 워크시트 '=$G$1' 확인 후 [확인] 클릭한다.

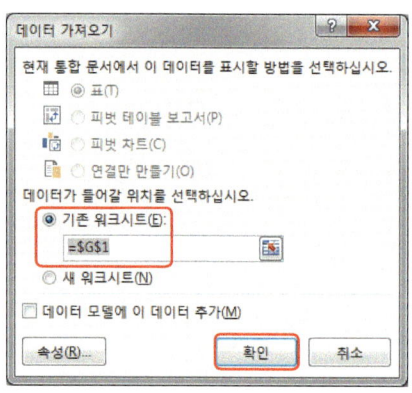

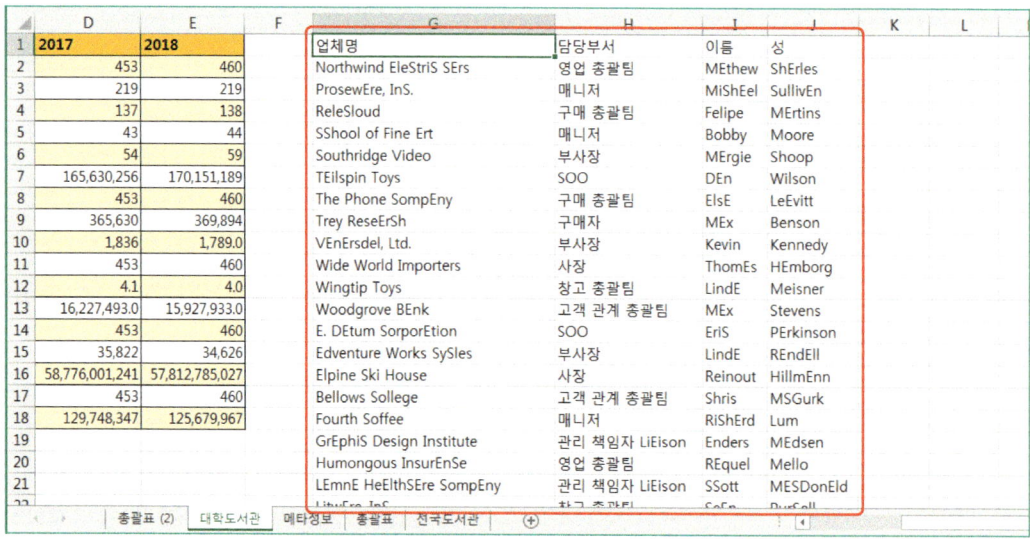

PROJECT 04 프랜차이즈 매출 분석

준비파일: 프로젝트_04_프랜차이즈 매출 분석.xlsx   완성파일: 프로젝트_04_프랜차이즈 매출 분석_완성.xlsx

학습개요 당신은 프렌차이즈점을 관리하며 업체들의 하반기 매출 실적을 분석하고 있습니다. 지정된 날짜의 매장 설문조사를 통해 하반기 매출을 분석하고 있으며, 연간 데이터와 비교하는 통합 문서 자료를 수집하고 있습니다.

STEP 1

"하반기데이터" 워크시트에서, "하반기 평균" 열에 있는 데이터를 서식없이 연속으로 채웁니다.

① "하반기데이터" 워크시트에서 [I3] 셀을 클릭한다.
② 채우기 핸들로 [I10]까지 드래그 한다.

❸ [자동 채우기 옵션] 메뉴에서 '서식 없이 채우기'를 선택한다.

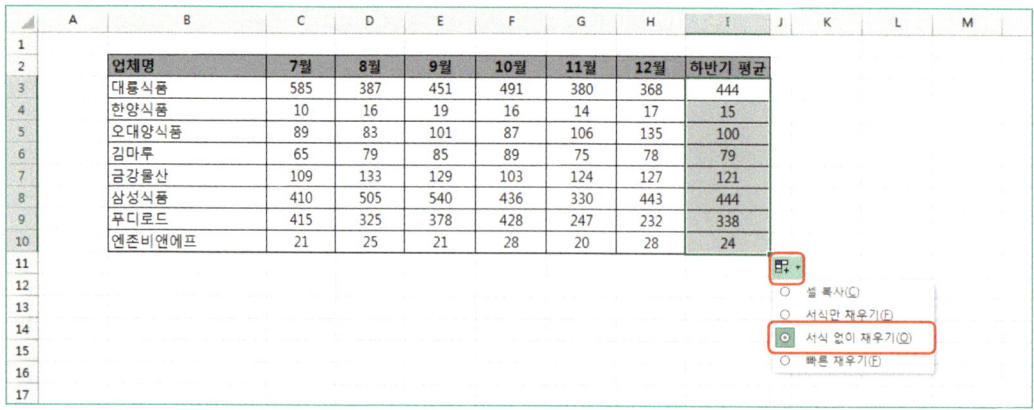

📺 STEP 2

"연간데이터" 워크시트의 B2:H10 범위의 데이터를 사용하여 머리글이 포함되도록 표 서식을 지정합니다. 노랑, 표 스타일 보통 5 서식을 적용합니다.

❶ "연간데이터" 워크시트에서 [B2:H10] 범위를 지정한다.
❷ [홈] 탭 – [스타일] 그룹 – [표 서식] 메뉴를 클릭한다.
❸ 보통 영역에서 '표 스타일 5'를 선택한다.

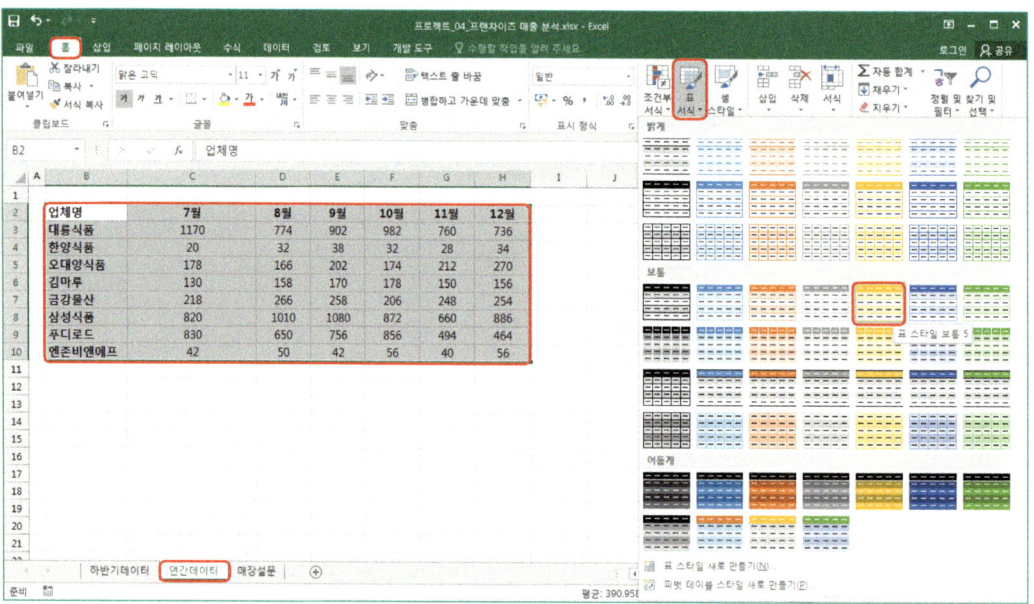

❹ [표 서식] 대화상자에서 '머리글 포함' 체크 설정을 하고 [확인]을 클릭한다.

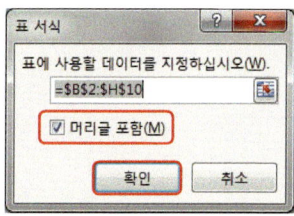

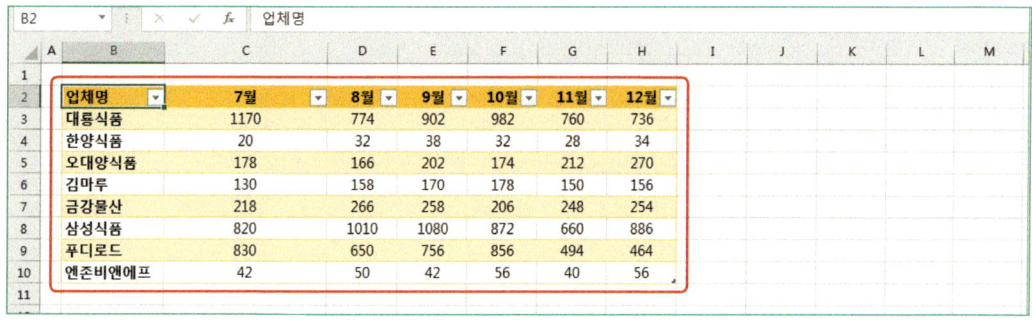

🖥️ STEP 3

"하반기데이터" 워크시트에서, 12월에 발생한 매출 분포만을 나타내는 파레토 차트를 삽입합니다. 차트 제목을 "12월 분석"으로 변경합니다.

❶ "하반기데이터" 워크시트에서 [B2:B10, H2:H10] 범위를 비연속으로 지정한다.
❷ [삽입] 탭 – [차트] 그룹 – [통계 차트 삽입] 메뉴를 클릭한다.

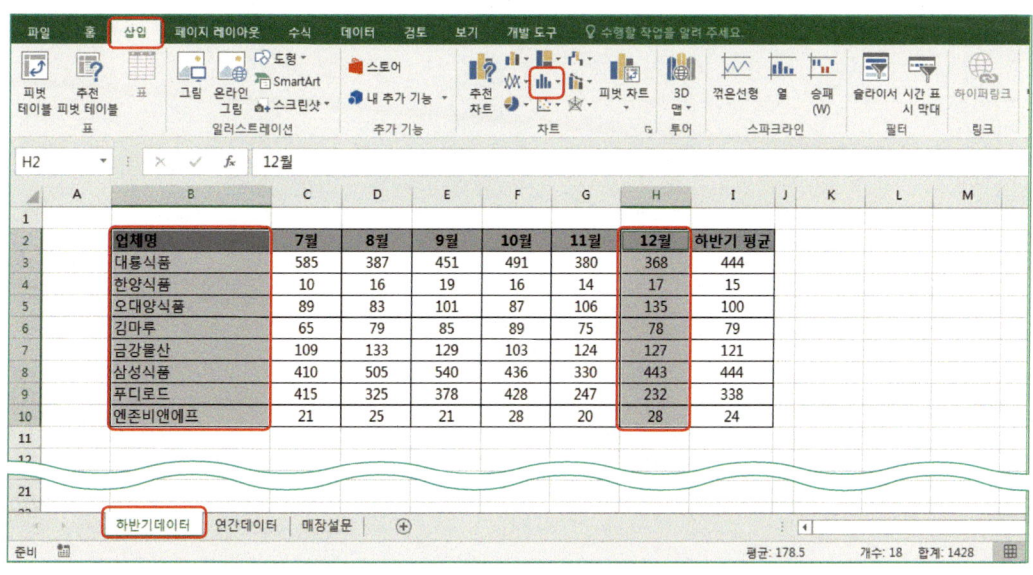

PROJECT 04 프랜차이즈 매출 분석 127

❸ [히스토그램] 목록에서 [파레토]를 선택한다.

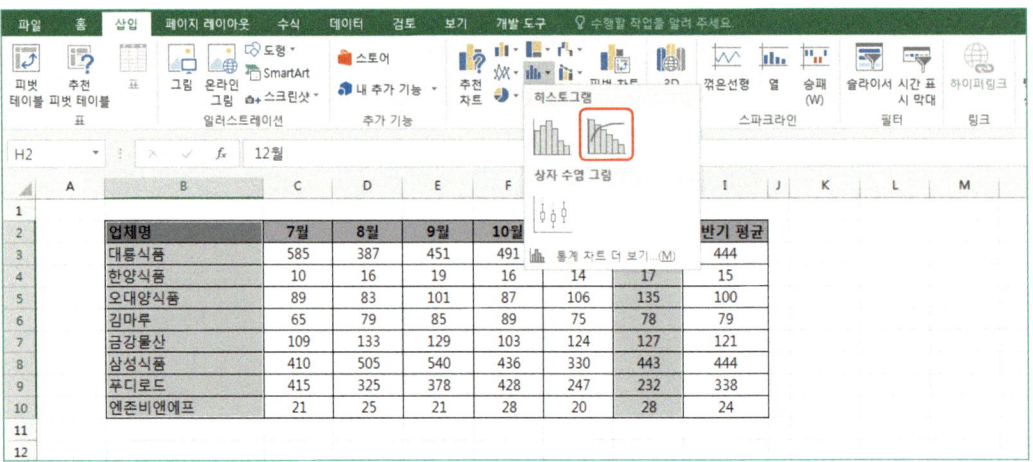

❹ 해당 차트를 선택하고 차트 제목 영역을 선택한다.
❺ '12월 분석'으로 기존 이름(차트 제목)을 변경하여 입력한다.

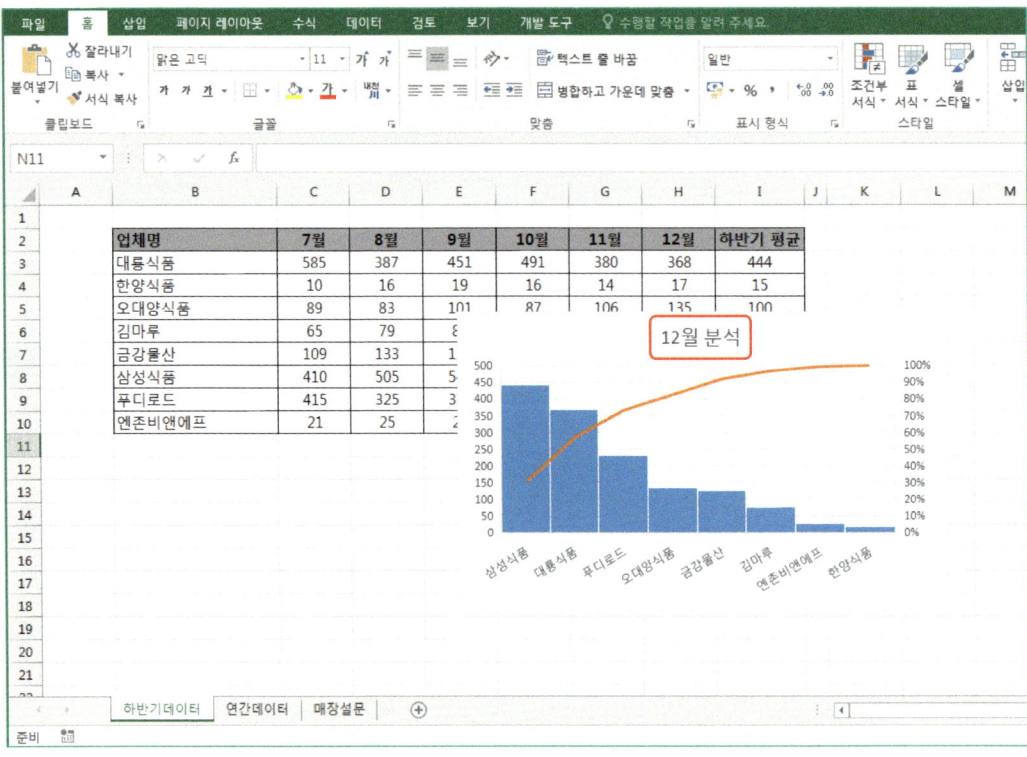

STEP 4

"매장설문" 워크시트의 C12 셀에서, B12 셀에 답변의 맨 왼쪽 글자를 반환하는 함수를 만듭니다.

❶ "매장설문" 워크시트에서 [C12] 셀을 클릭한다.
❷ =LEFT(B12, 1) 작성된 것을 확인하고 Enter 키를 누른다.

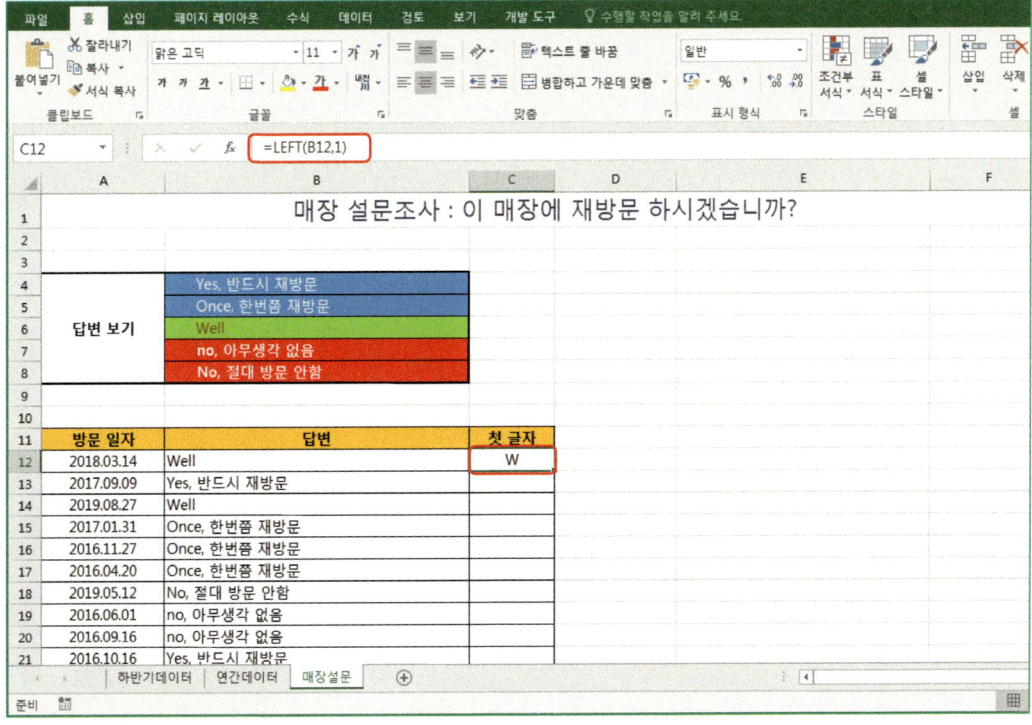

PROJECT 05

택시 운임 정보

준비파일 프로젝트_05_택시 운임 정보.xlsx   완성파일 프로젝트_05_택시 운임 정보_완성.xlsx

> 학습개요 당신은 합천군의 행복택시 운행이용 자료의 요약 작업을 하기 위해 워크시트를 작성하고 있습니다.

 STEP 1

"이용인원" 워크시트의 "읍면" 열에서 "원앙면"의 모든 텍스트를 "대양면"으로 바꿉니다.

❶ "이용인원" 워크시트에서 [B8:B147] 범위를 지정한다.
❷ [홈] 탭 – [편집] 그룹 – [찾기 및 선택] – [바꾸기] 메뉴를 선택한다.

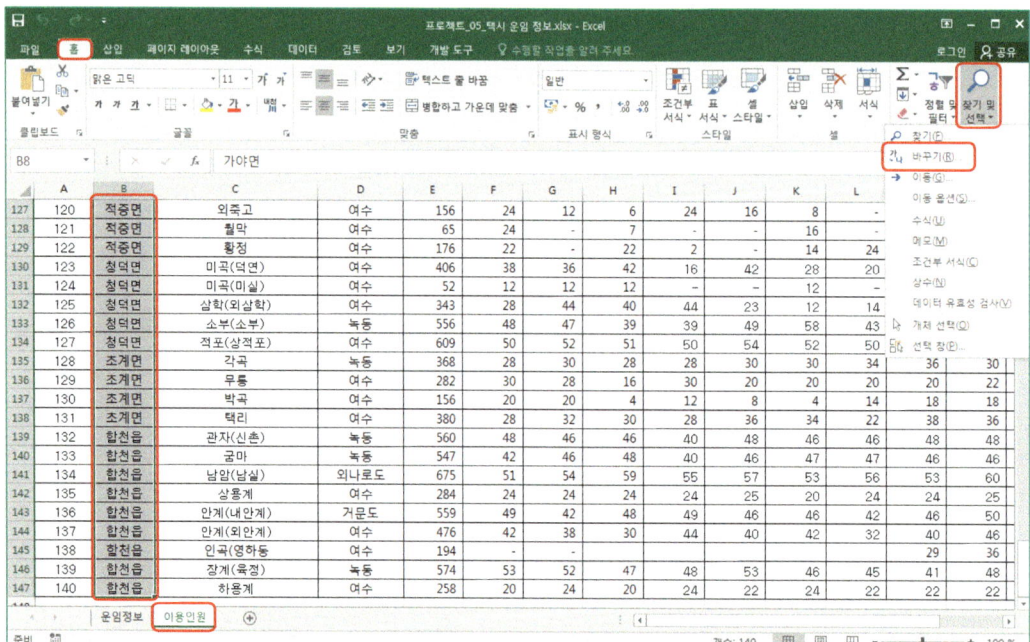

❸ 찾을 내용 입력란에 '원앙면'을 입력한다.
❹ 바꿀 내용 입력란에 '대양면'를 입력하고 [모두 바꾸기] 클릭, [확인]을 클릭한다.

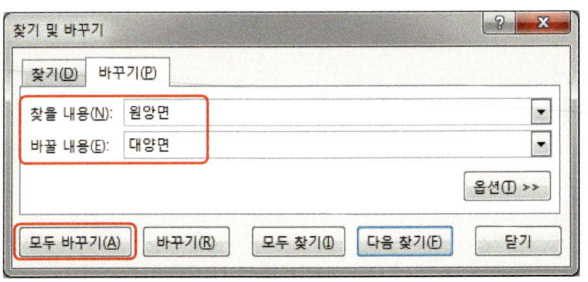
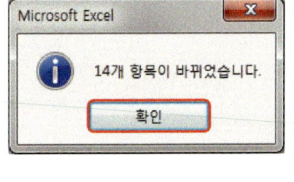

❺ [찾기 및 바꾸기] 대화상자에서 [닫기]를 클릭한다.

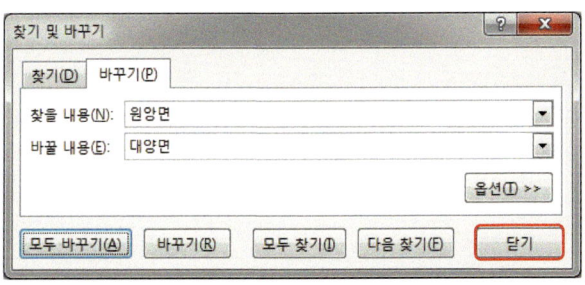

🖥️ STEP 2

"이용인원" 워크시트의 D3 셀에 행이 추가되거나 주문이 변경된 경우에도 읍면이 "봉산면"인 이용객 수의 12월의 총 이용인원이 반환되는 함수를 입력합니다.

❶ "이용인원" 워크시트에서 [D3] 셀을 클릭한다.
❷ =SUMIF(B8:B147, "봉산면", F8:F147) 작성된 것을 확인하고 Enter 키를 누른다.

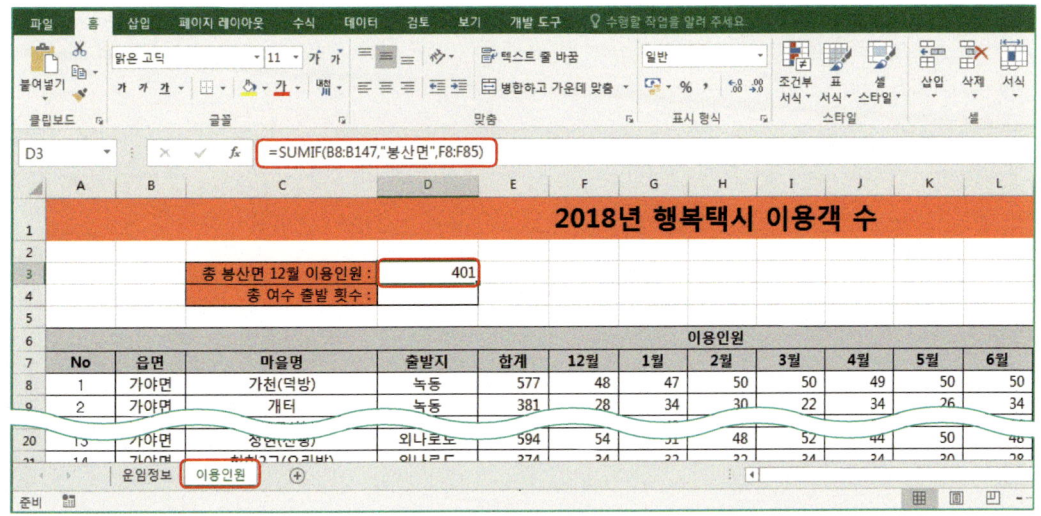

STEP 3

"이용인원" 워크시트의 D4 셀에 행의 순서가 변경된 경우에도 출발지가 "여수"인 이용객의 총 횟수가 반환되는 함수를 입력합니다.

❶ "이용인원" 워크시트에서 [D4] 셀을 클릭한다.
❷ =COUNTIF(D8:D147, "여수") 작성된 것을 확인하고 Enter 키를 누른다.

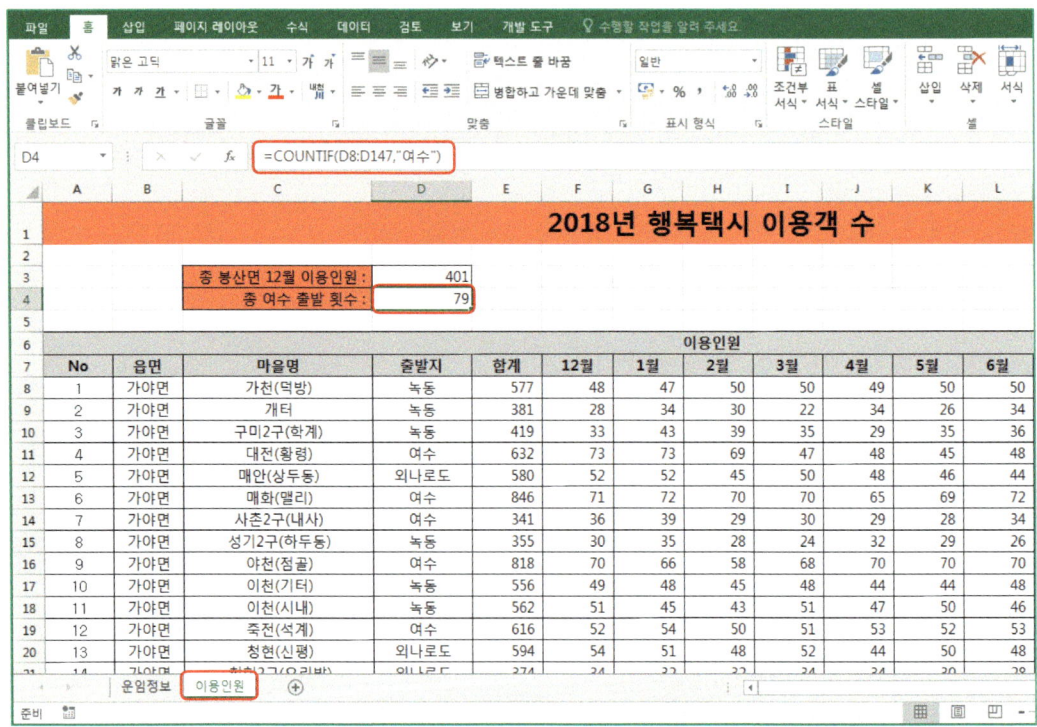

STEP 4

"이용인원" 워크시트에서, "읍면" 열 아래에 각각의 읍면의 개수를 표시하는 부분합을 추가합니다. 읍면 사이에 페이지 나누기를 삽입합니다. 전체 개수가 B164 셀에 표시되도록 합니다.

❶ "이용인원" 워크시트에서 [B7:Q147] 범위를 지정한다.
❷ [데이터] 탭 – [윤곽선] 그룹 – [부분합] 메뉴를 클릭한다.

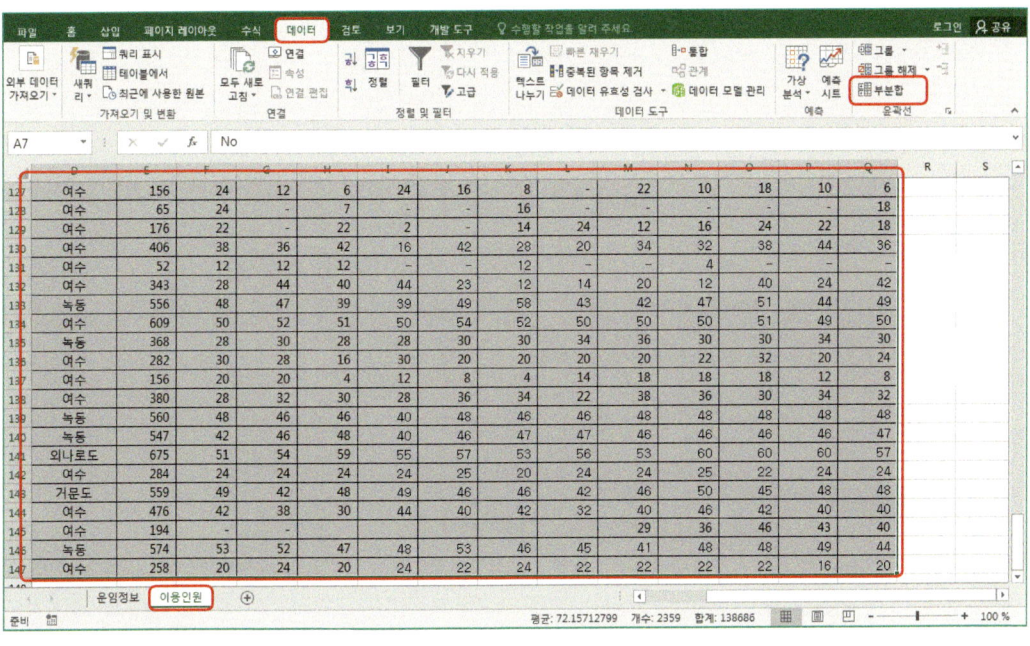

❸ [부분합] 대화상자에서 '그룹화할 항목' – '읍면' 선택한다.
❹ [부분합] 대화상자에서 '사용할 함수' – '개수' 선택한다.
❺ [부분합] 대화상자에서 '부분합 계산 항목' – '읍면' 만 선택한다.
❻ [부분합] 대화상자에서 '그룹 사이에서 페이지 나누기' 체크 설정 후 [확인]을 클릭한다.

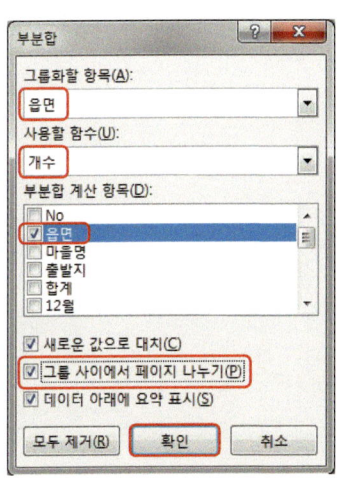

PROJECT 05 택시 운임 정보 133

🖥️ STEP 5

"운임정보" 워크시트를 페이지 레이아웃 보기로 표시합니다. 그런 다음 "객실등급"열에 "등급없음" 값을 가진 운임정보가 첫 페이지에 표시되도록 페이지 나누기를 삽입합니다.

❶ "운임정보" 워크시트에서 [A1] 셀을 클릭한다.
❷ [보기] 탭 - [통합 문서 보기] 그룹 - [페이지 레이아웃] 메뉴를 클릭한다.

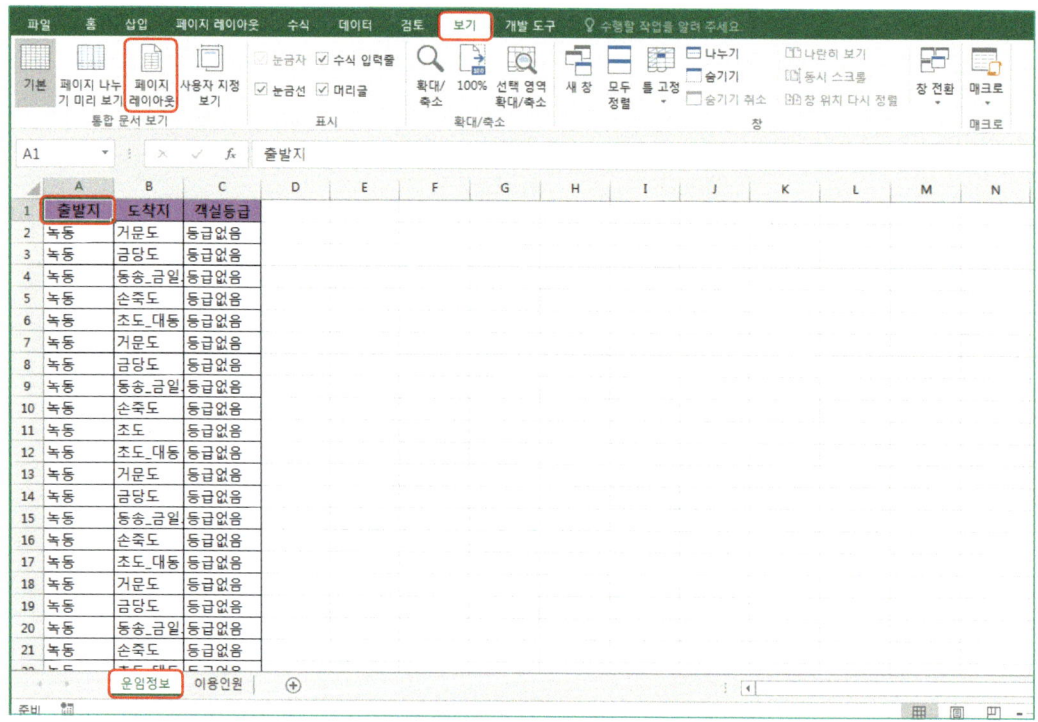

❸ 행 머리글 23행을 선택한다.
❹ [페이지 레이아웃] 탭 - [페이지 설정] 그룹 - [나누기] - [페이지 나누기 삽입] 메뉴를 클릭한다.

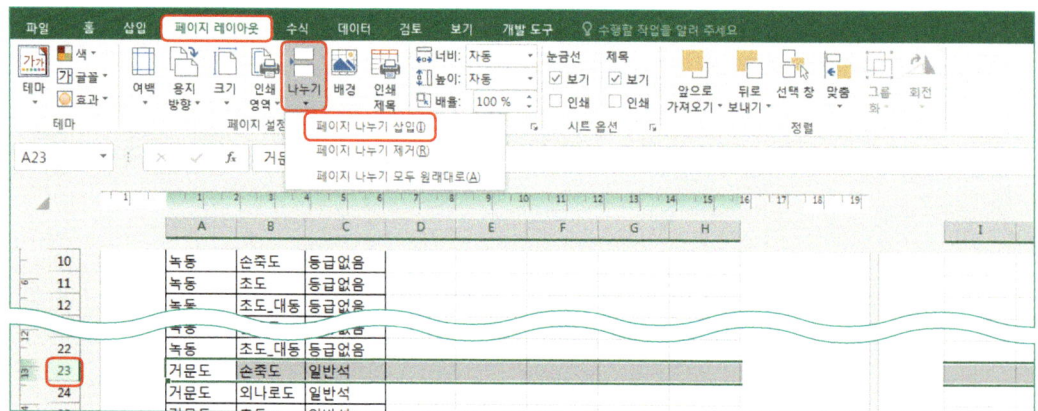

PROJECT 06 석유 소비 현황

준비파일 프로젝트_06_석유 소비 현황.xlsx   완성파일 프로젝트_06_석유 소비 현황_완성.xlsx

 당신은 석유정보센터에 근무하고 있습니다. 석유 및 석유대체연료 사업법에 근거하여 국내 석유제품의 제품별 소비량을 분석하고 있습니다.

STEP 1

"국내석유소비현황" 워크시트의 표 마지막 부분에, 합계의 총평균을 자동으로 계산하는 행을 추가합니다.

❶ "국내석유소비현황" 워크시트에서 [A1] 셀을 클릭한다.
❷ [표 도구] 상황 탭 – [디자인] 탭 – [표 스타일 옵션] 그룹 – '요약 행' 체크 설정

❸ [P25]셀을 선택한 후 목록에서 '평균'을 선택한다.

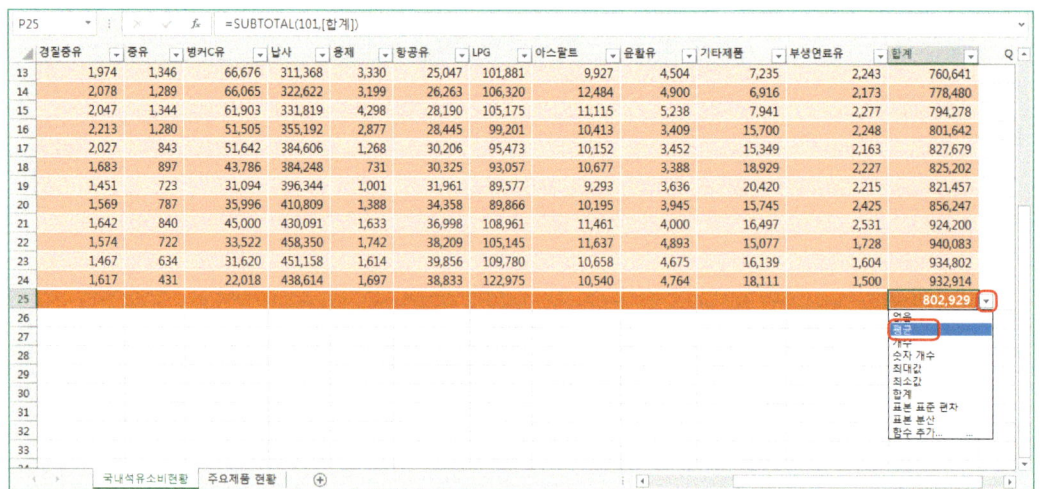

🖥 STEP 2

"주요제품 현황" 워크시트에서, X축에 제품을 표시하고 Y축에 총 소비량을 표시하도록 "하반기 소비" 차트를 수정합니다.

❶ "주요제품 현황" 워크시트에서 해당 차트를 선택한다.
❷ [차트 도구] 상황 탭 – [디자인] 탭 – [데이터] 그룹 – [행/열 전환] 메뉴를 클릭한다.

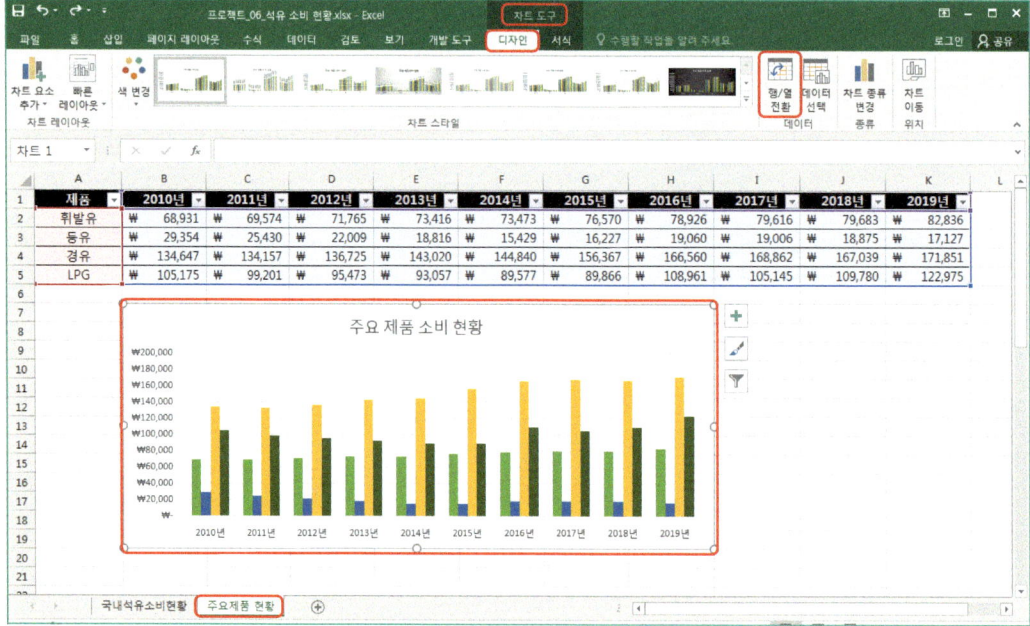

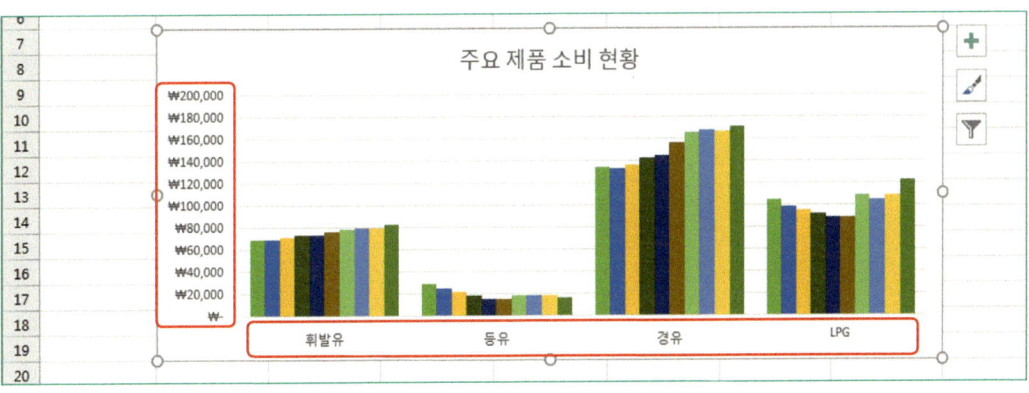

🖱️ STEP 3

"주요제품 현황" 워크시트에서 "주요 제품 소비 현황" 차트의 오른쪽에 데이터 계열을 나타내는 범례를 표시합니다. 차트에 다른 변경은 하지 마십시오.

❶ "주요제품 현황" 워크시트에서 해당 차트를 선택한다.
❷ [차트 도구] 상황 탭 – [디자인] 탭 – [차트 요소 추가] 메뉴를 클릭한다.
❸ [범례] 목록에서 '오른쪽'을 선택한다.

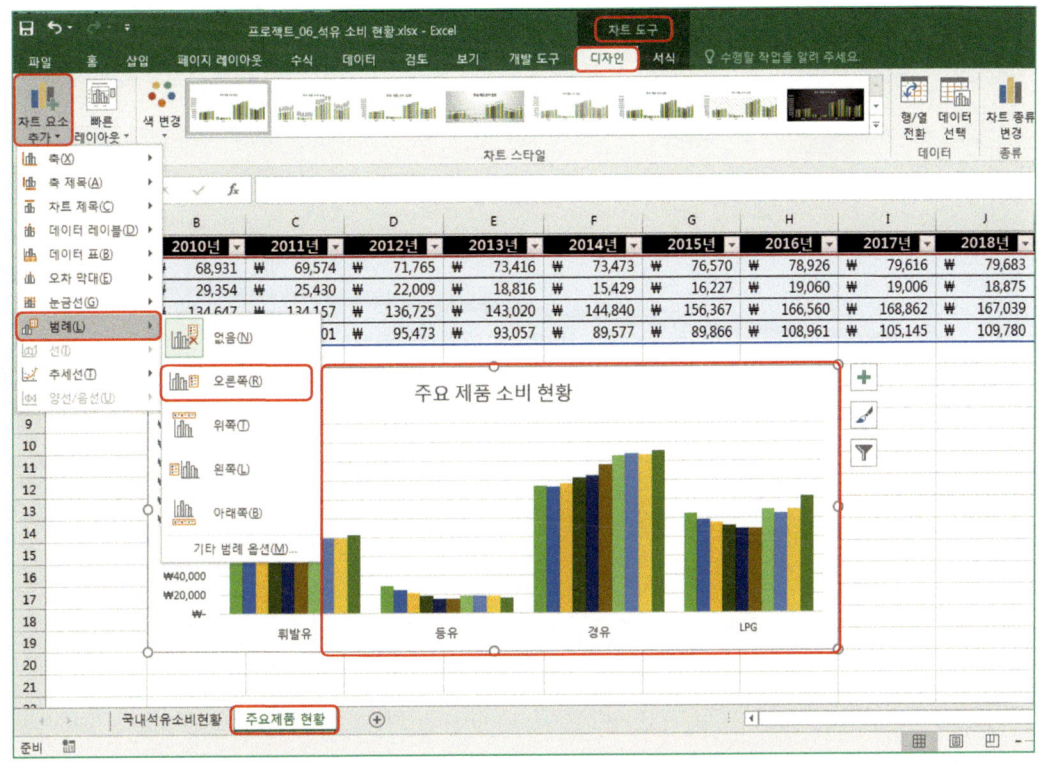

PROJECT 06 **석유 소비 현황** 137

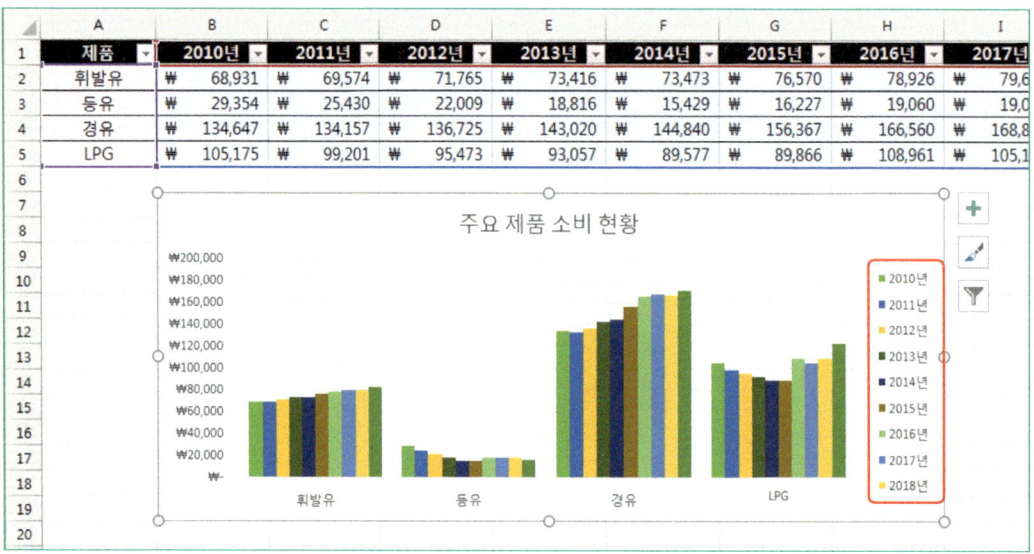

🖥️ STEP 4

"주요제품 현황" 워크시트에서 "LPG 소비 현황" 차트를 "LPG 소비 현황"라는 새로운 시트로 이동합니다.

❶ "주요제품 현황" 워크시트에서 해당 차트를 선택한다.

❷ [차트 도구] 상황 탭 - [디자인] 탭 - [위치] 그룹 - [차트 이동] 메뉴를 클릭한다.

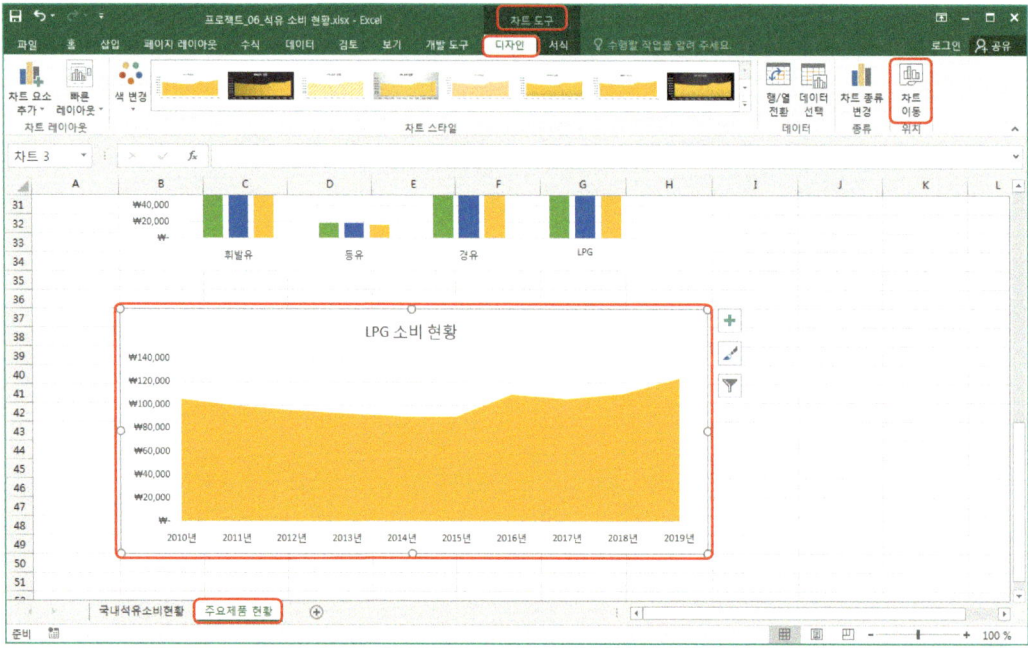

❸ [차트 이동] 대화상자에서 '새 시트'를 선택하고 입력란에 'LPG 소비 현황'이라고 입력하고 [확인]을 클릭한다.

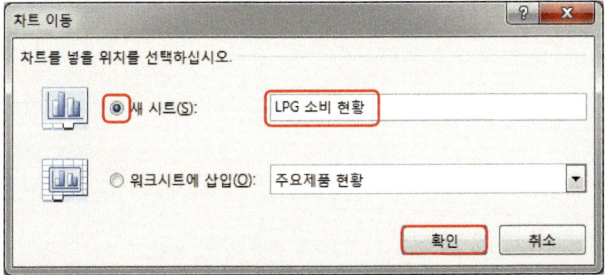

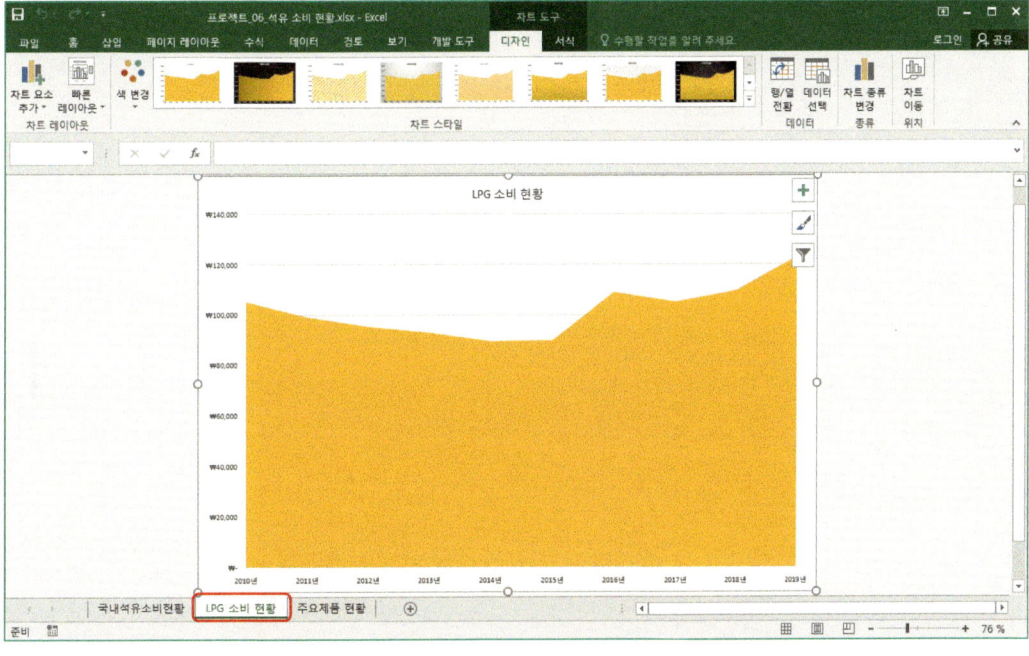

PROJECT 06 석유 소비 현황

PROJECT 07 비즈니스 비용 예산

준비파일 프로젝트_07_비즈니스 비용 예산.xlsx   완성파일 프로젝트_07_비즈니스 비용 예산_완성.xlsx

> **학습개요** 당신은 e5s 주식회사의 비즈니스 비용 예산 통합 문서를 작성하고 있습니다. 계획된 지출 워크시트와 실제 지출 워크시트의 표에 세부 정보를 입력합니다.

STEP 1

"계획된 지출" 워크시트의 QR 코드 이미지에 "https://www.ybmit.com/"이라는 하이퍼링크를 추가합니다.

❶ "계획된 지출" 워크시트에서 QR 코드 이미지를 선택한다.

❷ [삽입] 탭 – [링크] 그룹 – [하이퍼 링크] 메뉴를 클릭한다.

❸ [하이퍼링크 삽입] 대화상자에서 연결 대상 – '기존 파일/웹 페이지' 클릭한다.
❹ [주소] 입력란에 'https://www.ybmit.com/'를 입력하고 [확인]을 클릭한다.

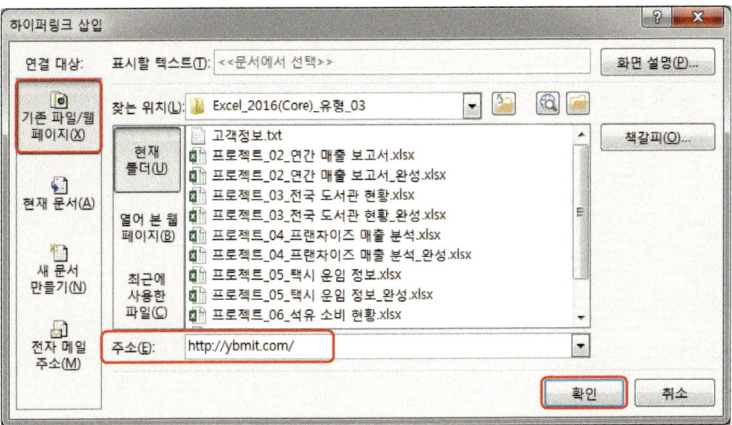

🖱 STEP 2

값 대신 수식이 표시되도록 "실제 지출" 워크시트를 변경합니다.

❶ "실제 지출" 워크시트를 선택한다.
❷ [수식] 탭 – [수식 분석] 그룹 – [수식 표시] 메뉴를 클릭한다.

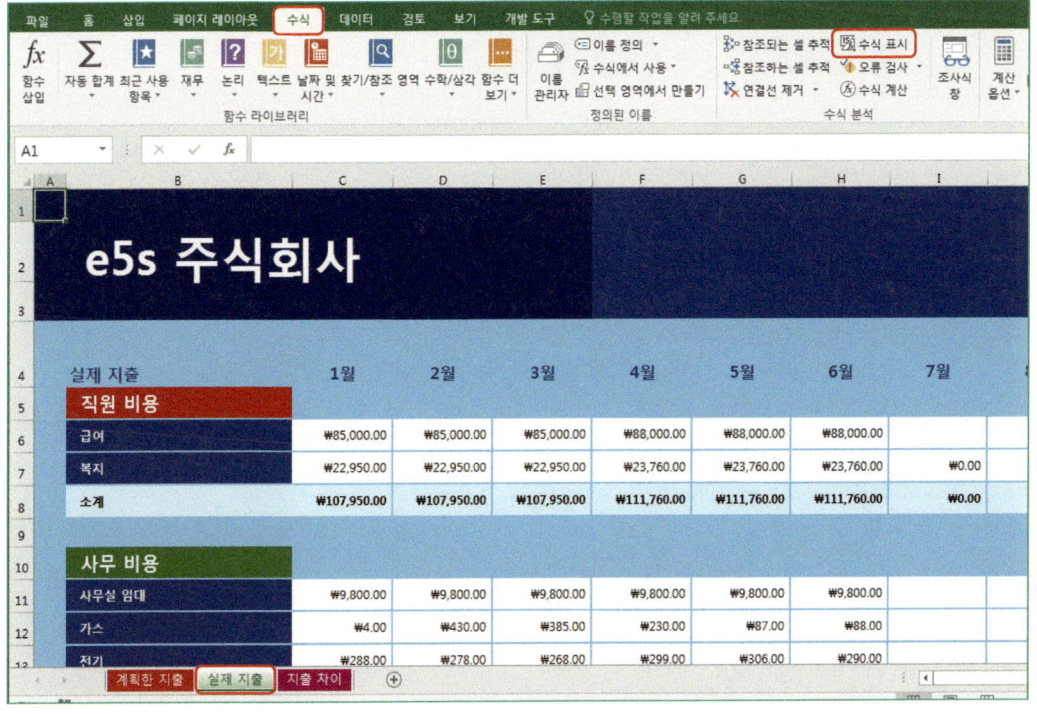

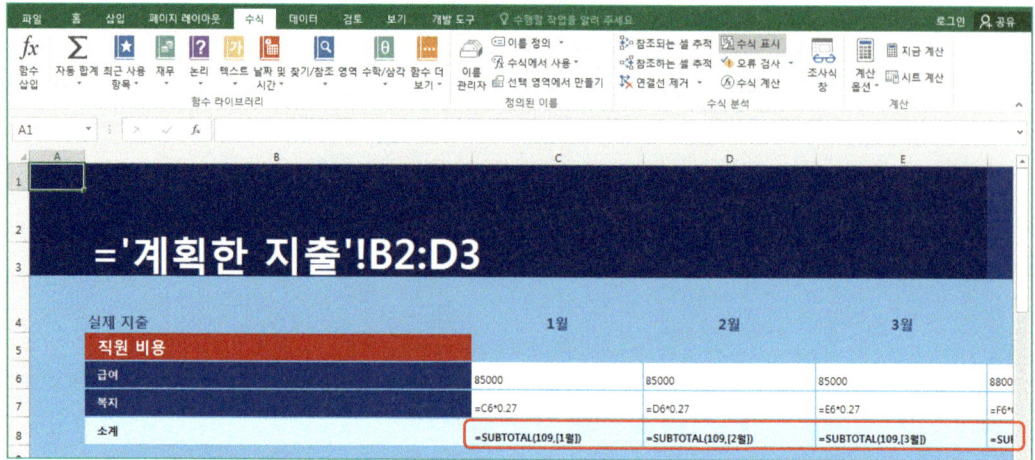

STEP 3

"실제 지출" 및 "지출 차이" 워크시트 사이에 "지출 분석" 워크시트를 표시합니다.

❶ 좌측 하단 시트 목록 중에 임의의 시트를 선택하고 오른쪽 버튼을 클릭한다.

❷ 메뉴 목록에서 '숨기기 취소'를 클릭한다.

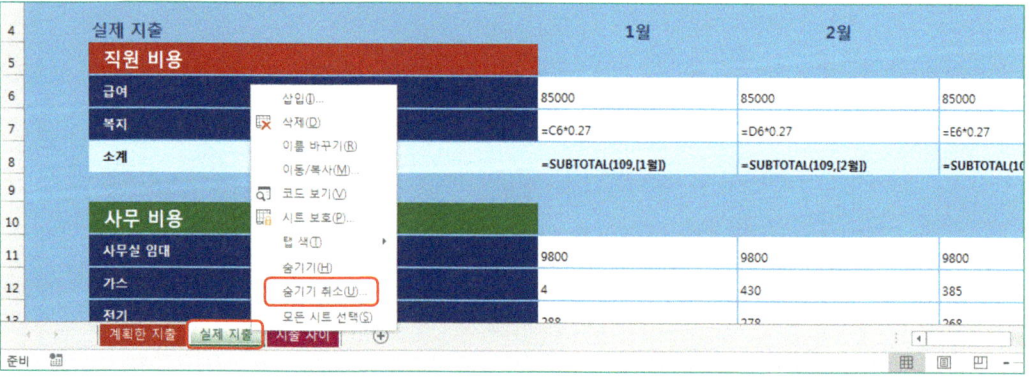

❸ [숨기기 취소] 대화상자에서 '지출 분석'를 선택하고 [확인]을 클릭한다.

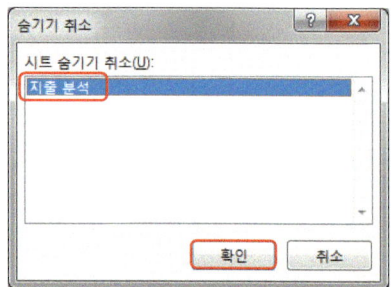

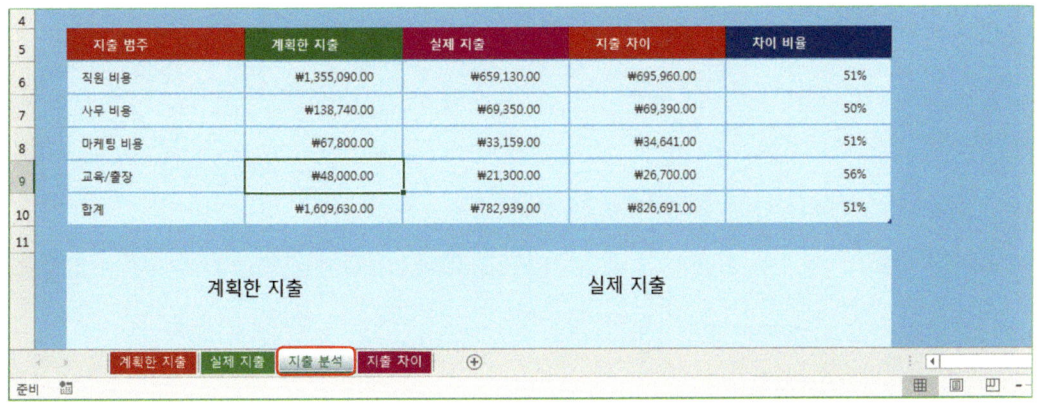

STEP 4

"지출 차이" 워크시트의 셀 B6:N8만 인쇄되도록 설정합니다.

❶ "지출 차이" 워크시트에서 [B6:N8] 범위를 지정한다.
❷ [페이지 레이아웃] 탭 – [페이지 설정] 그룹 – [인쇄 영역] – [인쇄 영역 설정] 메뉴를 선택한다.

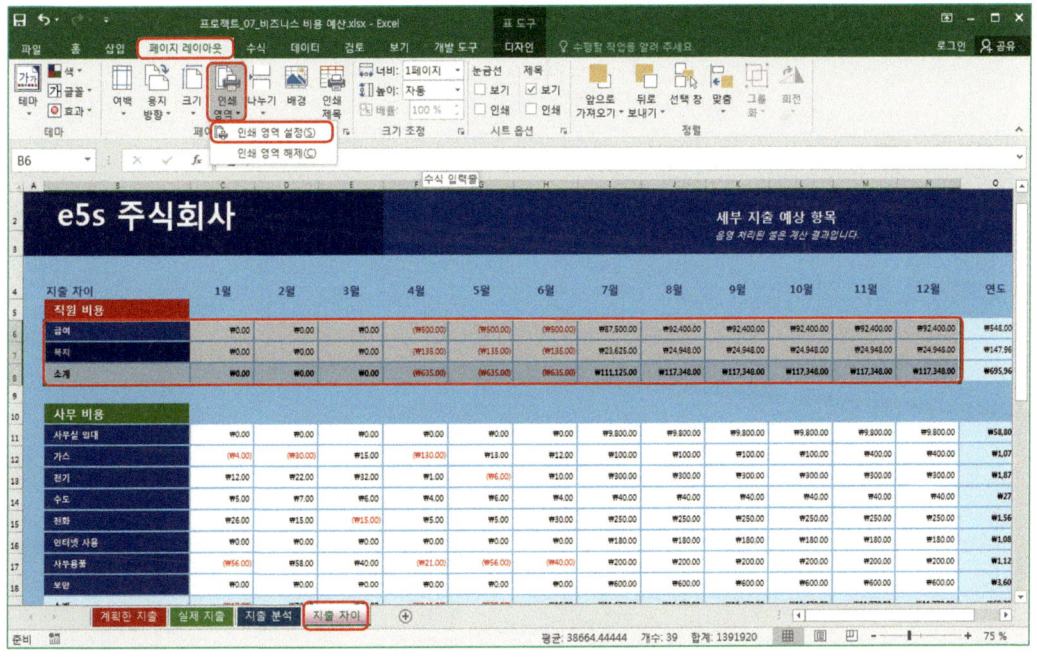

PROJECT 07 **비즈니스 비용 예산** 143

STEP 5

"계획된 지출" 워크시트에서, "마케팅 비용"의 "기타 비용" 지출을 "마케팅 비용 지출 분석" 차트에 포함시킵니다.

❶ "계획된 지출" 워크시트에서 해당 차트를 선택한다.

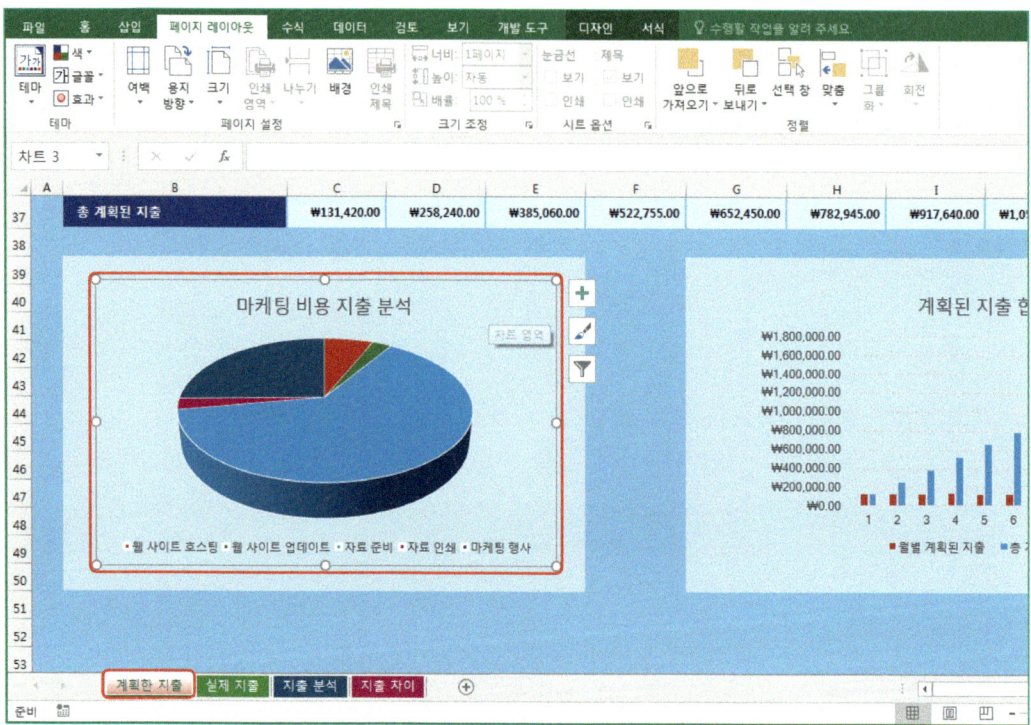

❷ 차트 위에 사용된 데이터 범위를 '기타이용' 행까지 드래그 하여 범위를 조정한다.

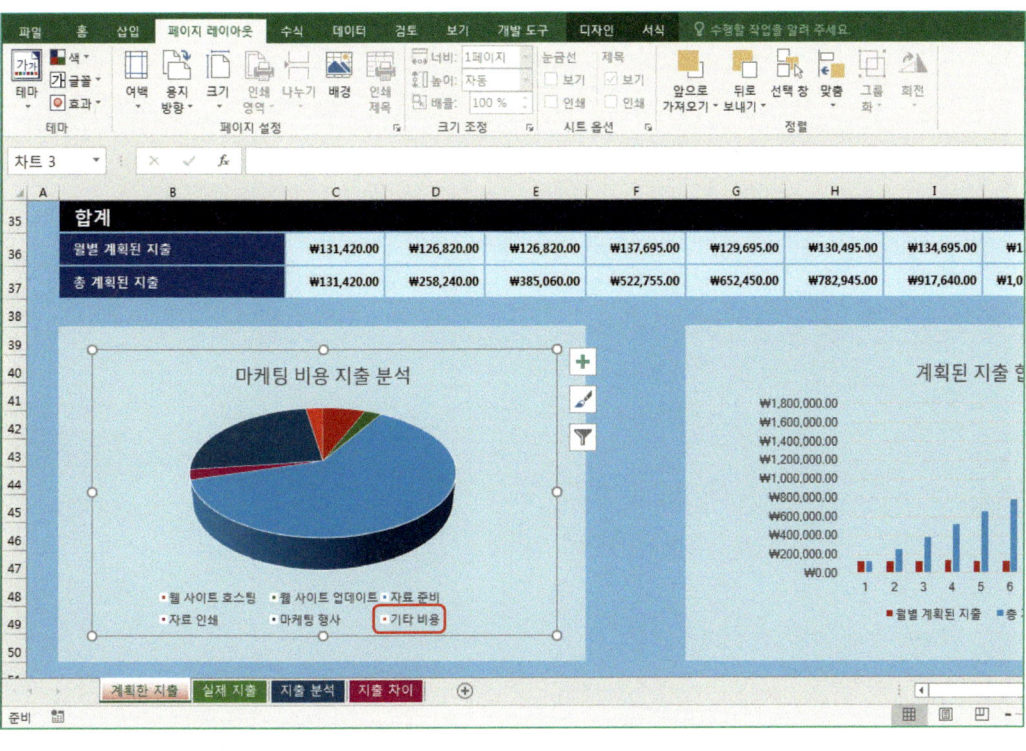

PROJECT 07 비즈니스 비용 예산 145

PART 4

12주차	PROJECT 02 고객 정보	148
	PROJECT 03 학교 체육 대회 예산	153
13주차	PROJECT 04 판매 보고서	159
	PROJECT 05 파란 대차 대조표	165
14주차	PROJECT 06 연락처 목록	170
	PROJECT 07 프로젝트 계획	176

PROJECT 02 고객 정보

준비파일 프로젝트_02_고객 정보.xlsx   완성파일 프로젝트_02_고객 정보_완성.xlsx

학습개요 당신은 이 통합 문서를 사용하여 고객 연락처 목록을 작성하고 있습니다. 워크시트의 서식을 지정해서 통합문서를 다양한 서식으로 저장합니다.

STEP 1

"고객 세부 정보" 워크시트에서, 텍스트 맞춤은 변경하지 않고 B1:M1의 셀 범위를 하나의 셀로 만듭니다.

❶ "고객 세부 정보" 워크시트에서 [B1:M1] 범위를 지정한다.

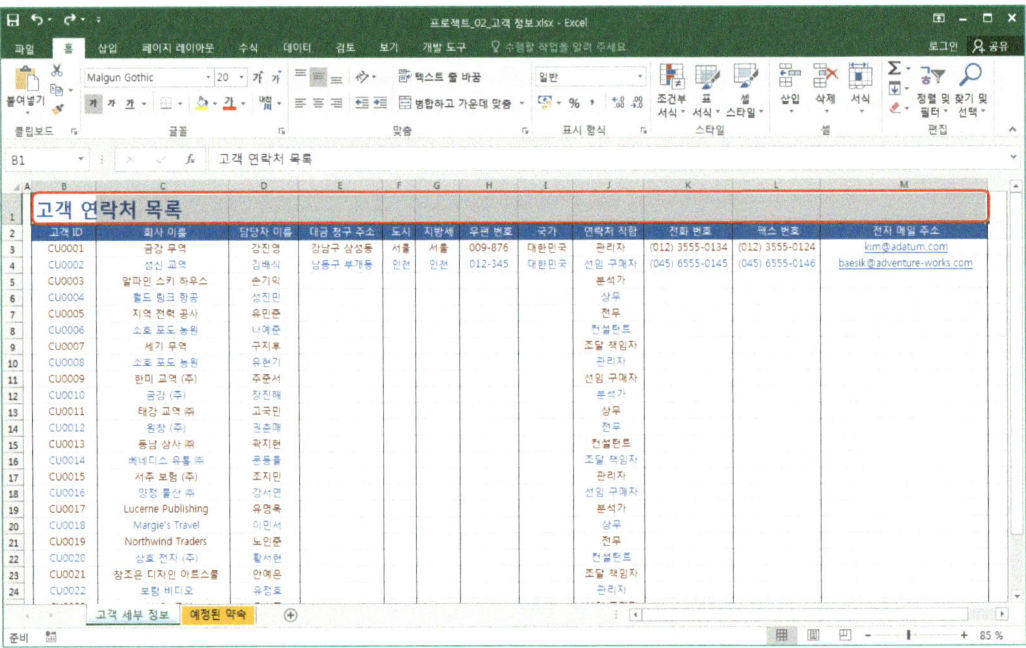

❷ [홈] 탭 – [맞춤] 그룹 – [병합하고 가운데 맞춤] 메뉴의 목록 단추를 클릭한다.
❸ [셀 병합] 메뉴를 선택한다.

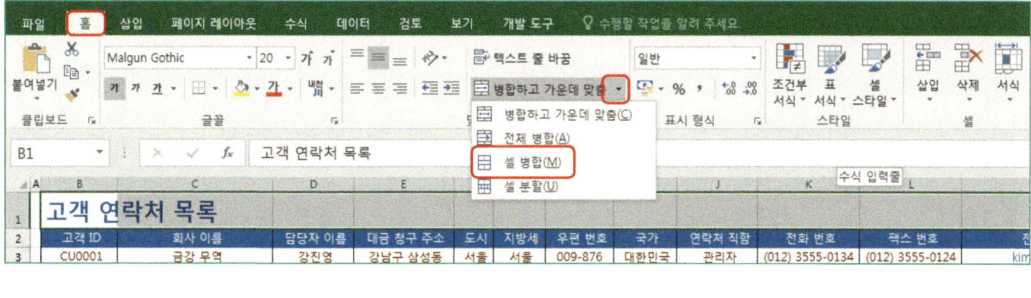

STEP 2

"고객 세부 정보" 워크시트에서, 가장 긴 항목의 너비로 자동 맞춤되도록 B부터 M까지 모든 열의 너비를 조정합니다.

❶ "고객 세부 정보" 워크시트에서 열 머리글 B열부터 M열까지 (연속)범위를 지정한다.

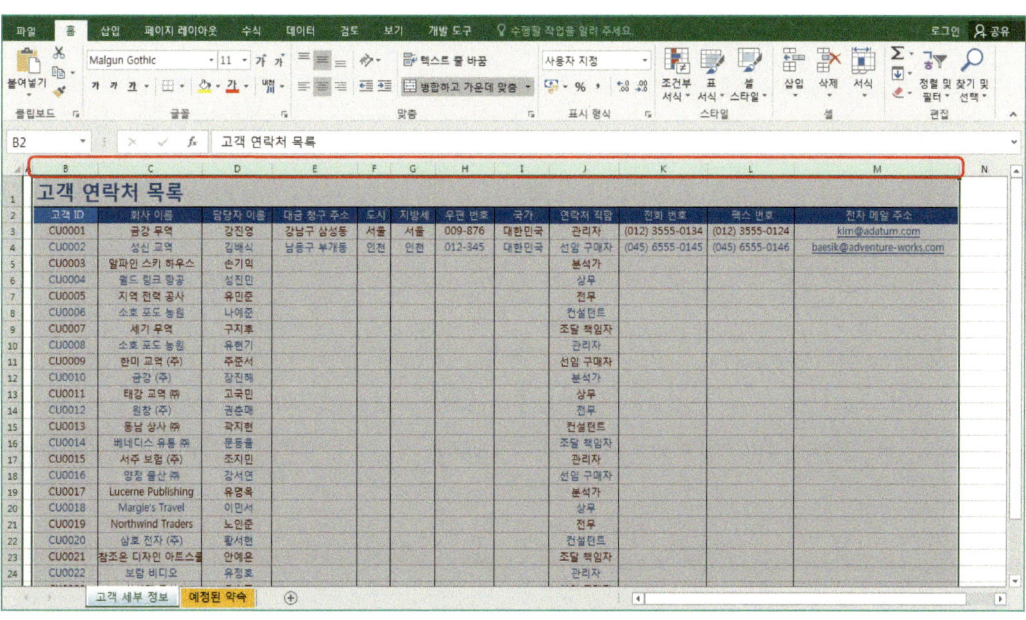

❷ B열과 M까지 경계 되는 열과 열 사이(임의의 한 곳)에 마우스를 위치시키고 더블 클릭 한다.

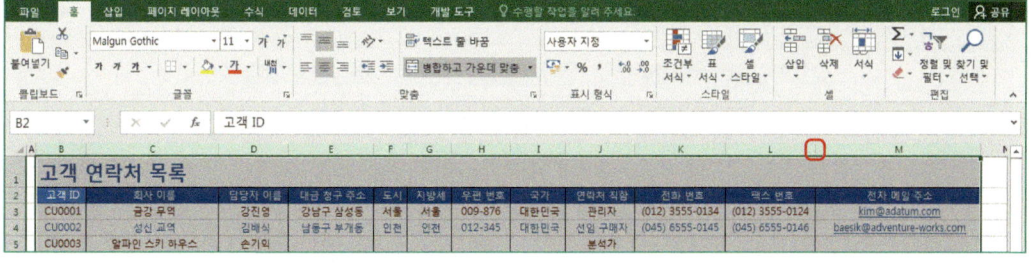

PROJECT 02 **고객 정보** 149

STEP 3

"예정된 약속" 워크시트에서, 각 페이지의 왼쪽에 "검토" 라는 머리글을 삽입합니다.

❶ "예정된 약속" 워크시트를 선택한다.

❷ [삽입] 탭 – [텍스트] 그룹 – [머리글/바닥글] 메뉴를 클릭한다.

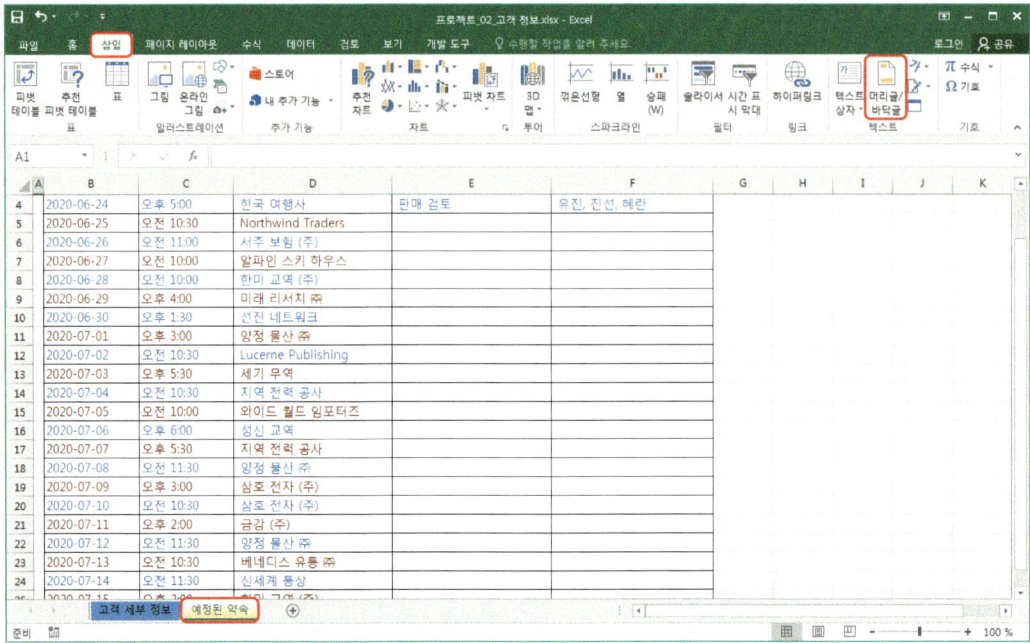

❸ 머리글 왼쪽 영역을 클릭하고 '검토'를 입력한다.

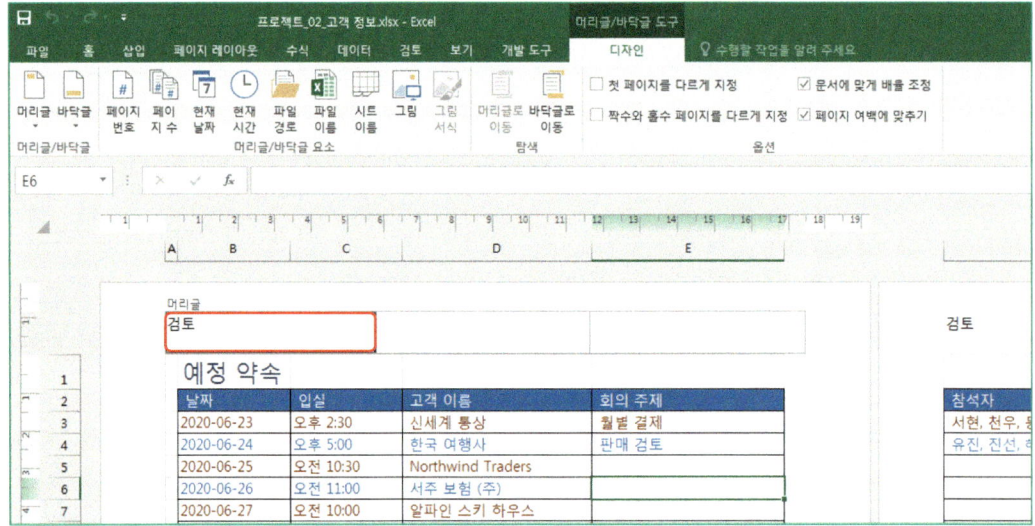

🖥️ STEP 4

"예정된 약속" 워크시트의 셀 D16에서, "고객 세부 정보" 워크시트의 셀 M4로 이동하는 하이퍼링크를 작성합니다.

❶ "예정된 약속" 워크시트에서 [D16] 셀을 클릭한다.
❷ [삽입] 탭 – [링크] 그룹 – [하이퍼링크] 메뉴를 클릭한다.

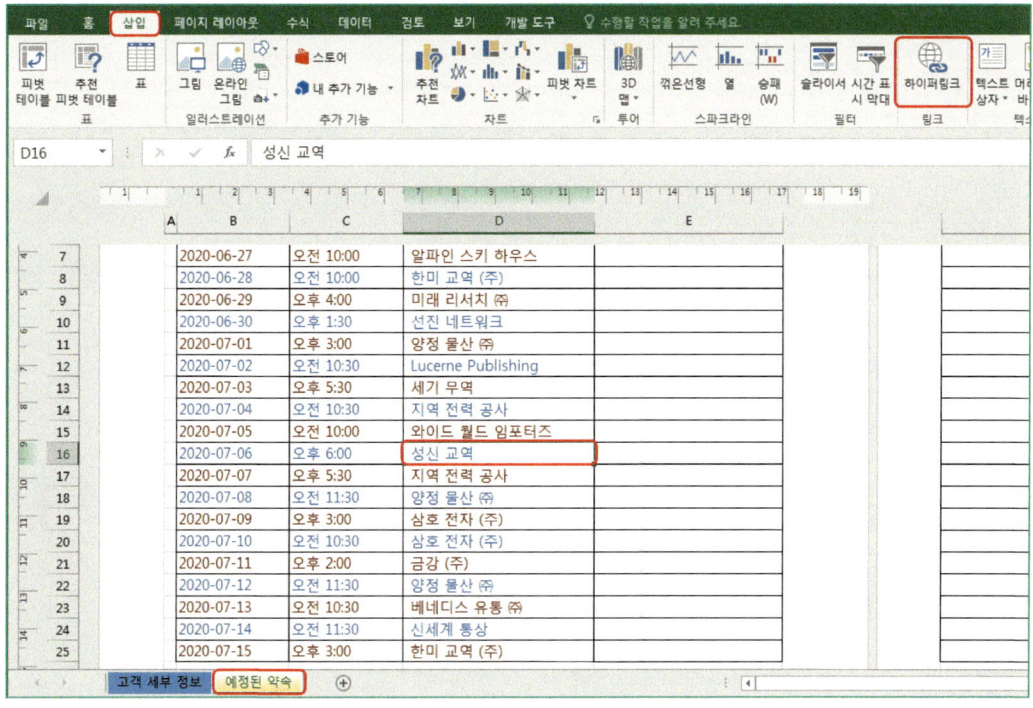

❸ [하이퍼링크 삽입] 대화상자에서 연결 대상 – '현재 문서' 클릭한다.
❹ [이 문서에서 위치 선택]에서 '고객 세부 정보' 시트를 선택한다.
❺ [참조할 셀 입력] 입력란에 'M4'를 입력하고 [확인]을 클릭한다.

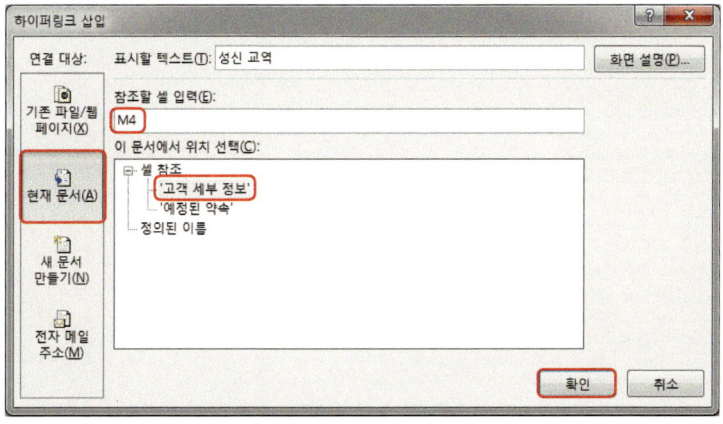

PROJECT 02 고객 정보 151

STEP 5

가로 방향으로 한 페이지에 모든 열이 인쇄되도록 "고객 세부 정보" 워크시트의 인쇄 설정을 변경합니다.

❶ "고객 세부 정보" 워크시트를 선택한다.
❷ [페이지 레이아웃] 탭 – [페이지 설정] 그룹 – 바로 가기 표시 아이콘 을 클릭한다.

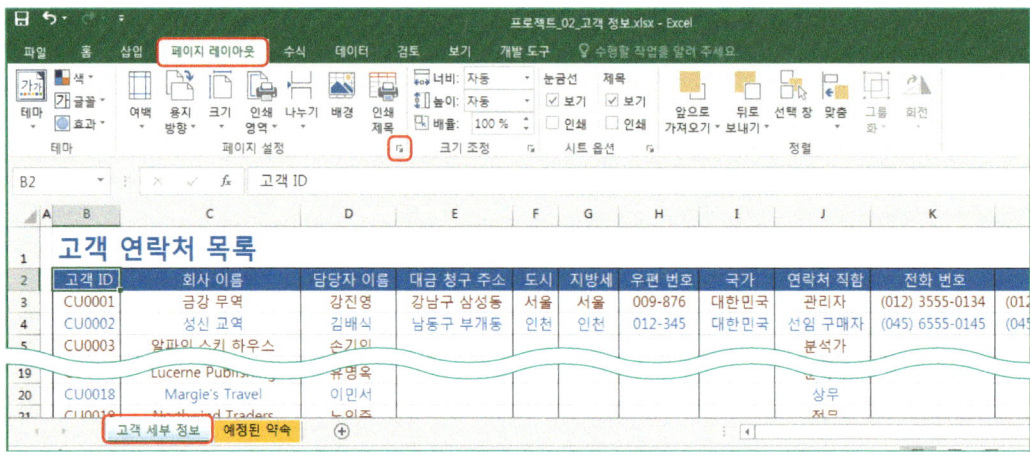

❸ [페이지 설정] 대화상자에서 '페이지' 탭을 선택한다.
❹ [용지 방향] 범주에서 '가로' 선택한다.
❺ [배율] 범주에서 '자동 맞춤' ('1' 용지 너비, '1' 용지 높이)을 선택하고 [확인]을 클릭한다.

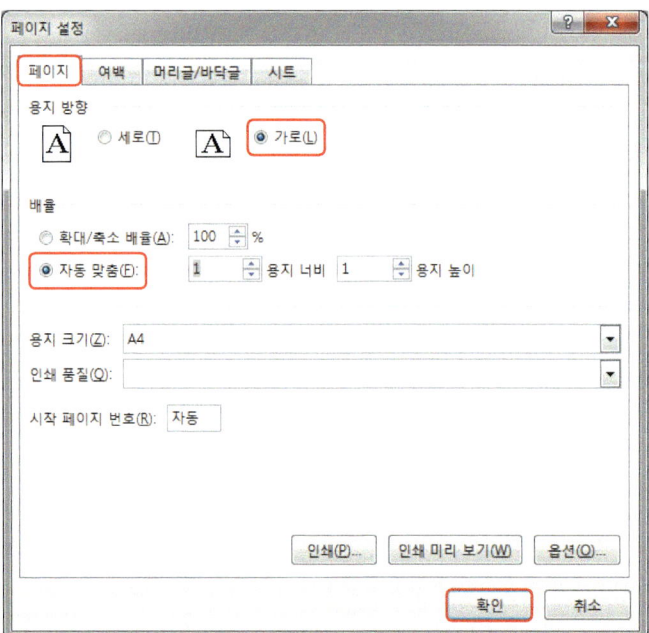

PROJECT 03 학교 체육 대회 예산

준비파일 프로젝트_03_학교 체육 대회 예산.xlsx   완성파일 프로젝트_03_학교 체육 대회 예산_완성.xlsx

 당신은 학교 행정실에서 근무하고 있습니다. 학교 체육 대회 예산과 관련된 통합문서를 업데이트하려고 합니다.

STEP 1

문서 속성에서 "체육대회"라는 범주 이름을 추가합니다.

❶ [파일] – [속성] – [고급 속성] 메뉴를 클릭한다.

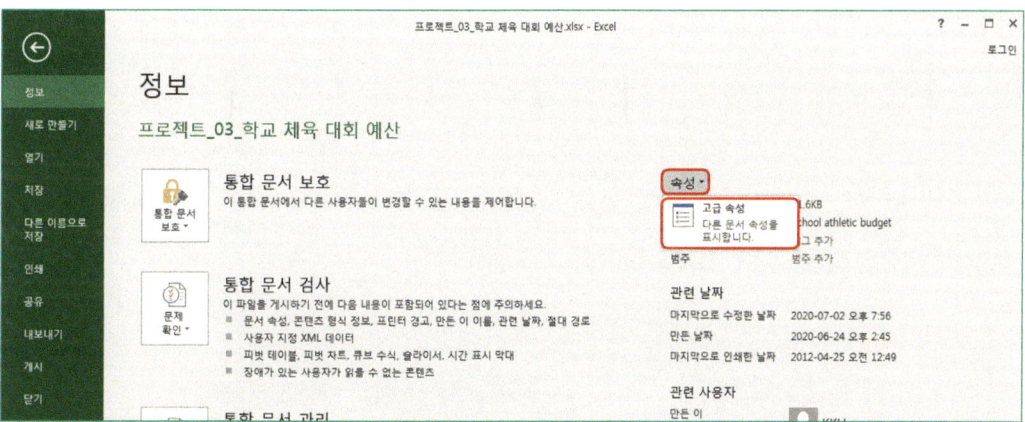

❷ [고급 속성] 대화상자에서 [요약] 탭 클릭한다.
❸ 범주 입력란에 '체육대회'을 입력하고 [확인]을 클릭한다.

STEP 2

차액은 예산 비용에서 실제 비용을 뺀 값입니다. "예산 데이터 항목" 워크시트에서, 각 비교 항목의 차액을 계산하는 수식을 "차액" 열에 추가합니다. 열의 서식 지정을 변경해서는 안 됩니다.

❶ "예산 데이터 항목" 워크시트에서 [H14] 셀을 클릭한다.

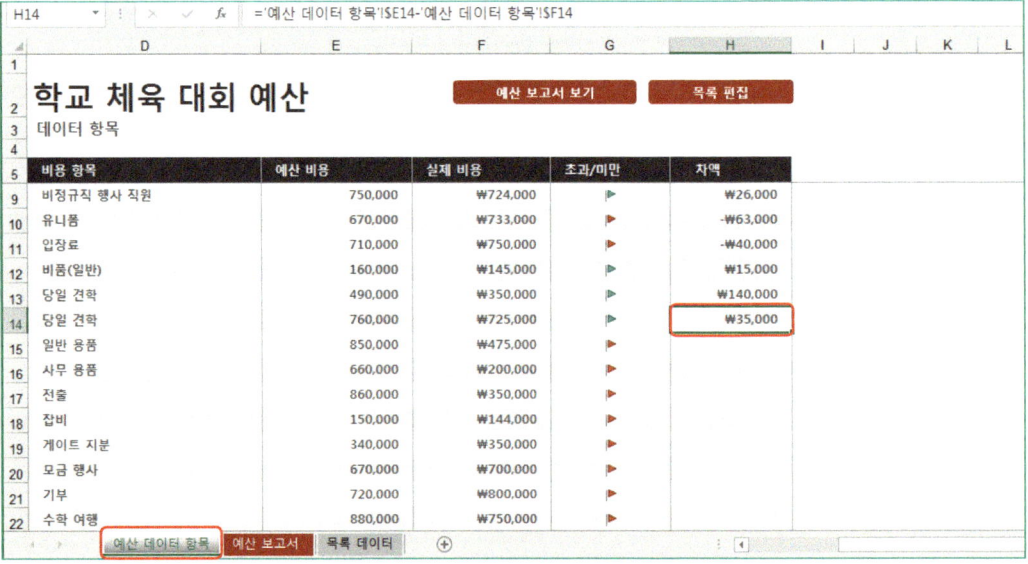

❷ 채우기 핸들로 [H33]까지 드래그 한다.

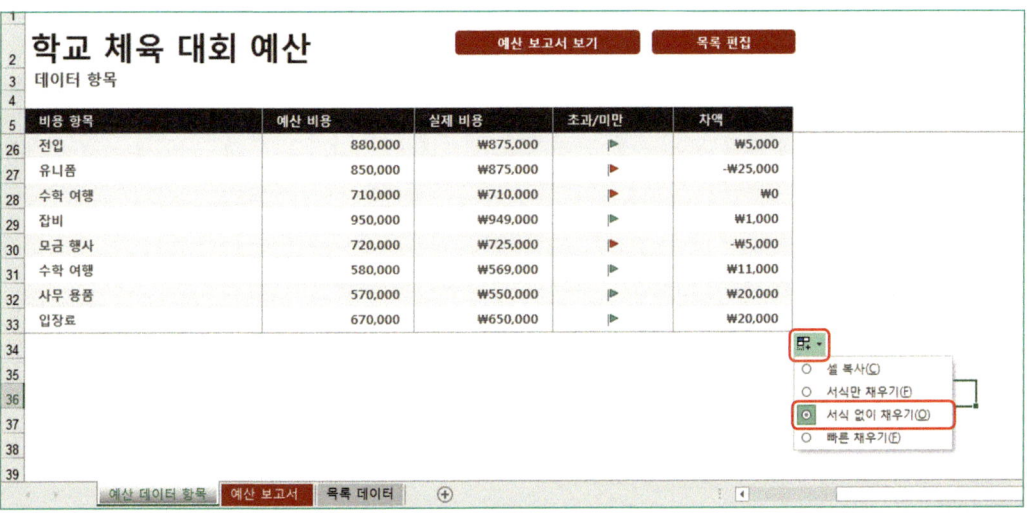

❸ [자동 채우기 옵션] 메뉴에서 '서식 없이 채우기'를 선택한다.

🖥️ STEP 3

"예산 데이터 항목" 워크시트의 셀 D35에서, Excel 함수를 사용하여 "수학 여행" 비용 항목의 평균 예산 비용을 계산합니다.

❶ "예산 데이터 항목" 워크시트에서 [D35] 셀을 클릭한다.
❷ =AVERAGEIF(D6:D33, "수학 여행", E6:E33) 작성된 것을 확인하고 Enter 키를 누른다.

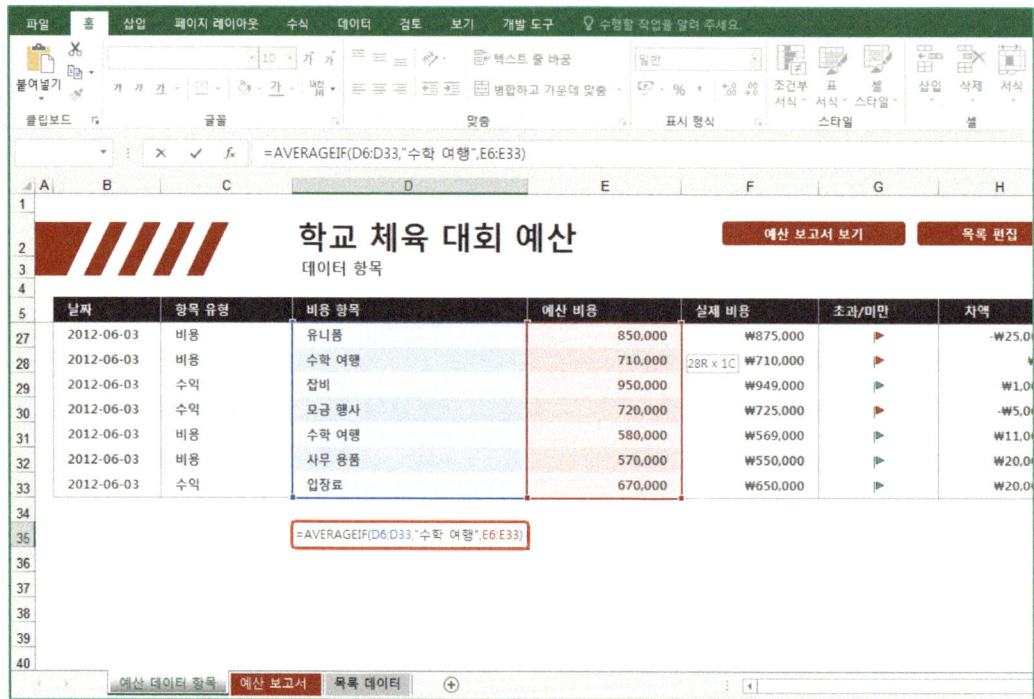

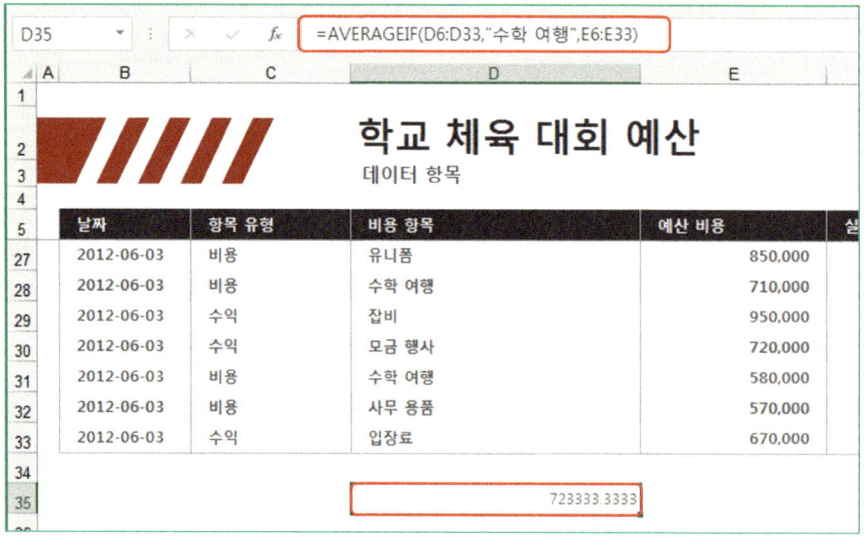

STEP 4

"목록 데이터" 시트를 "예산 데이터 항목" 시트와 "예산 보고서" 시트 사이로 이동합니다.

❶ 좌측 하단 시트 목록 에서 "목록 데이터" 워크시트를 선택한다.
❷ 해당 시트를 드래그 하여 "예산 보고서" 시트 앞으로 이동한다.

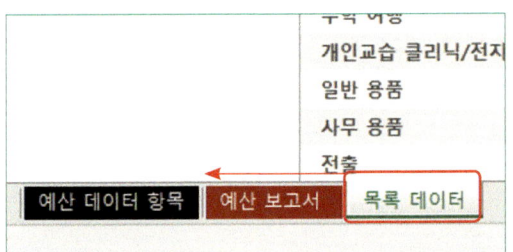 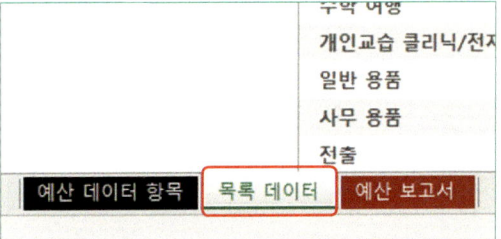

STEP 5

"목록 데이터" 워크시트에서, 이미지 회전각을 0도로 변경합니다.

❶ "목록 데이터" 워크시트에서 이미지를 선택한다.
❷ 오른쪽 버튼 클릭, [그림 서식] 메뉴를 선택한다.

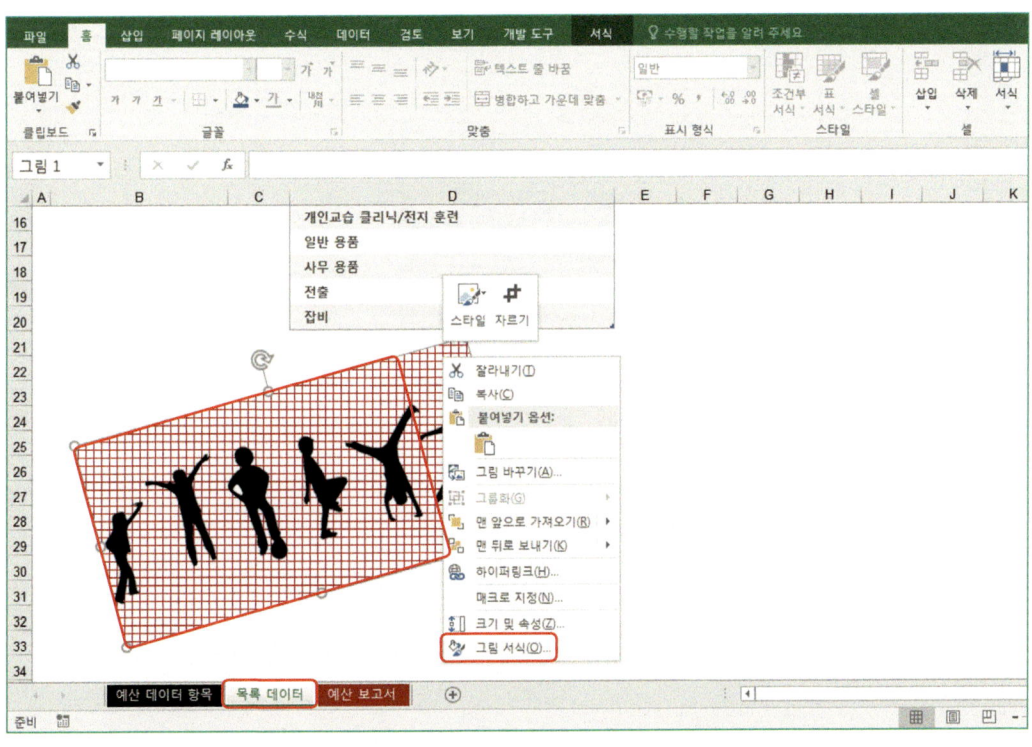

❸ [그림 서식] 창 – 크기 및 속성(3번째) – '크기' 범주 – '회전' 목록을 선택한다.
❹ 입력란에 '0'을 입력 한다.

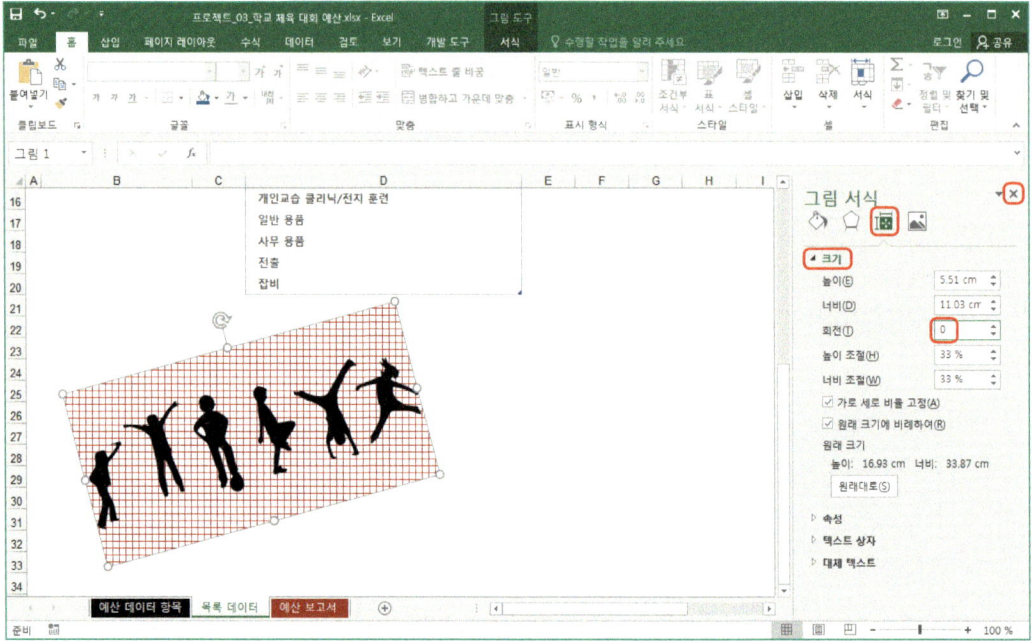

PROJECT
04

판매 보고서

준비파일 프로젝트_04_판매 보고서.xlsx   완성파일 프로젝트_04_판매 보고서_완성.xlsx

 당신은 자동차 부품 회사에 근무하고 있습니다. 분기별 판매 보고서를 작성 중에 있습니다.

STEP 1

"상위 제품 보고" 라는 이름의 새 워크시트를 기존 워크시트의 맨 오른쪽에 추가합니다.

❶ "재고 목록" 시트를 선택하고 시트 목록 끝에 '⊕' 를 클릭한다.

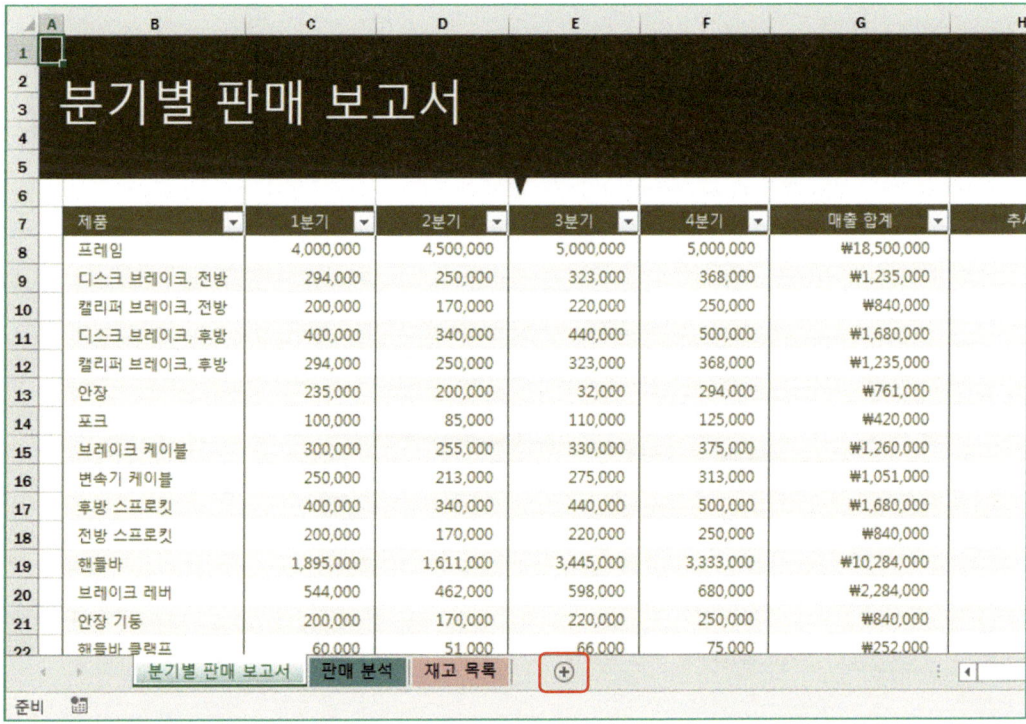

❷ 'Sheet1' 선택 후 오른쪽 버튼, [이름 바꾸기] 메뉴 선택한다.
❸ 시트 이름을 '상위 제품 보고' 입력 후 Enter 키를 누른다.

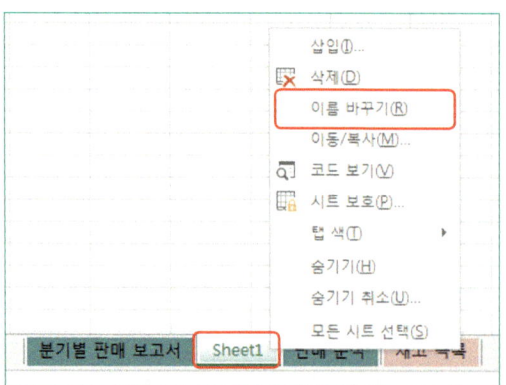 

🖥 STEP 2

"분기별 판매 보고서" 워크시트의 "제품 정보" 열에서, 다음을 표시하는 함수를 작성합니다. 매출 합계가 ₩1,200,000 보다 크거나 같은 경우 "우수 제품"으로, 매출 합계가 ₩1,200,000 미만일 경우 "판매 부진"으로 표시합니다.

❶ "분기별 판매 보고서" 워크시트에서 [I8] 셀을 클릭한다.
❷ =IF(G8)=1200000, "우수 제품", "판매 부진") 작성된 것을 확인하고 Enter 키를 누른다.
   (참고 : 실제 작성된 모양 =〉 =IF([@[매출 합계]])=1200000,"우수 제품","판매 부진"))

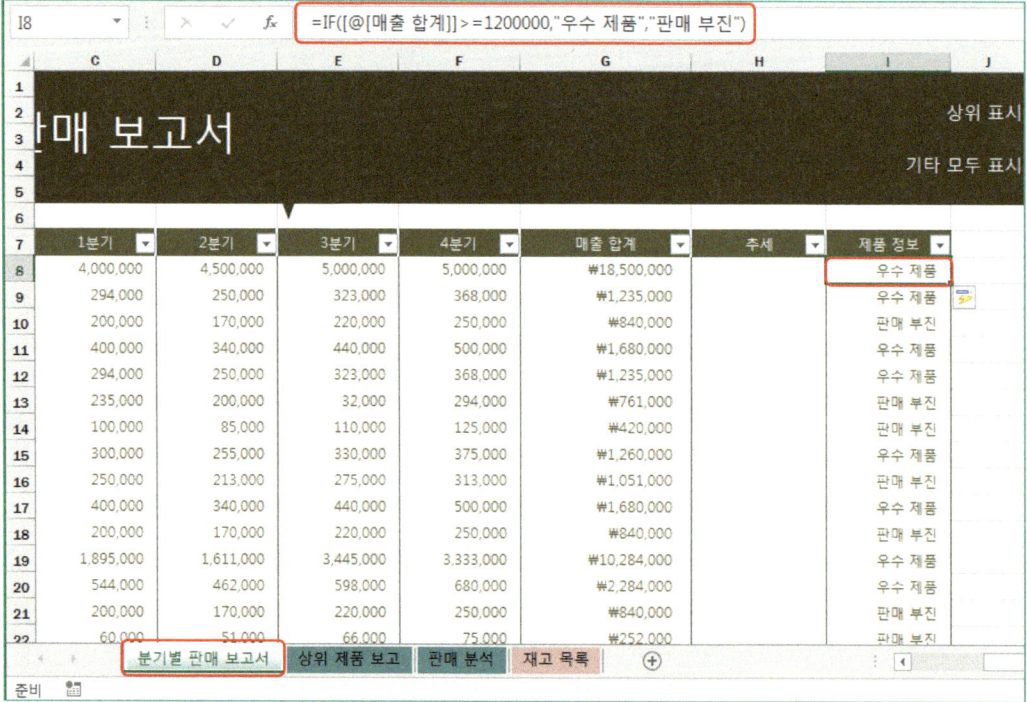

STEP 3

"분기별 판매 보고서" 워크시트의 "추세" 열에서, 각 셀에 "1분기"부터 "4분기"까지 분기별 매출의 추세를 보여주는 꺾은선형 스파크라인을 삽입합니다.

❶ "분기별 판매 보고서" 워크시트에서 [H8:H36] 범위를 지정한다.
❷ [삽입] 탭 – [스파크라인] 그룹 – [꺾은선형] 메뉴를 클릭한다.

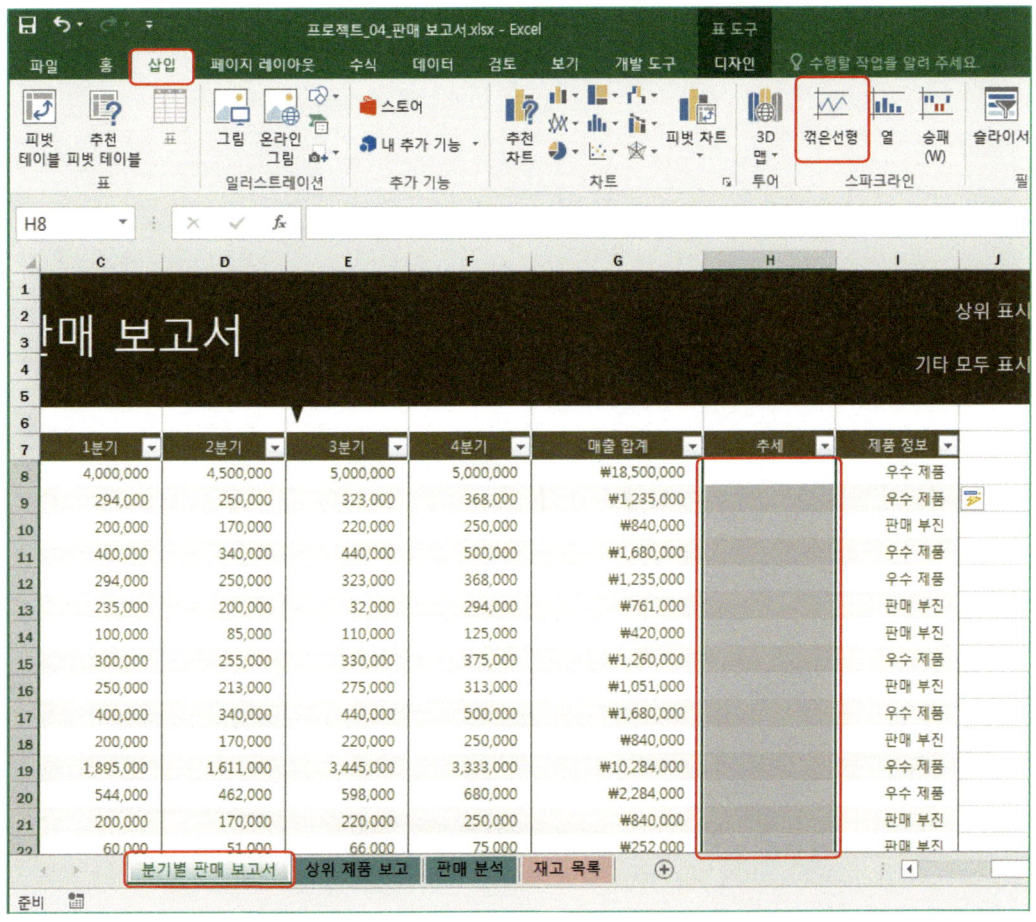

❸ [스파크라인 만들기] 대화상자에서 데이터 범위 선택란에서 'C8:F36' 범위를 지정하고 [확인]을 클릭한다.

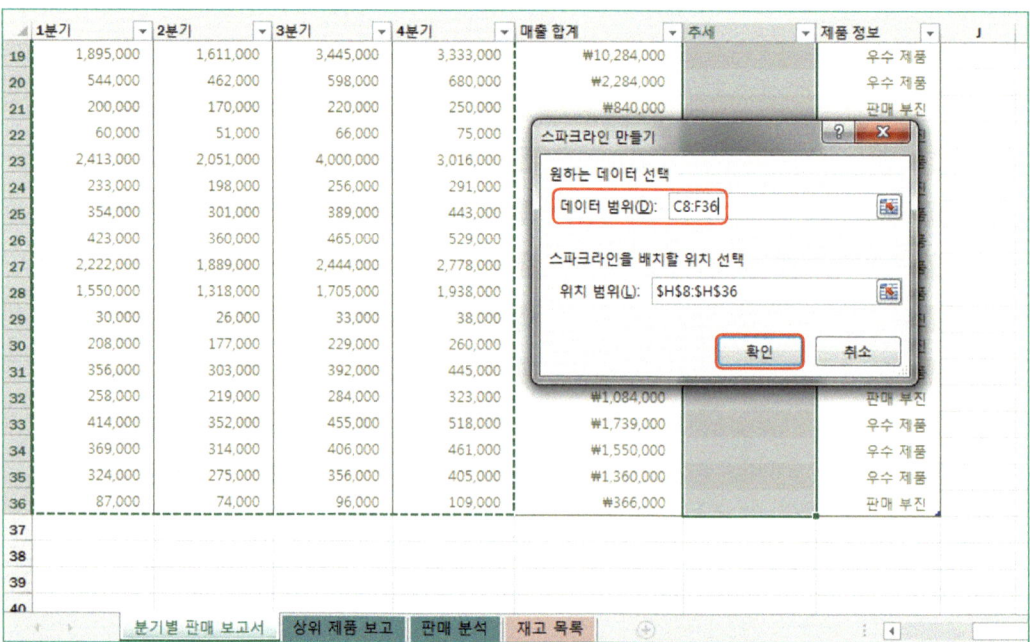

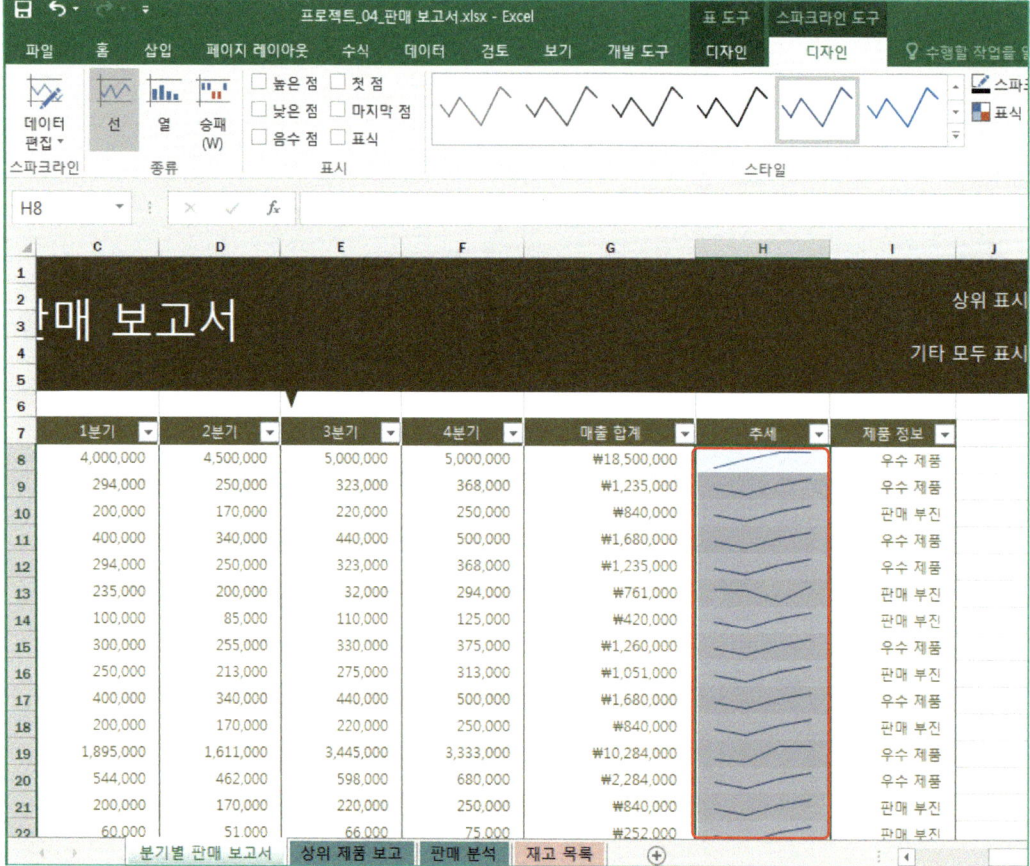

STEP 4

"판매 분석" 워크시트에서, "4분기" 데이터를 차트에 추가합니다.

❶ "판매 분석" 워크시트에서 해당 차트를 선택한다.

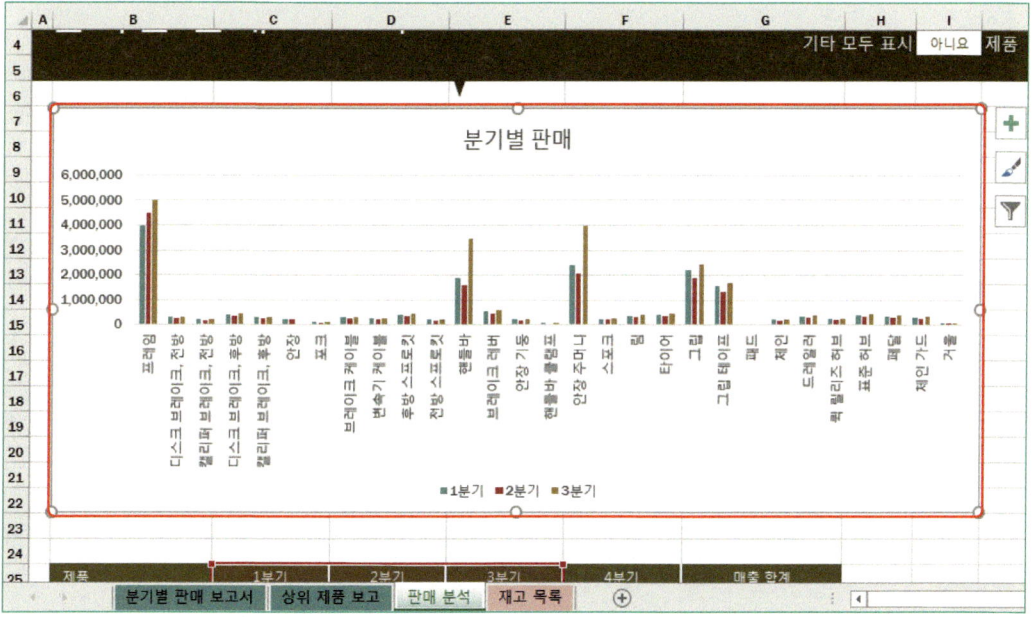

❷ 차트 위에 사용된 데이터 범위를 '4분기' 열까지 드래그 하여 범위를 조정한다.

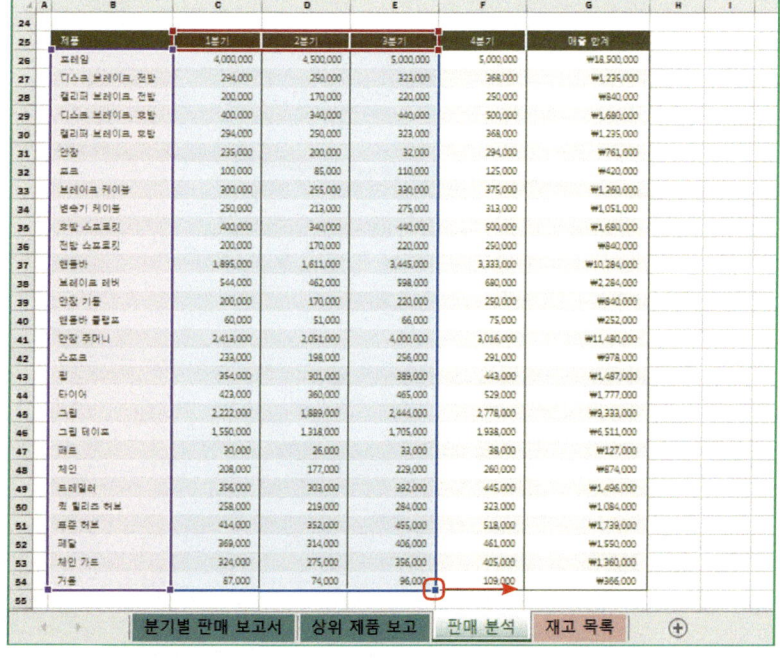

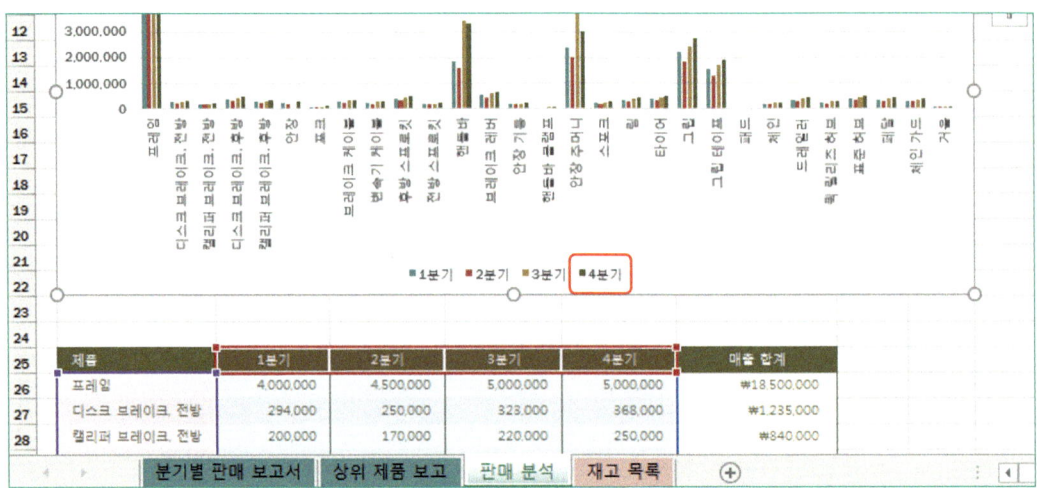

🖥 STEP 5

"판매 분석" 워크시트에 대한 수식을 표시합니다.

❶ "판매 분석" 워크시트를 선택한다.
❷ [수식] 탭 – [수식 분석] 그룹 – [수식 표시] 메뉴를 클릭한다.

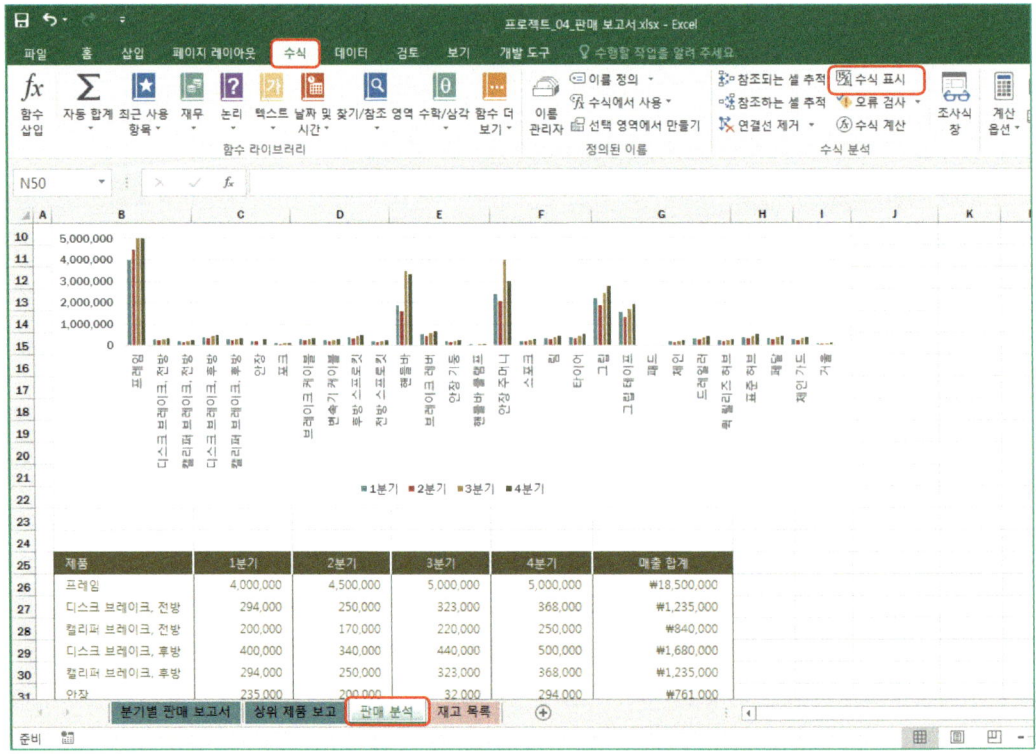

PROJECT 05

파란 대차 대조표

준비파일 프로젝트_05_파란 대차 대조표.xlsx   완성파일 프로젝트_05_파란 대차 대조표_완성.xlsx

학습개요 당신은 회계팀에서 근무하고 있습니다. 자산과 부채 및 자본 세부 정보를 입력 중에 있습니다.

STEP 1

"자산" 워크시트에서 기타 자산이 포함된 표의 행을 삭제합니다.

❶ "자산" 워크시트를 선택하고 행 머리글 19~21행(연속)을 선택한다.

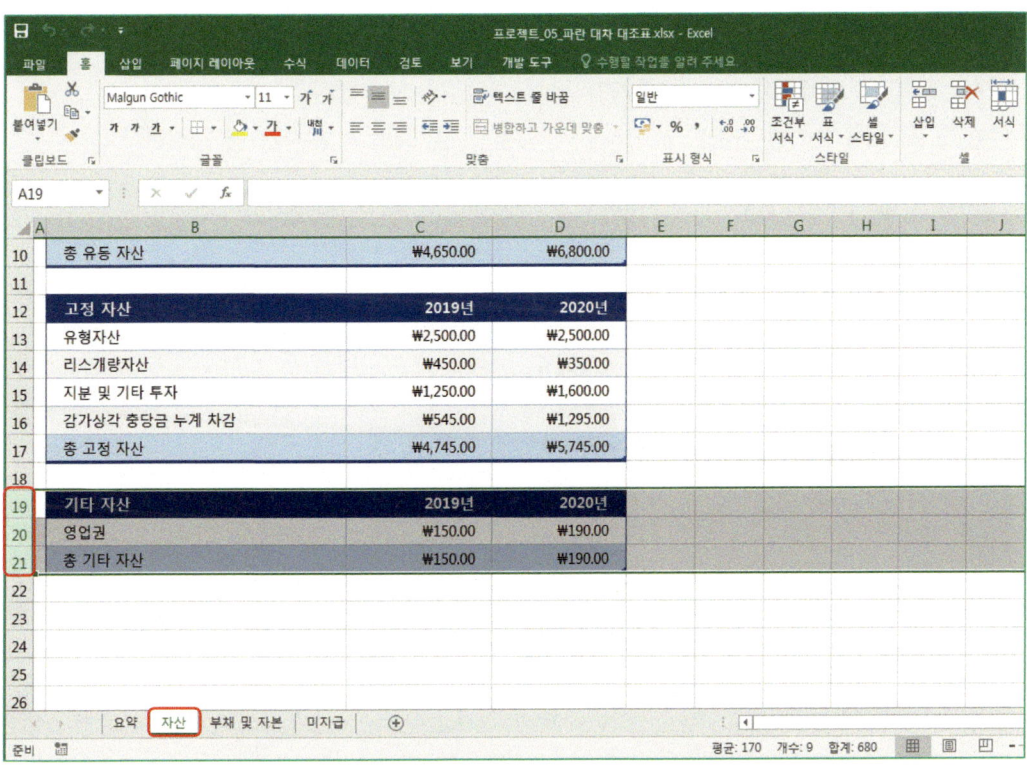

❷ 선택한 행 머리글에서 오른쪽 버튼을 클릭하고 [삭제] 메뉴를 클릭한다.

PROJECT 05 파란 대차 대조표   **165**

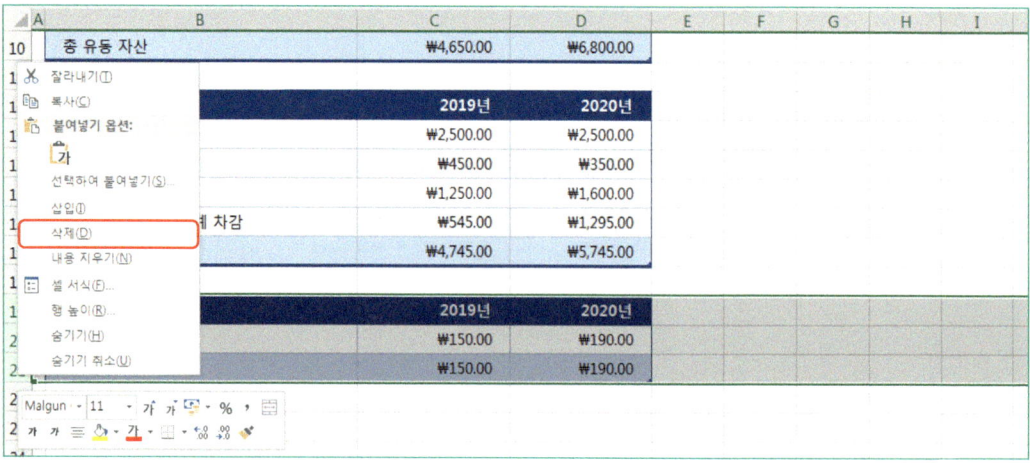

📺 STEP 2

"자산" 워크시트의 현재 자산 표에서 표 기능을 제거합니다. 글꼴 및 셀 서식 지정과 데이터 위치를 유지합니다.

❶ "자산" 워크시트에서 [B3] 셀을 클릭한다.
❷ [표 도구] 상황 탭 – [디자인] 탭 – [도구] 그룹 – [범위로 변환] 메뉴를 클릭한다.

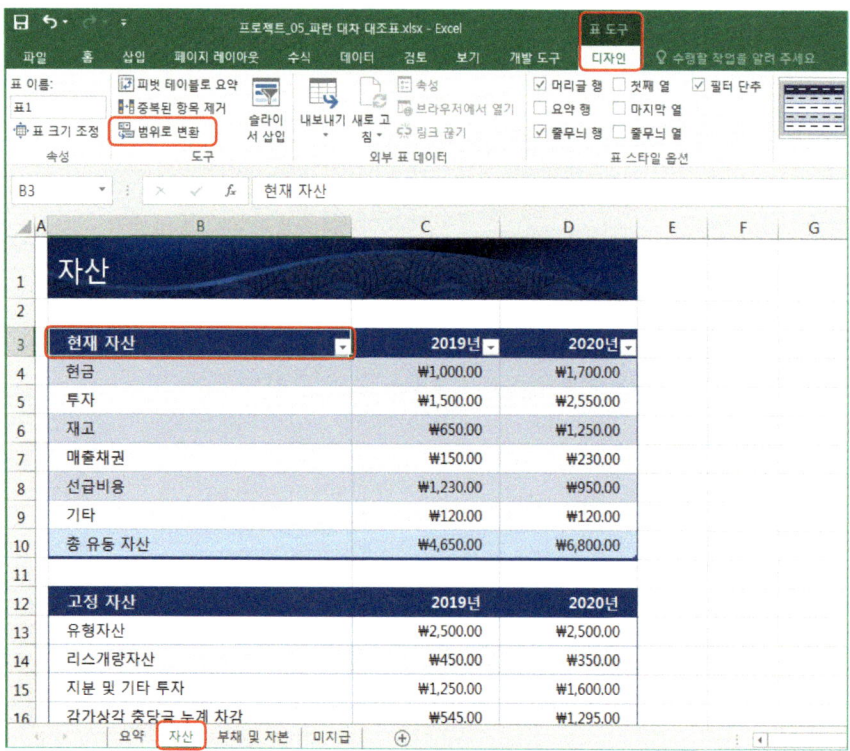

❸ 메시지 대화상자에서 [예]를 클릭한다.

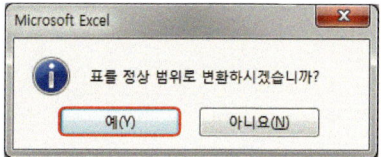

🖥️ STEP 3

"부채 및 자본" 워크시트의 B5:B7 셀을 "미지급" 워크시트의 B4:B6에 복사합니다.

❶ "부채 및 자본" 워크시트에서 [B5:B7] 범위를 지정한다.

❷ [홈] 탭 – [클립보드] 그룹 – [복사](Ctrl + C) 메뉴를 클릭한다.

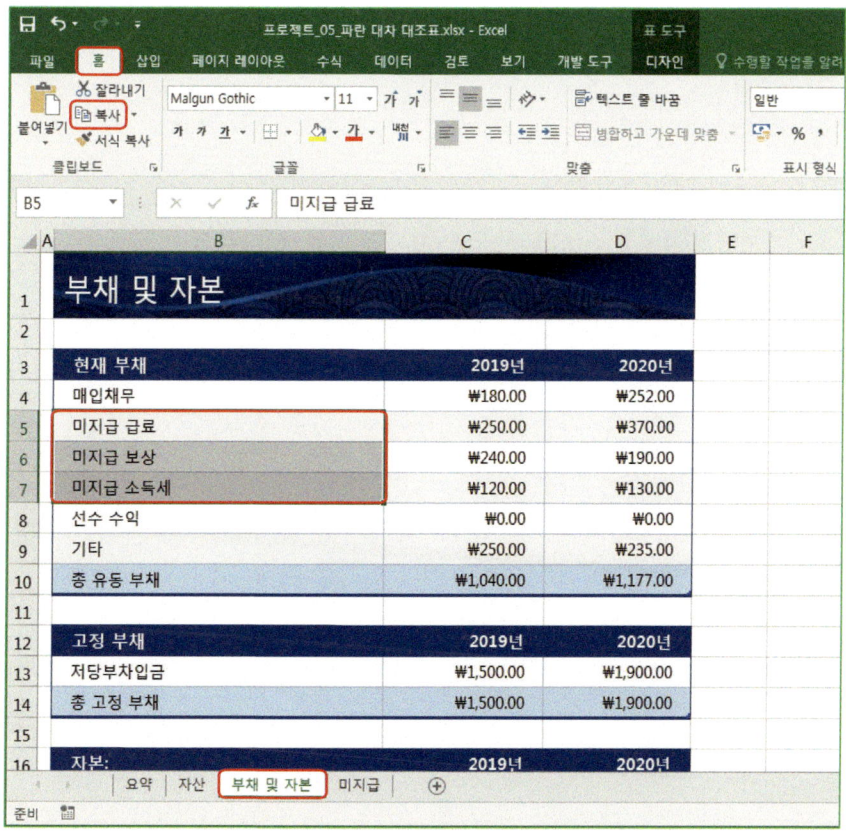

❸ "미지급" 워크시트에서 [B4] 셀을 선택한다.

❹ [홈] 탭 – [클립보드] 그룹 – [붙여넣기](Ctrl + V) 메뉴를 클릭한다.

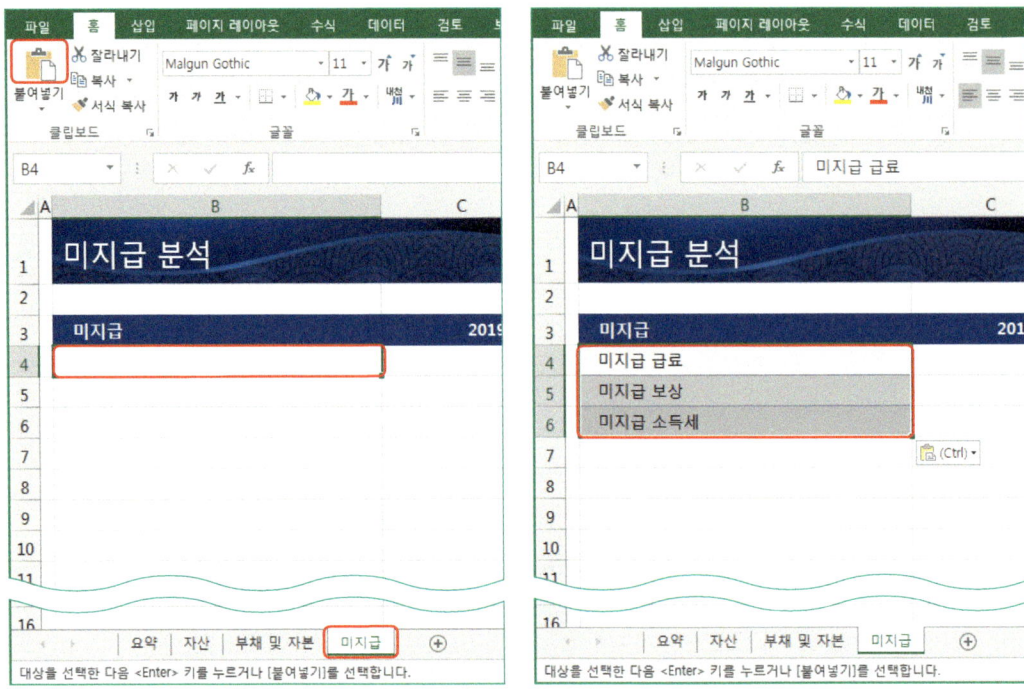

STEP 4

"부채 및 자본" 워크시트의 현재 부채 데이터를 사용하여 각 부채에 대한 "2019년"부터 "2020년" 부채을 나타내는 3차원 누적 세로 막대형 차트를 삽입합니다. 현재 부채가 가로축에 표시되고 년도는 범례 항목으로 표시되도록 합니다. "현재 부채"를 차트 제목으로 사용합니다.

❶ "부채 및 자본" 워크시트에서 [B3:D9] 범위를 연속으로 지정한다.

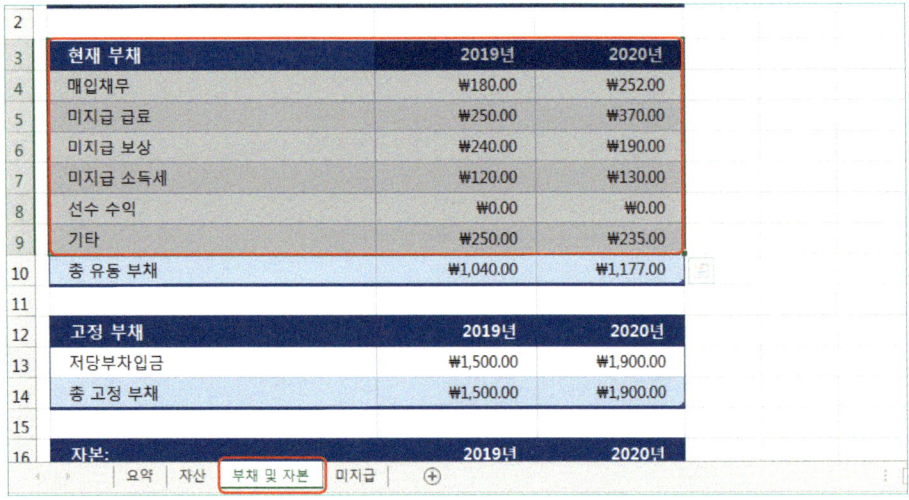

❷ [삽입] 탭 - [차트] 그룹 - [세로 또는 가로 막대형 차트 삽입] 메뉴를 클릭한다.
❸ [3차원 세로 막대형] 목록에서 [3차원 누적 세로 막대형]을 선택한다.

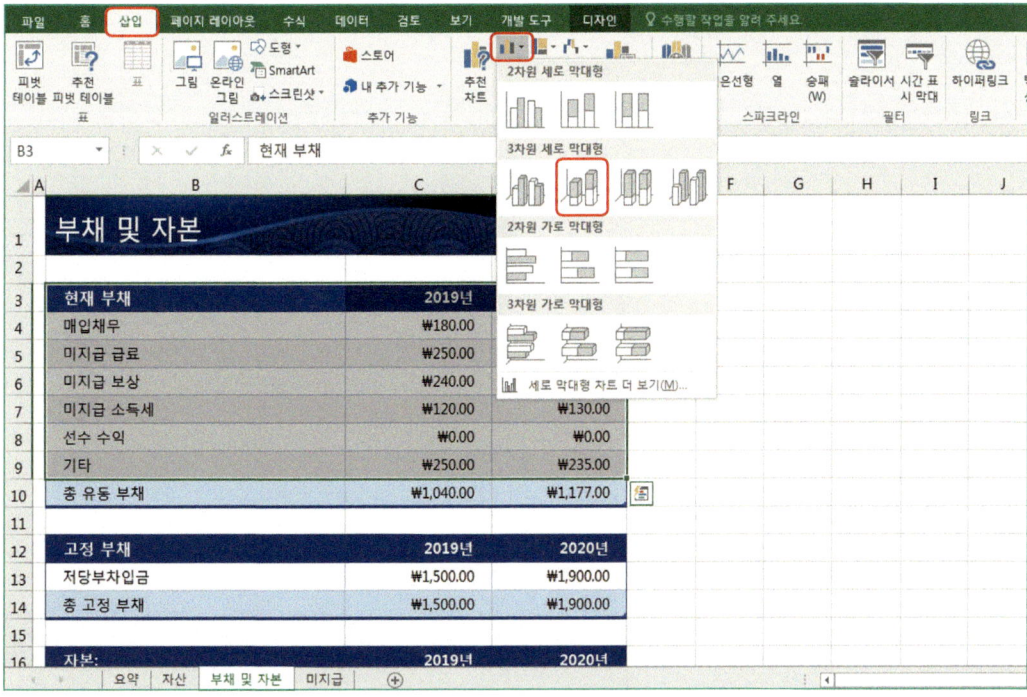

❹ 차트를 선택하고 차트 제목 영역을 선택한다.
❺ '현재 부채'로 기존 이름(차트 제목)을 변경하여 입력한다.

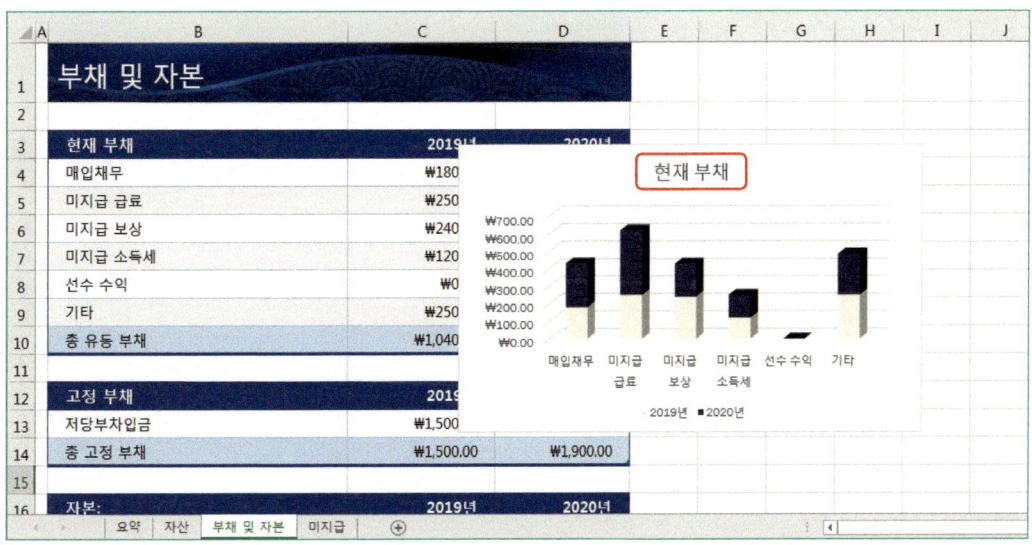

PROJECT 05 **파란 대차 대조표** 169

PROJECT 06 연락처 목록

준비파일 프로젝트_06_연락처 목록.xlsx   완성파일 프로젝트_06_연락처 목록_완성.xlsx

 당신은 Dragons Company의 총무과에 근무하고 있으며 "연락처 정보" 워크시트 정보를 업데이트해야 합니다.

STEP 1

"연락처 정보" 워크시트에서 "우편 번호"가 표시되지 않도록 I열을 설정합니다.

❶ "연락처 정보" 워크시트에서 열 머리글 I열을 선택한다.

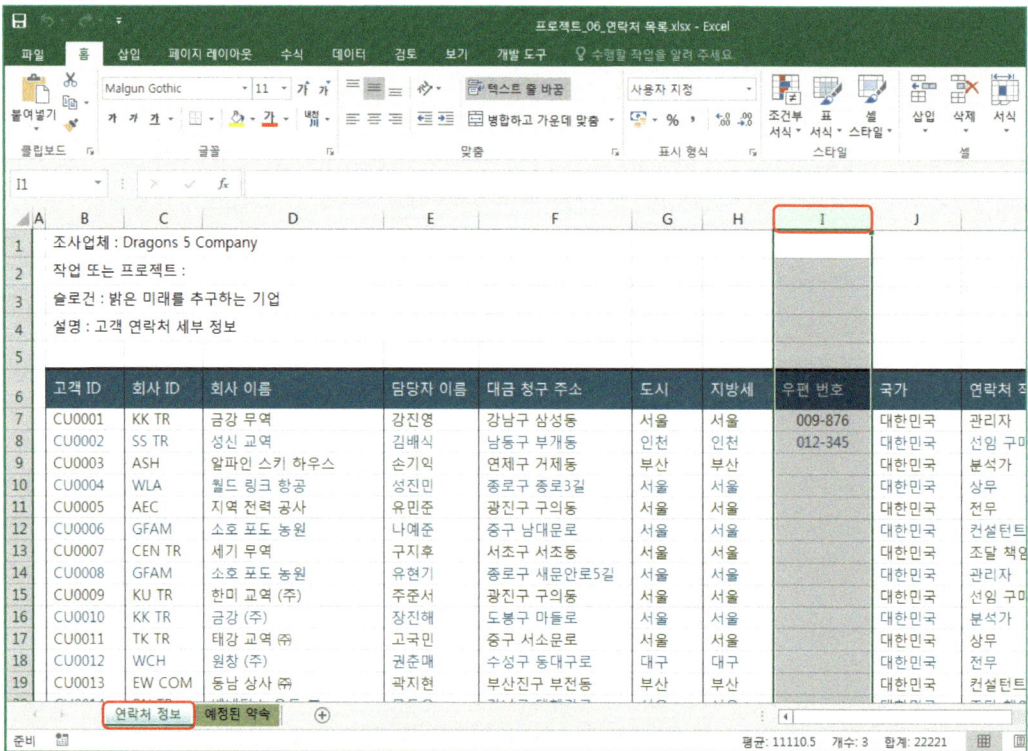

❷ 선택한 열 머리글에서 오른쪽 버튼을 클릭하고 [숨기기] 메뉴를 클릭한다.

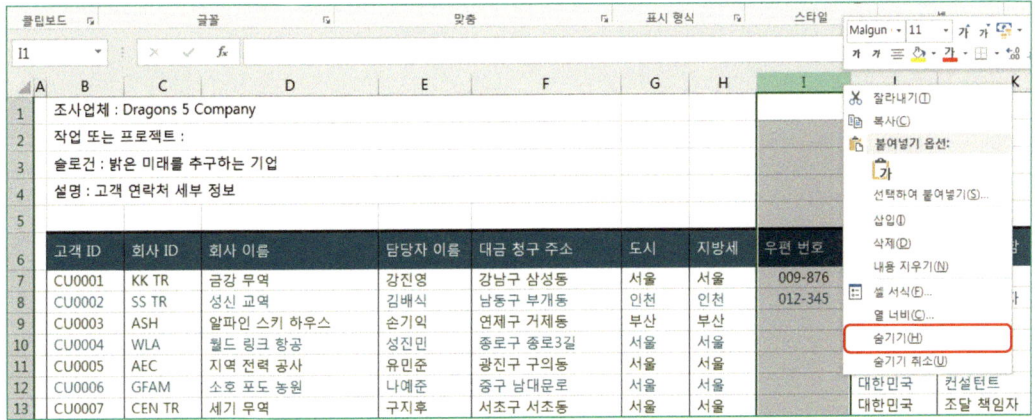

🖥️ STEP 2

"연락처 정보" 워크시트에서 함수를 사용하여 C열의 회사 ID가 소문자로 M열에 표시되도록 합니다.

❶ "연락처 정보" 워크시트에서 [M7] 셀을 클릭한다.
❷ =LOWER(C7) 작성된 것을 확인하고 Enter 키를 누른다.

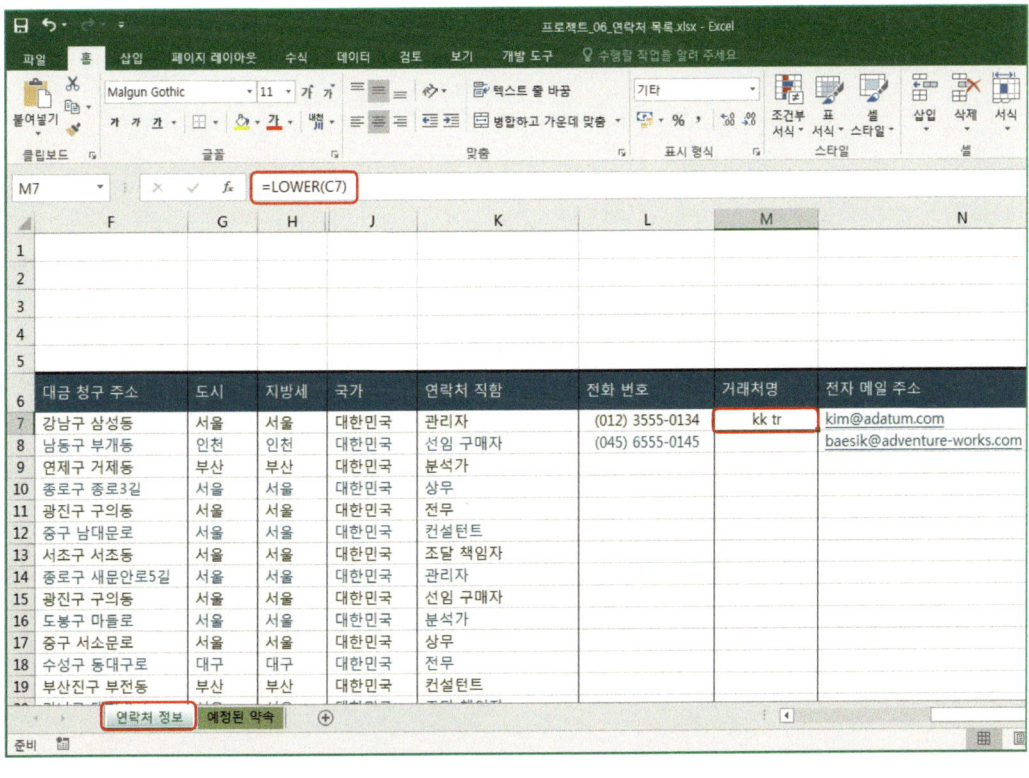

PROJECT 06 연락처 목록 171

❸ [M7] 셀을 선택하고 채우기 핸들로 [M33]까지 드래그 한다.

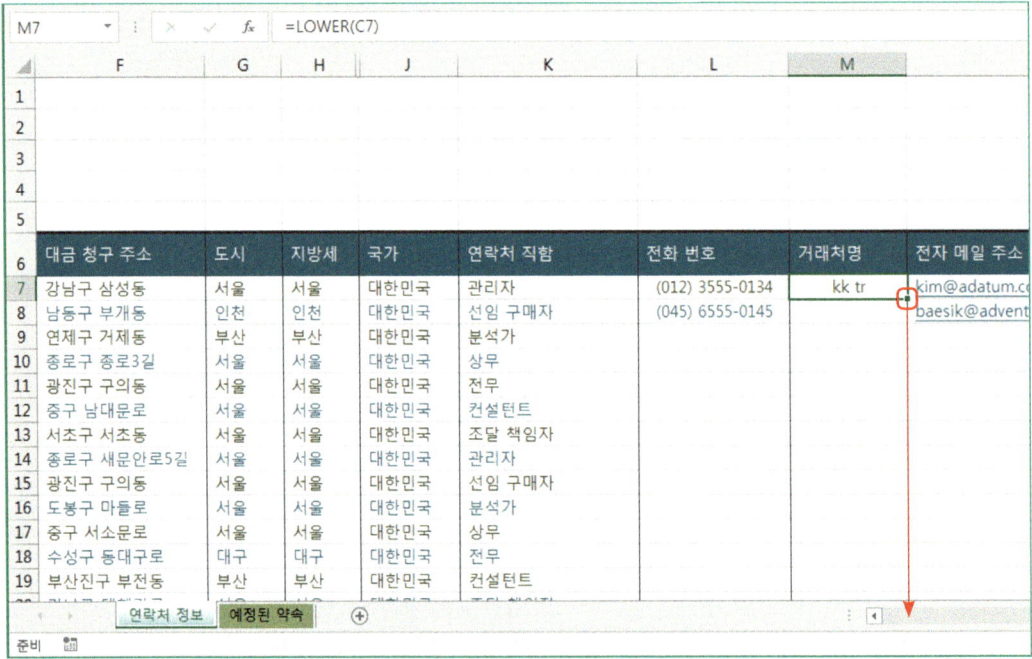

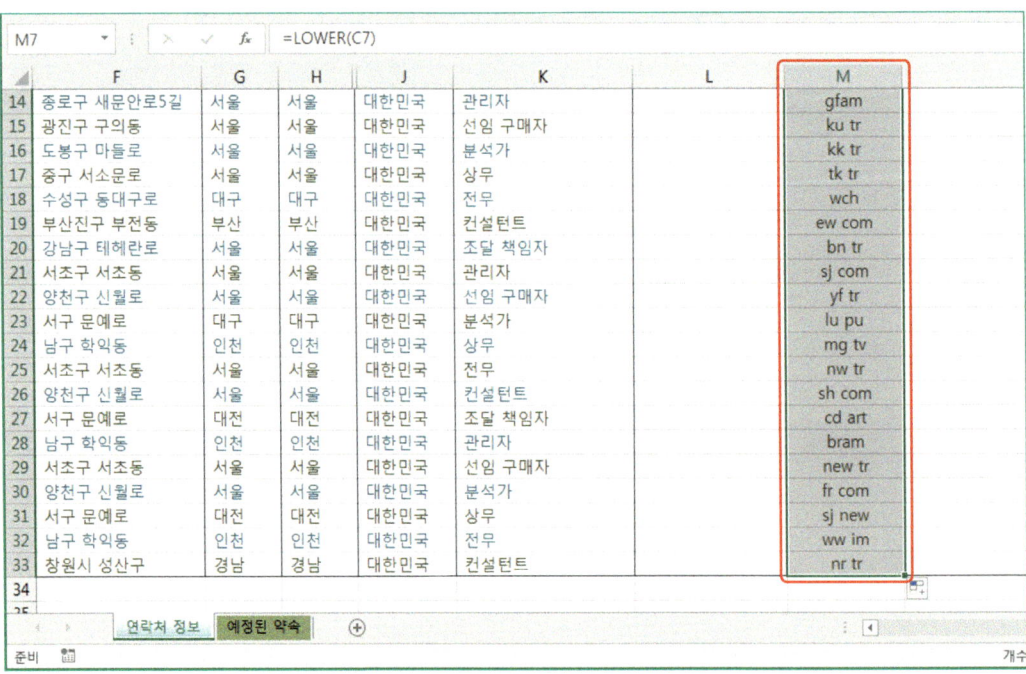

STEP 3

"lst_Company" 이름의 범위로 이동하여, 선택한 셀의 내용을 삭제합니다.

❶ [이름 상자] 목록을 클릭해서 'lst_Company' 선택한다.

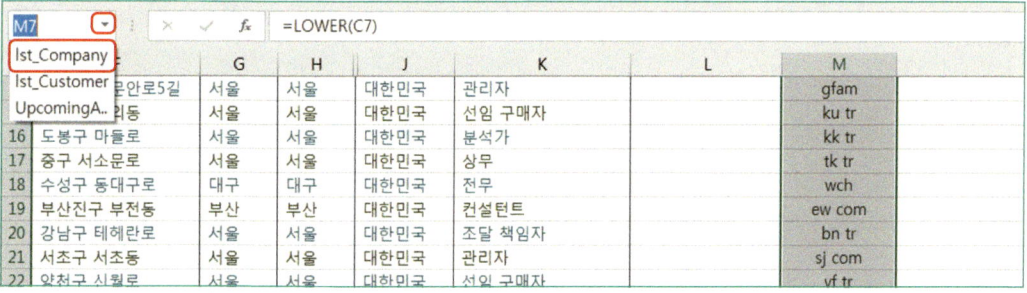

❷ 선택 된 범위에서 오른쪽 버튼을 클릭해서 [내용 지우기] 메뉴를 클릭한다.

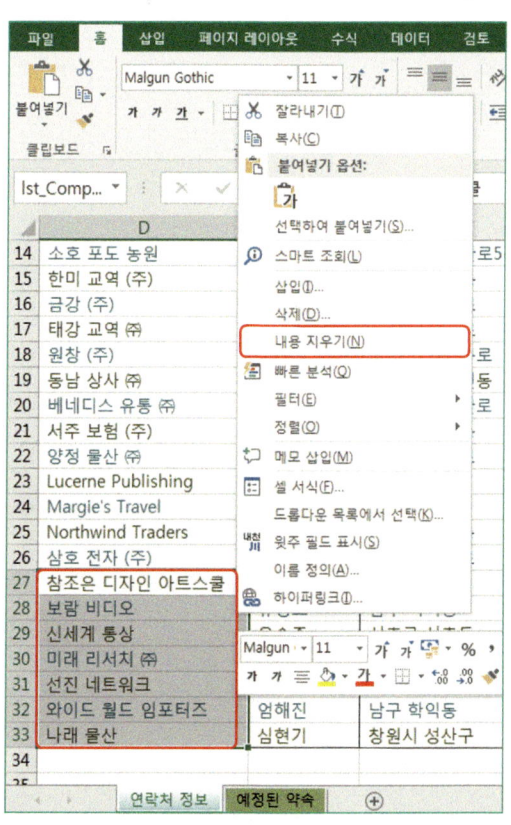

STEP 4

인쇄할 모든 페이지에 6행이 표시되도록 "연락처 정보" 시트를 구성합니다.

❶ "연락처 정보" 워크시트를 선택한다.

❷ [페이지 레이아웃] 탭 - [페이지 설정] 그룹 - [인쇄 제목] 메뉴를 클릭한다.

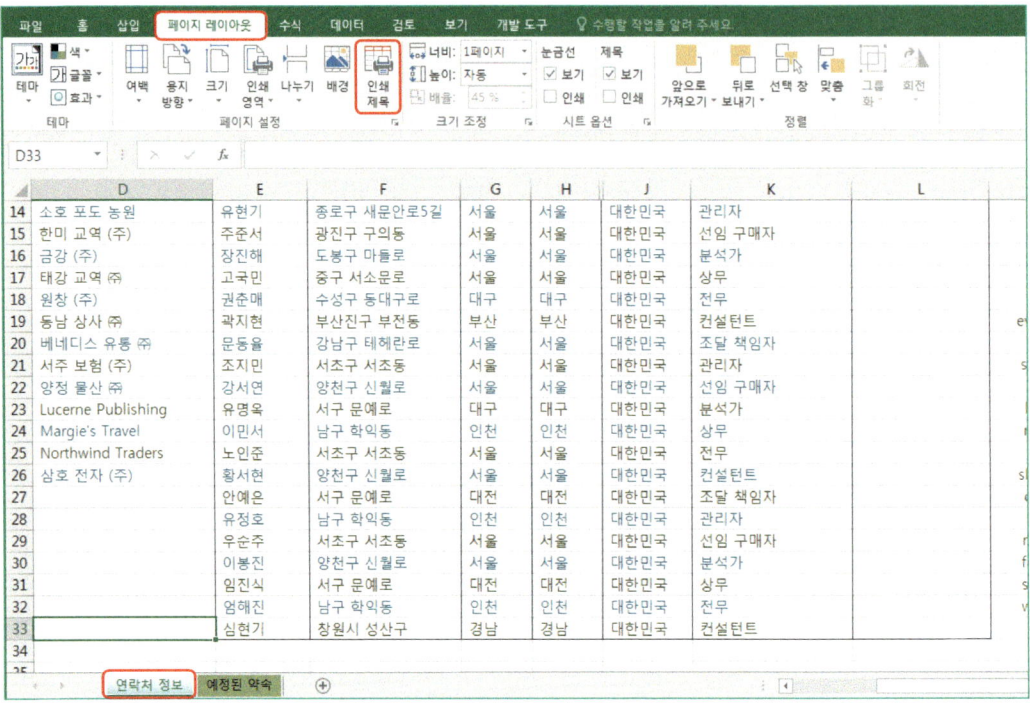

❸ [페이지 설정] 대화상자에서 인쇄 제목, 반복할 행 선택란으로 커서를 이동한다.

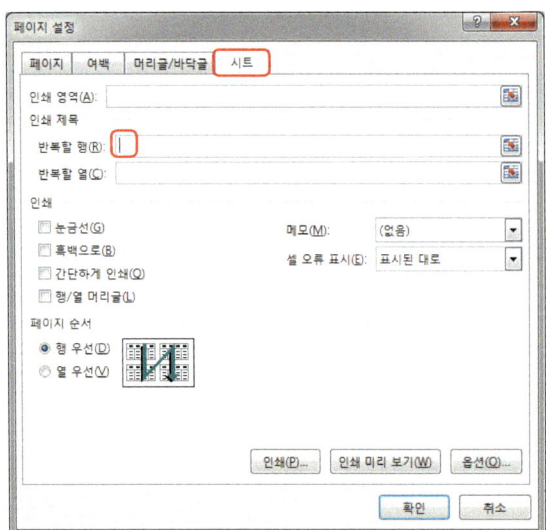

④ 워크시트에서 행 머리글 6행을 선택하고 [확인]을 클릭한다.

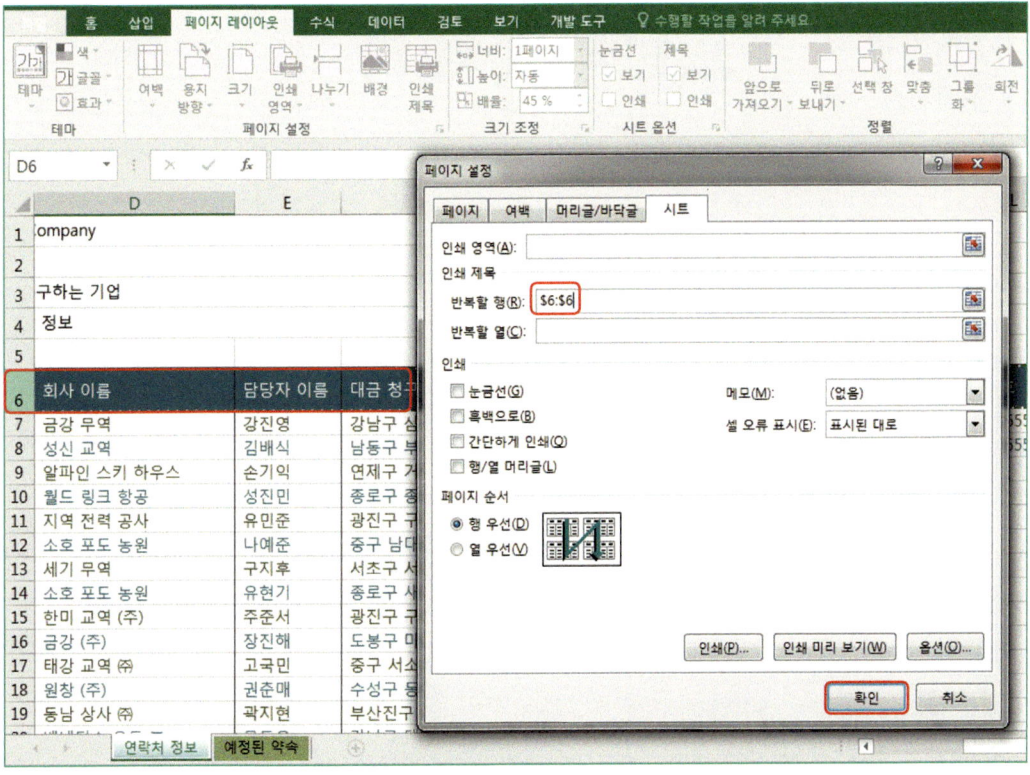

PROJECT 07 프로젝트 계획

준비파일 프로젝트_07_프로젝트 계획.xlsx, 업종별통계.txt   완성파일 프로젝트_07_프로젝트 계획_완성.xlsx

학습개요 당신은 법률 회사를 위한 프로젝트 계획을 진행하려고 합니다. 기존 통합문서를 업데이트해야 합니다.

STEP 1

"세부 정보" 워크시트의 B12 셀에 문서 폴더에 있는 업종별통계.txt 의 데이터를 가져옵니다. (모든 기본값을 수락합니다).

❶ "세부 정보" 워크시트에서 [B12] 셀을 클릭한다.
❷ [데이터] 탭 – [외부 데이터 가져오기] 그룹 – [텍스트] 메뉴를 클릭한다.

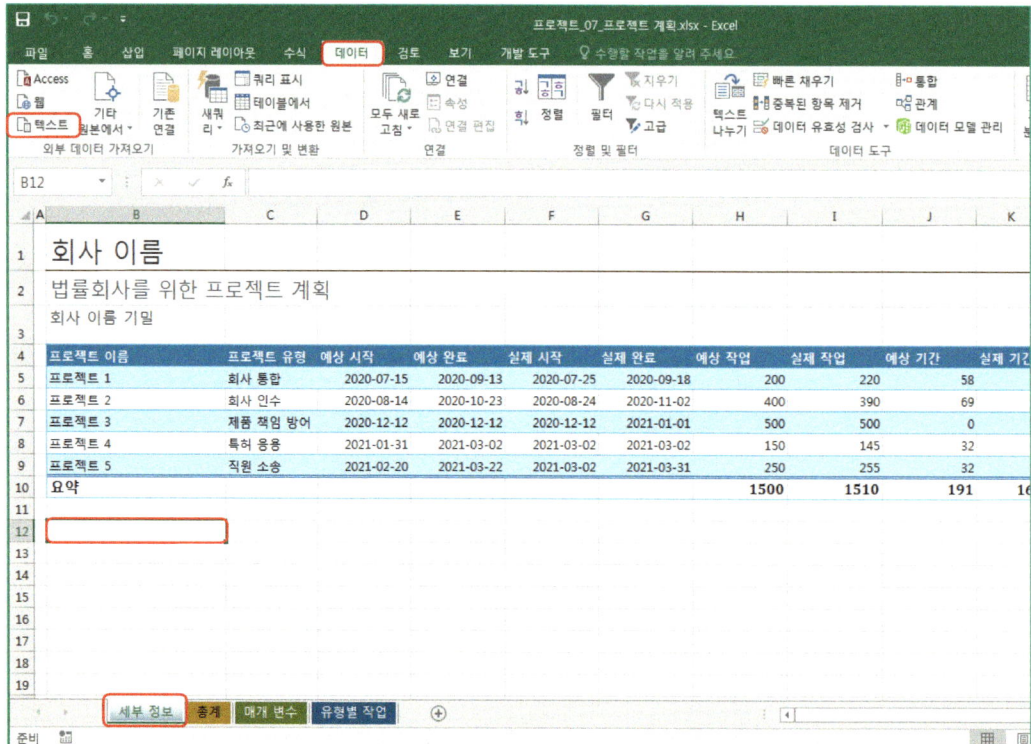

❸ [텍스트 가져오기] 불러오기 창에서 해당 파일(업종별통계.txt)을 선택하고 가져오기를 클릭한다.

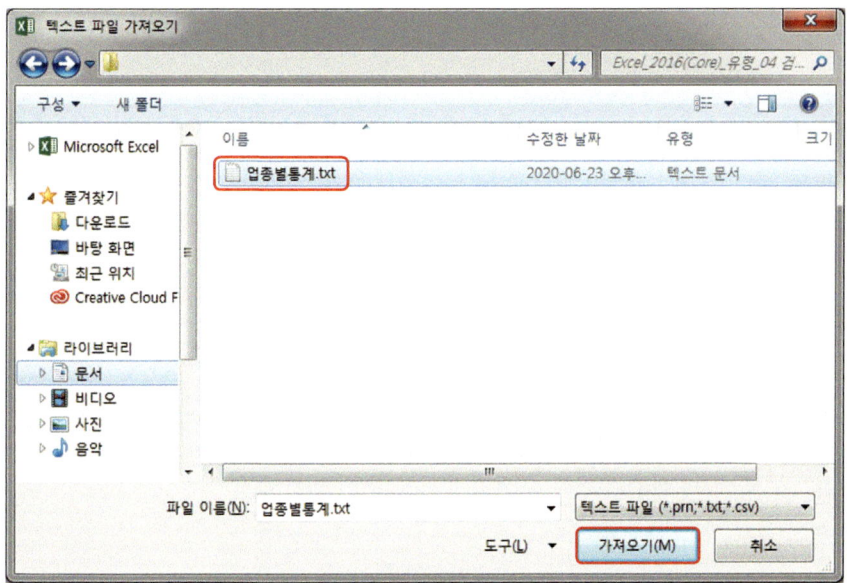

❹ [텍스트 마법사 – 3단계 중 1단계] 대화상자에서 '구분 기호로 분리됨' 선택

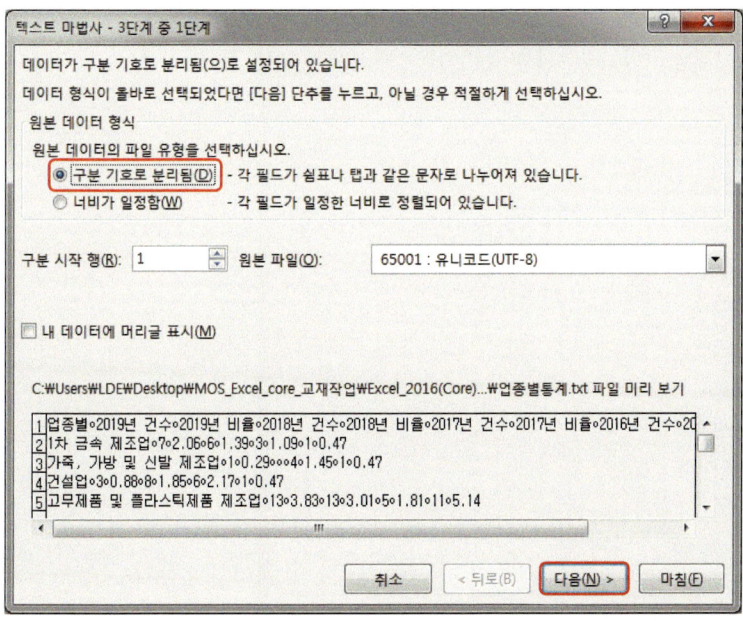

❺ [텍스트 마법사 – 3단계 중 2단계] 대화상자에서 '탭' 체크 설정 유지(기본 값)

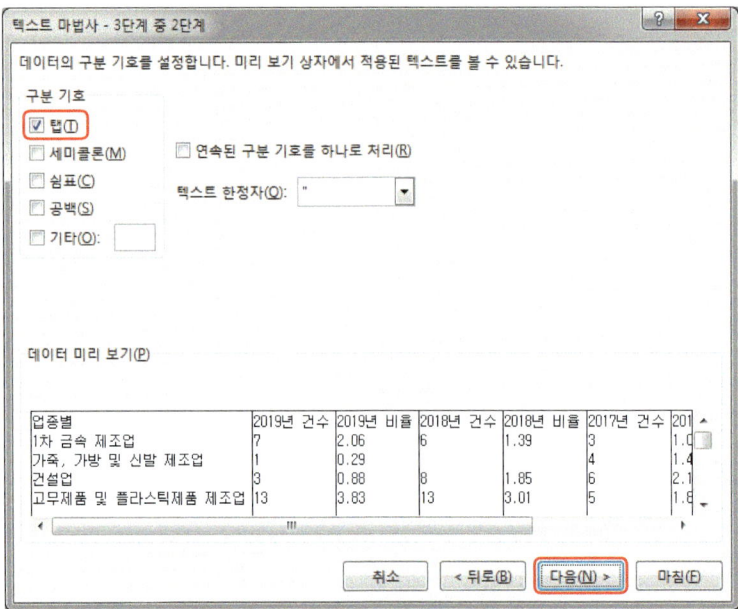

❻ [텍스트 마법사 – 3단계 중 3단계] 대화상자에서 기본 값 유지하고 [마침] 클릭한다.

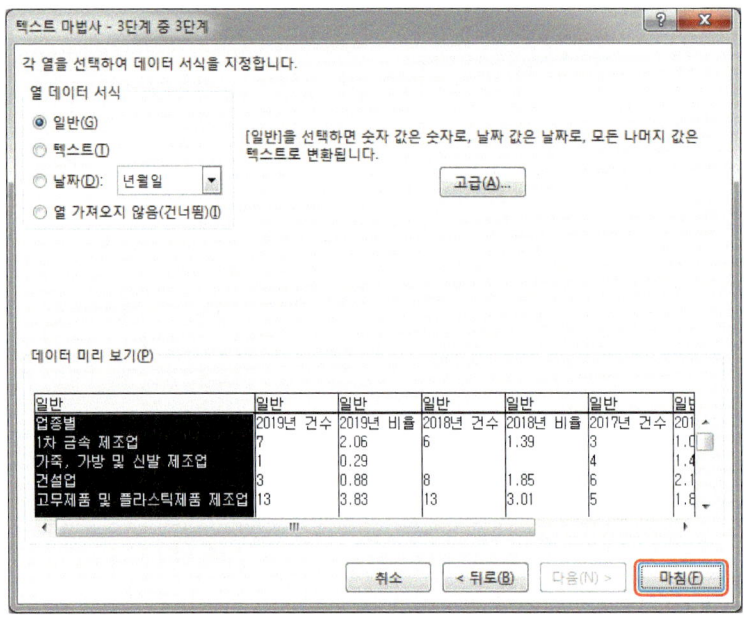

❼ [데이터 가져오기] 대화상자에서 기존 워크시트 '=$B$12' 확인 후 [확인] 클릭한다.

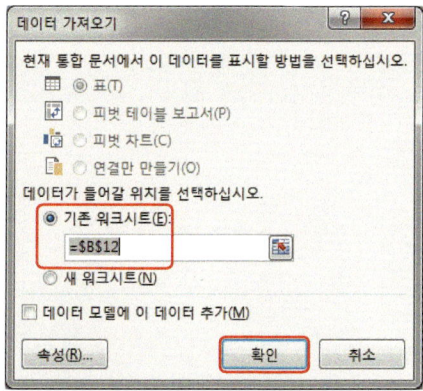

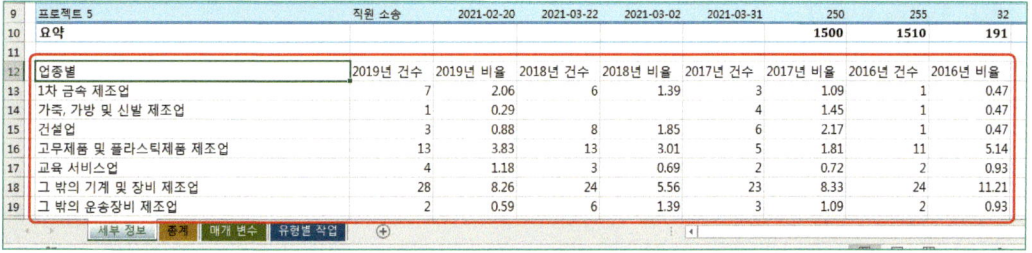

STEP 2

"매개 변수" 워크시트의 표에 보라, 표 스타일 보통 6을 적용합니다.

❶ "매개 변수" 워크시트에서 [B5] 셀을 클릭한다.

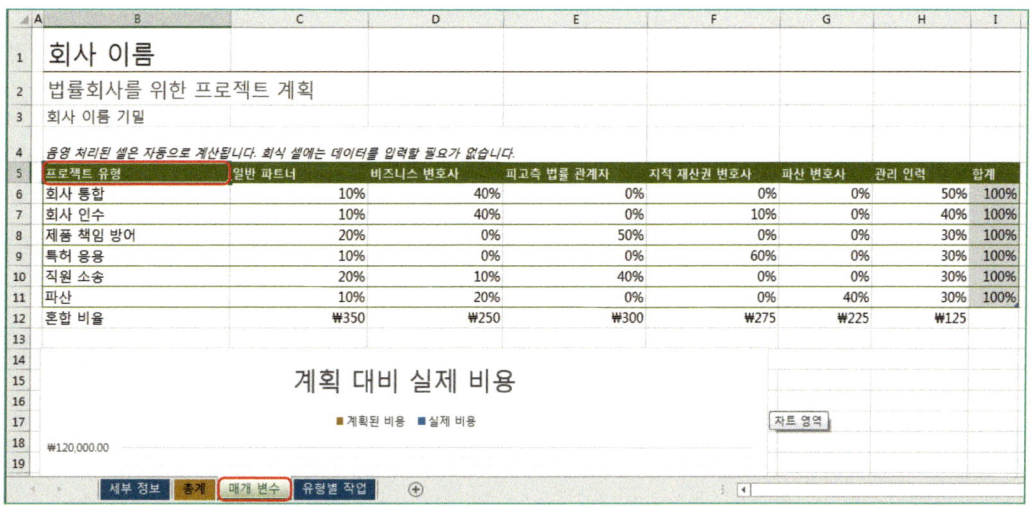

PROJECT 07 프로젝트 계획 179

❷ [홈] 탭 - [스타일] 그룹 - [표 서식] 메뉴를 클릭한다.
❸ 보통 영역에서 '표 스타일 보통 6'을 선택한다.

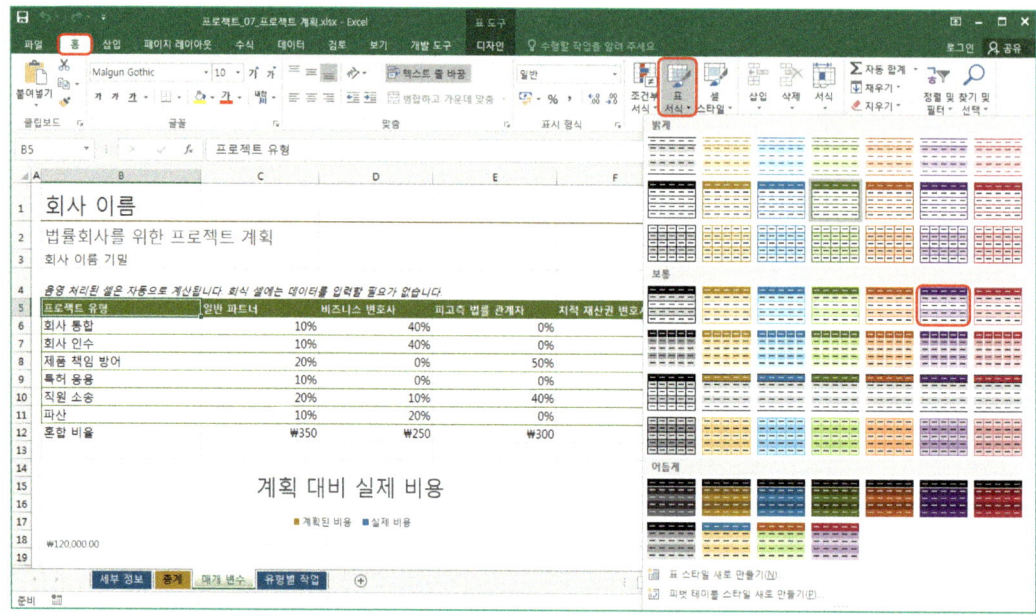

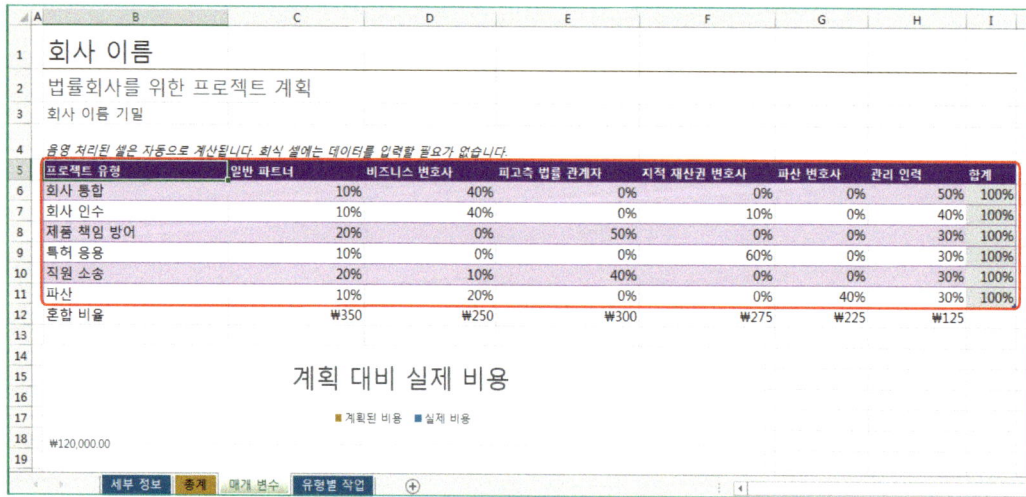

STEP 3

"매개 변수" 워크시트에서, 차트의 레이아웃을 레이아웃 5로 변경합니다. 가로축 제목으로 "자문 업체"를 추가합니다. 세로축 제목은 삭제합니다.

❶ "매개 변수" 워크시트에서 해당 차트를 선택한다.

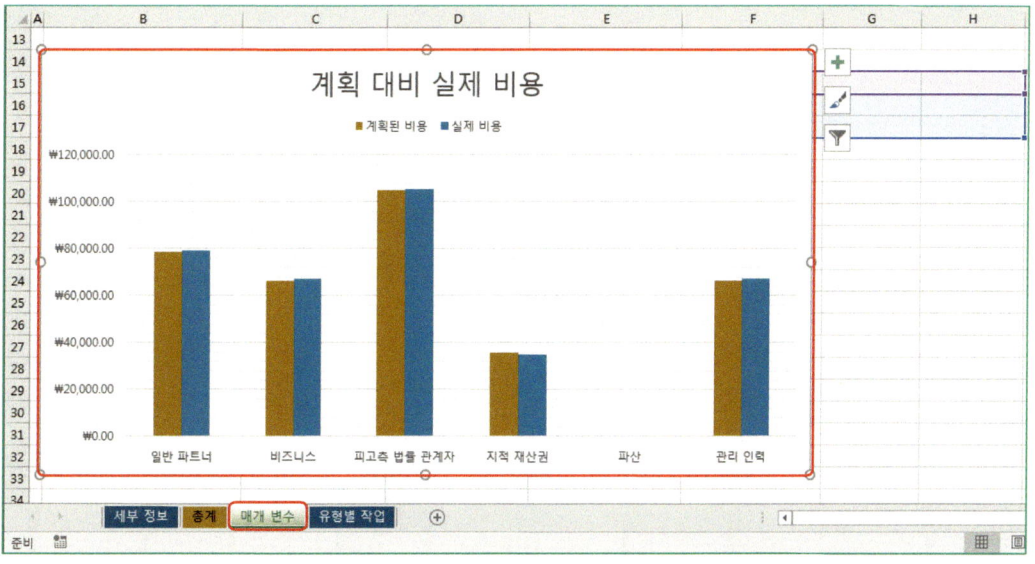

❷ [차트 도구] 상황 탭 – [디자인] 탭 – [빠른 레이아웃] 메뉴를 클릭한다.
❸ '레이아웃 5'를 선택한다.

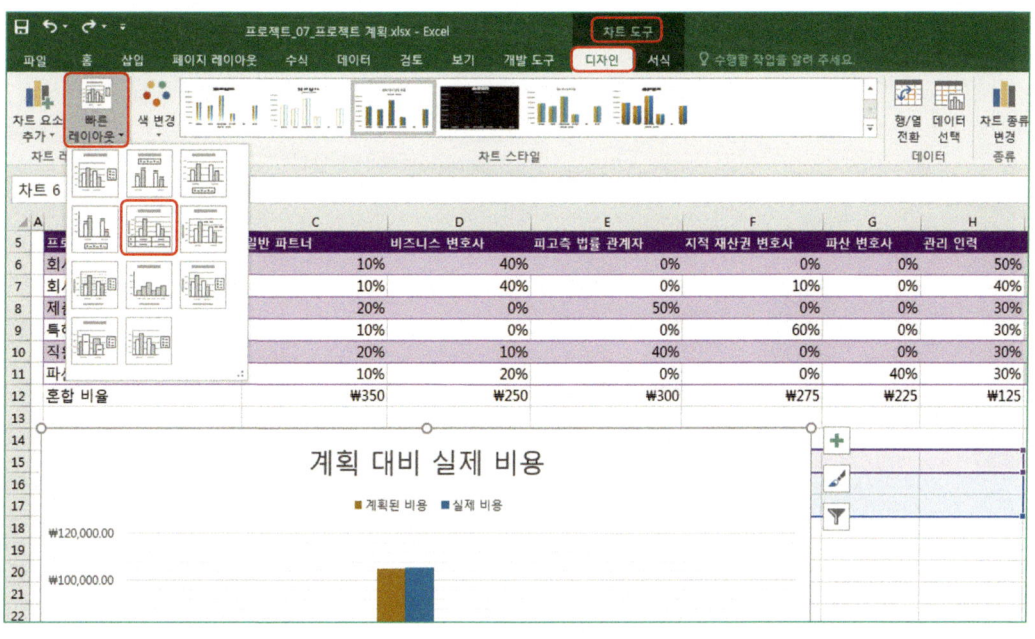

PROJECT 07 프로젝트 계획

❹ [차트 도구] 상황 탭 - [디자인] 탭 - [차트 요소 추가] 메뉴를 클릭한다.

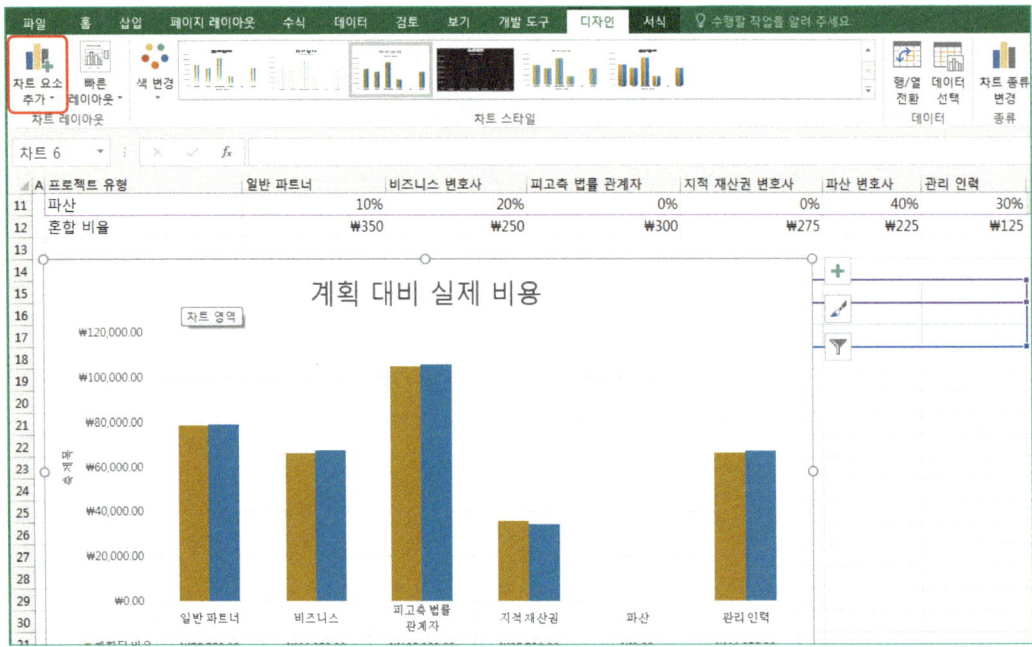

❺ [축 제목] 목록에 [기본 가로] 메뉴를 클릭하고, '자문업체"로 기존 이름(축 제목)을 변경하여 입력한다.

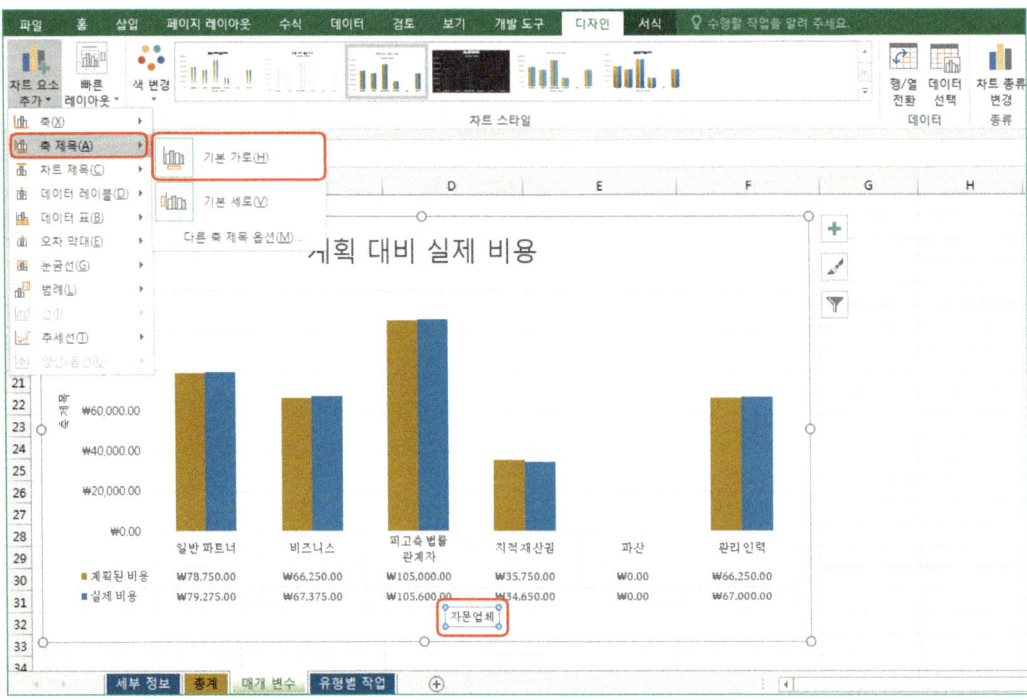

❻ [축 제목] 목록에 [기본 세로] 메뉴를 비활성으로 확인한다.

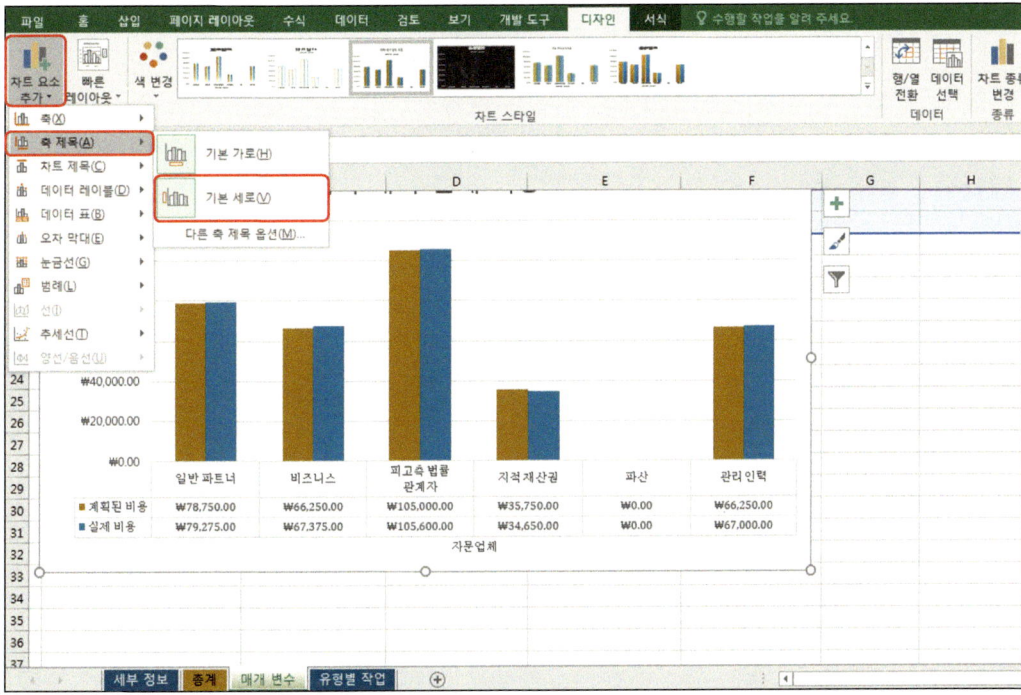

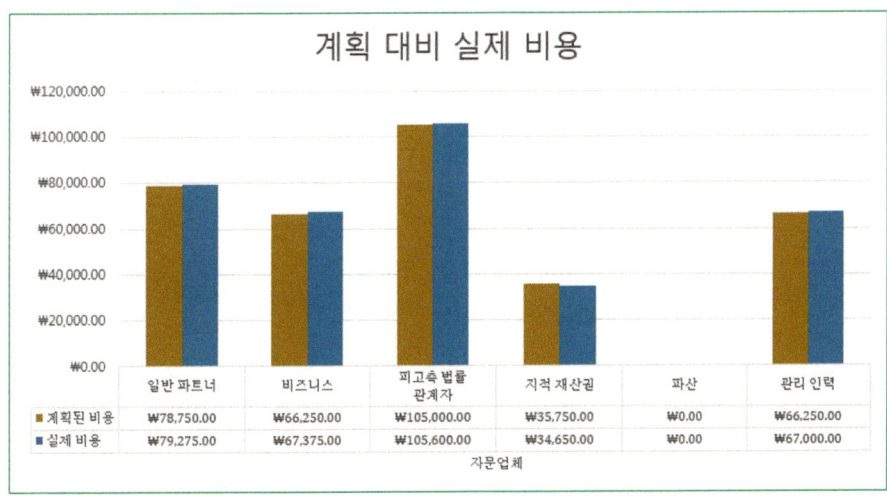

PROJECT 07 **프로젝트 계획** 183

🖥️ STEP 4

"총계" 워크시트의 차트를 "예상 비용 분석"이라는 이름의 새 시트로 이동합니다.

❶ "총계" 워크시트에서 해당 차트를 선택한다.

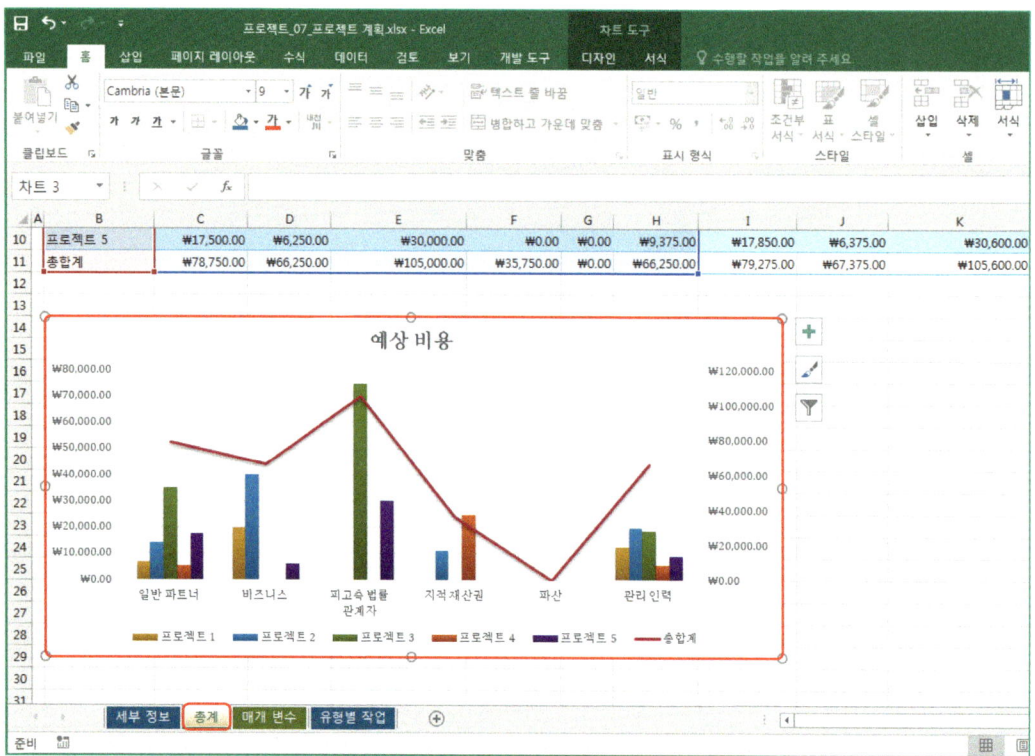

❷ [차트 도구] 상황 탭 – [디자인] 탭 – [위치] 그룹 – [차트 이동] 메뉴를 클릭한다.

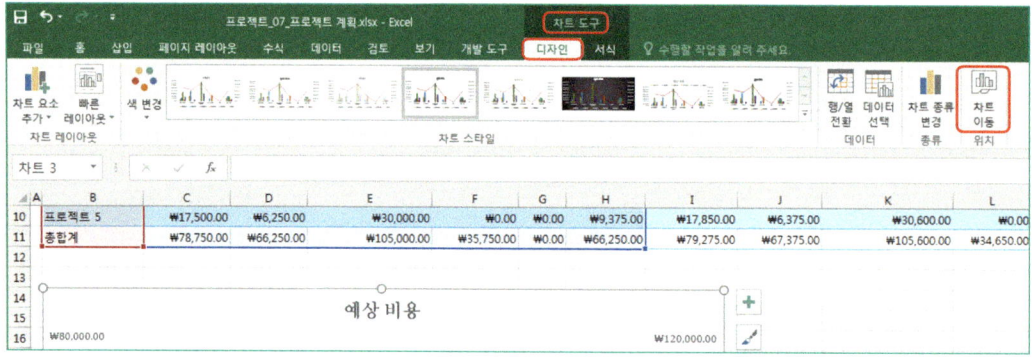

❸ [차트 이동] 대화상자에서 '새 시트'를 선택하고 입력란에 '예상 비용 분석'이라고 입력하고 [확인]을 클릭한다.

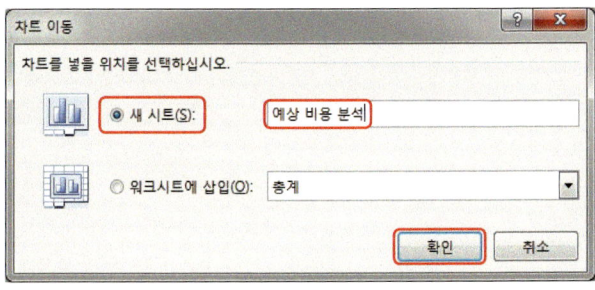

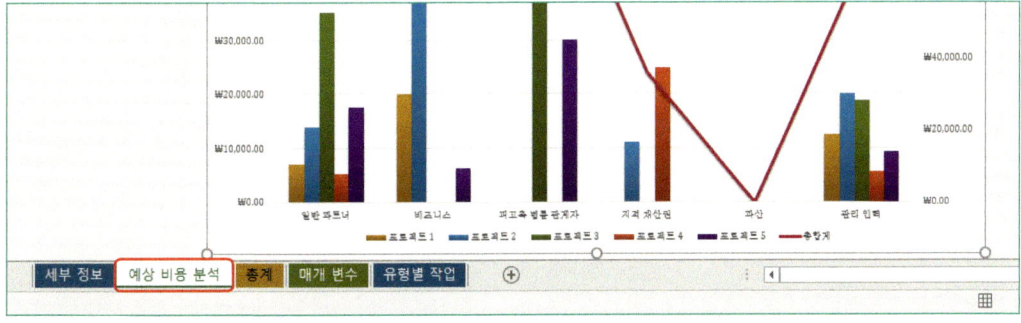

STEP 5

"유형별 작업" 워크시트에서 차트의 축의 데이터를 바꿉니다.

❶ "유형별 작업" 워크시트에서 해당 차트를 선택한다.

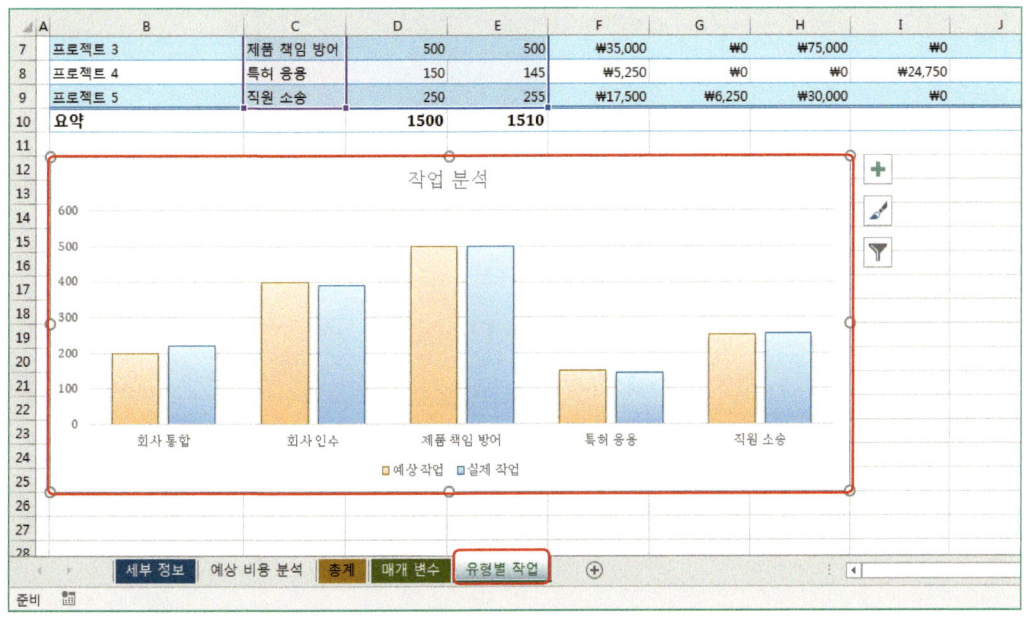

❷ [차트 도구] 상황 탭 – [디자인] 탭 – [데이터] 그룹 – [행/열 전환] 메뉴를 클릭한다.

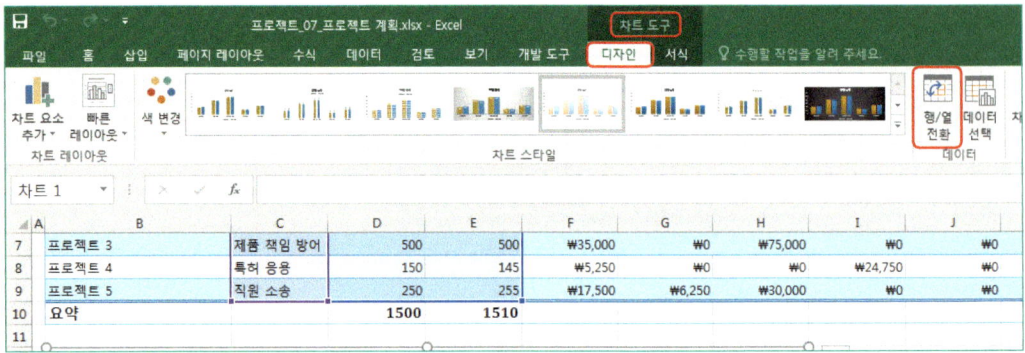

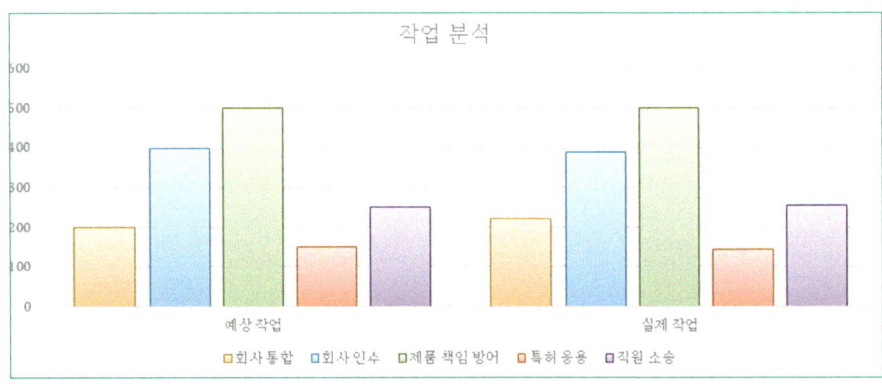

모의고사

PROJECT 01 도서 재고 현황

준비파일 프로젝트_01_도서 재고 현황.xlsx   완성파일 프로젝트_01_도서 재고 현황_완성.xlsx

 당신은 각 학교와 기관에 주문한 도서의 재고를 파악하는 업무를 담당하고 있습니다. 납품되는 도서를 분류하여 통합문서를 업데이트하고 있습니다.

STEP 1

"도서분류" 워크시트에서, 한 행씩 번갈아 음영 처리되도록 표의 서식을 지정합니다. 새 행을 삽입할 경우, 지정된 서식이 자동으로 업데이트되도록 합니다.

STEP 2

"도서분류" 워크시트에서 남산로의 주소가 처음 나오고, 중앙로의 주소가 다음에 오도록 표를 정렬합니다. 그런 다음, 각 도서를 "출판사" 필드를 기준으로 내림차순으로 정렬합니다. 마지막으로, 각 도서를 "순번" 필드를 기준으로 오름차순으로 정렬합니다.

STEP 3

"도서분류" 워크시트에서 Excel 함수를 사용하는 수식을 셀 L2에 입력하여 "도서수" 열의 값을 기준으로 도서의 평균 개수를 계산합니다.

STEP 4

"도서정보" 워크시트에서, "무게" 열의 값이 소수점 이하 2자리까지 표시되도록 숫자 형식을 적용합니다.

STEP 5

"희망도서" 워크시트에서, 자동 서식 지정 방법을 사용하여 평균 미만인 값에 진한 녹색 텍스트가 있는 녹색 채우기가 적용되도록 "납부금액" 열의 셀에 서식을 지정합니다.

STEP 6

"희망도서" 워크시트에서, Excel 함수를 사용하여 가장 적은 "가격" 값을 갖는 최소 도서 "가격" 값을 찾아내는 수식을 셀 J2에 입력합니다.

STEP 7

"도서등록" 워크시트에서, Excel 데이터 도구를 사용하여 표의 중복 "구분기호" 값을 갖는 모든 레코드를 제거합니다. 그 밖의 다른 레코드는 제거하지 마십시오.

PROJECT 02 위생용품 기부

준비파일 프로젝트_02_위생용품 기부.xlsx, 기부정보.txt   완성파일 프로젝트_02_위생용품 기부_완성.xlsx

 귀하는 대한민국 클린컴퍼니라는 회사의 직원입니다. 귀하는 기부 목록을 포함한 통합문서를 업데이트하고 있습니다.

STEP 1

"손소독용품 기부목록" 워크시트의 셀 A4부터 문서 폴더에 있는 기부정보.txt 파일을 탭 구분 기호를 사용해서 가져옵니다(모든 기본값을 수락합니다).

STEP 2

"제외대상" 이름의 범위로 이동하여, 선택한 셀의 내용을 삭제합니다.

STEP 3

"생필품 기부목록"이라는 이름의 새 워크시트를 통합문서에 추가합니다.

STEP 4

"손소독용품 기부목록" 워크시트에서, 셀 A3에 전자메일 주소 "ppogaegi@ybm.net"에 연결되도록 하이퍼링크를 삽입합니다.

STEP 5

"손소독용품 기부목록"가 첫 번째가 되도록 워크시트를 정렬합니다.

PROJECT 03 목재 종류와 재고

준비파일 프로젝트_03_목재 종류와 재고.xlsx   완성파일 프로젝트_03_목재 종류와 재고_완성.xlsx

 당신은 조경 회사에서 목재 종류별 재고 자료를 업데이트하고 있습니다.

STEP 1

상하 여백을 2.45cm로, 좌우 여백을 1.57cm로, 머리글과 바닥글의 여백을 1.38cm로 변경합니다.

STEP 2

14행과 15행을 숨깁니다.

STEP 3

아래로 스크롤할 때 6행과 WordArt가 항상 표시되도록 워크시트를 설정합니다.

STEP 4

스프레드시트에서 접근성 문제를 확인합니다. "목재 종류와 재고"를 대체 텍스트 제목으로 추가하여 오류를 수정합니다. 경고를 수정할 필요가 없습니다.

PROJECT 04 중고 컴퓨터 재고

준비파일 프로젝트_04_핸드폰 해외 납품.xlsx   완성파일 프로젝트_04_핸드폰 해외 납품_완성.xlsx

 당신은 핸드폰 대리점을 관리하고 있으며, 중고 물품에 대한 해외 납품을 재고 목록을 준비해야 합니다.

STEP 1

인쇄할 모든 페이지에 5행의 열 제목이 표시되도록 "제품 정보" 워크시트를 구성합니다.

STEP 2

"그레이"라는 텍스트를 "올리브그레이"라는 텍스트로 모두 교체합니다.

STEP 3

할인액은 해당 가격의 90%입니다. H열에 각 컴퓨터의 할인액이 표시되도록 수정합니다.

STEP 4

텍스트가 두 줄로 표시되도록 F24 셀의 서식을 지정합니다.

STEP 5

"제품 정보" 워크시트의 표에 블루, 표 스타일 보통 25를 적용합니다.

PROJECT 05 평생 교육 프로그램

준비파일 프로젝트_05_평생교육프로그램.xlsx 완성파일 프로젝트_05_평생교육프로그램_완성.xlsx

 지역 평생교육 프로그램에서는 중고등생, 대학생을 대상으로 건강 증진 프로그램 관심도를 알아보기 위해 지난 4년 간의 등록 추이를 분석하고자 합니다.

STEP 1

"중고등생" 워크시트에서, 지난 4년간의 등록 현황을 표시하는 열 스파크라인을 G열에 삽입합니다.

STEP 2

"대학생" 워크시트에서 A5:F15 셀 범위로부터 표를 작성합니다. 행 5를 머리글로 포함시킵니다.

STEP 3

"분석" 워크시트의 숨김을 취소합니다.

STEP 4

"중고등생_등록" 표에 대체 텍스트 제목 "중고생 등록"을 추가합니다.

PROJECT 06 산행 동호회

준비파일 프로젝트_06_추동 산행 동호회.xlsx   완성파일 프로젝트_06_추동 산행 동호회_완성.xlsx

 당신은 '추동'이라는 이름의 산행 동호회 회장입니다. 하반기 예약 내역을 정리하고 있는 중입니다.

🖱 STEP 1

"12월~2월" 워크시트의 셀 H22에서, 행의 순서가 변경된 경우에도 10명 이상을 포함하는 그룹 인원수를 계산하는 함수를 삽입합니다.

🖱 STEP 2

"12월~2월" 워크시트의 셀 H23에서, 행의 순서가 변경된 경우에도 10명 이상을 포함하는 그룹에 대해서만 "총합" 열에서의 참가비 합계를 계산하는 함수를 삽입합니다.

🖱 STEP 3

"12월~2월" 워크시트의 셀 C6에서, 고객의 "성"과 "이름"사이에 쉼표와 공백을 삽입하여 연결하는 함수를 입력합니다(예: 길동, 홍).

🖱 STEP 4

"9월~11월" 워크시트의 표에서 표 기능을 제거합니다. 데이터의 셀 서식 지정과 위치를 유지합니다.

🖱 STEP 5

"9월~11월" 워크시트의 바닥글 가운데에 ?페이지 중 1페이지 형식을 사용하여 페이지 번호 매기기를 삽입합니다.

PROJECT 07 대형 할인 매장

준비파일 프로젝트_07_대형 할인 매장.xlsx 완성파일 프로젝트_07_대형 할인 매장_완성.xlsx

 당신은 대형 할인 매장에서 근무합니다. 하반기 3개월간 판매된 제품의 수량과 종류를 나타내는 차트를 작성 및 수정하고 있습니다.

STEP 1

"월초" 워크시트에서, "구분" 및 "총합" 열에 있는 데이터만을 사용하여 3차원 원형 차트를 작성합니다. 새 차트를 막대 차트의 오른쪽에 배치합니다.

STEP 2

"월초" 워크시트에서, "최대 판매량" 막대 차트에 "3월" 데이터를 범례 항목으로 추가합니다. "건강식품", "생활잡화" 및 "귀금속"에 대해서만 데이터를 포함시킵니다.

STEP 3

"월말" 워크시트에서, 막대 차트의 제목을 "주력 상품"으로 추가합니다. 세로축의 제목을 "월말총매출"로, 가로축의 제목을 "월말추이"로 지정합니다.

STEP 4

"월말" 워크시트에서, 3차원 원형 차트에 스타일은 스타일 3으로, 색은 단색 색상표 8을 적용합니다.

STEP 5

"월초" 워크시트에서, 첫 번째 꺾은선형 차트에 행과 열을 바꿉니다.

모의고사 해설

PROJECT 01 도서 재고 현황

STEP 1

① "도서분류" 워크시트에서 [A1] 셀을 클릭한다.
② [표 도구] 상황 탭 – [디자인] 탭 – [표 스타일 옵션] 그룹 – '줄무늬 행' 체크 설정

STEP 2

① "도서분류" 워크시트에서 [A1] 셀을 클릭한다.
② [데이터] 탭 – [정렬 및 필터] 그룹 – 정렬 클릭한다.
③ 첫 번째 기준 – 주소, 정렬 – 오름차순 선택 – [기준 추가] 단추 클릭
④ 두 번째 기준 – 출판사, 정렬 – 내림차순 선택
⑤ 세 번째 기준 – 순번, 정렬 – 오름차순 선택 후 확인 클릭한다.

STEP 3

① "대여현황" 워크시트에서 [L2] 셀을 클릭한다.
② =AVERAGE(H2:H300) 작성된 것을 확인하고 Enter 키를 누른다.
  (참고 : 실제 작성된 모양 => =AVERAGE(고객표[도서수]))

STEP 4

① "도서정보" 워크시트를 클릭한다.
② [D2:D45] 범위를 지정한다.
③ [홈] 탭 – [셀] 그룹 – [셀 서식] 메뉴 클릭한다.
④ [셀 서식] 대화상자에서 [표시 형식] 탭 – [범주] 목록 중에서 [숫자] 선택, 소수 자릿수 값을 '2'로 입력 후 확인을 클릭한다.

STEP 5

① "희망도서" 워크시트를 클릭한다.
② [G2:G253] 범위를 지정한다.
③ [홈] 탭 – [스타일] 그룹 – [조건부 서식] 메뉴 클릭한다.

❹ [상위/하위 규칙] – [평균 미만] 선택한다.
❺ 적용할 서식 목록에서 '진한 녹색 텍스트가 있는 녹색 채우기'를 선택하고 확인을 클릭한다.

🖱 STEP 6

❶ "희망도서" 워크시트에서 [J2] 셀을 클릭한다.
❷ =MIN(E2:E253) 작성된 것을 확인하고 Enter 키를 누른다.

🖱 STEP 7

❶ "도서등록" 워크시트에서 [A1] 셀을 클릭한다.
❷ [데이터] 탭 – [데이터 도구] 그룹 – [중복된 항목 제거] 메뉴 클릭한다.
❸ [모든 선택 취소] 클릭 후 열 목록 중 '구분기호' 만 체크 설정하고 [확인]을 클릭한다.
❹ 팝업 창이 나타나면 확인을 클릭한다.

PROJECT 02 위생용품 기부

🖱 STEP 1

❶ "손소독용품 기부목록" 워크시트에서 [A4] 셀을 클릭한다.
❷ [데이터] 탭 – [외부 데이터 가져오기] 그룹 – [텍스트] 메뉴를 클릭한다.
❸ [텍스트 가져오기] 불러오기 창에서 해당 파일(기부자.txt)을 선택하고 가져오기를 클릭한다.
❹ [텍스트 마법사 – 3단계 중 1단계] 대화상자에서 '구분 기호로 분리됨' 선택 – [다음] 클릭한다.
❺ [텍스트 마법사 – 3단계 중 2단계] 대화상자에서 '탭' 체크 설정 – [다음] 클릭한다.
❻ [텍스트 마법사 – 3단계 중 3단계] 대화상자에서 기본 값 유지하고 [마침] 클릭한다.
❼ [데이터 가져오기] 대화상자에서 기존 워크시트 '=$A$4' 확인 후 [확인] 클릭한다.

🖱 STEP 2

❶ [이름 상자] 목록을 클릭해서 '제외대상' 선택한다.
❷ 선택 된 범위에서 오른쪽 버튼을 클릭해서 [삭제] 메뉴를 클릭한다.
❸ [삭제] 대화상자에서 '셀을 위로 밀기'를 선택하고 [확인]을 클릭한다.

STEP 3

① 좌측 하단 시트 목록 끝에 '⊕' 를 클릭한다.
② 'Sheet1' 선택 후 오른쪽 버튼, [이름 바꾸기] 메뉴 선택한다.
③ 시트 이름을 '생필품 기부목록' 입력 후 Enter 키를 누른다.

STEP 4

① "손소독용품 기부목록" 워크시트에서 [A3] 셀을 클릭한다.
② [삽입] 탭 – [링크] 그룹 – [하이퍼 링크] 메뉴를 클릭한다.
③ [하이퍼링크 삽입] 대화상자에서 연결 대상 – '전자 메일 주소' 클릭한다.
④ [전자 메일 주소] 입력란에 'ppogaegi@ybm.net' 을 입력하고 [확인]을 클릭한다.

STEP 5

① 좌측 하단 시트 목록 에서 "손소독용품 기부목록" 워크시트를 선택한다.
② 해당 시트를 드래그 하여 시트 맨 앞으로 이동한다.

PROJECT 03 목재 종류와 재고

STEP 1

① [페이지 레이아웃] 탭 – [페이지 설정] 그룹 – [여백] – [사용자 지정 여백] 메뉴를 클릭한다.
② [페이지 설정] 대화상자에서 [여백] 탭 위치 확인한다.
③ 위쪽, 아래쪽 : '2.45', 왼쪽, 오른쪽 : '1.57', 머리글, 바닥글 : '1.38'을 입력하고 [확인]을 클릭한다.

STEP 2

① 행 머리글 14, 15행을 선택한다.
② 선택한 행 머리글에서 오른쪽 버튼을 클릭하고 [숨기기] 메뉴를 클릭한다.

STEP 3

❶ 행 머리글 7행을 선택한다.
❷ [보기] 탭 – [창] 그룹 – [틀 고정] 메뉴를 선택한다.
❸ [틀 고정] 클릭한다.

STEP 4

❶ [파일] – [문제 확인] – [접근성 검사] 메뉴를 클릭한다.
❷ 오류 항목 아래 '그룹 9(재고파악)'을 클릭한다.
❸ 워크시트 안에 선택된 그룹을 선택하고 오른쪽 버튼을 클릭한 후 [그림 서식] 메뉴를 선택한다.
❹ [그림 서식] 창 – 크기 및 속성(3번째) – 대체 텍스트 선택한다.
❺ 제목 입력란에 '목재 종류와 재고'를 입력한다.

PROJECT 04 중고 컴퓨터 재고

STEP 1

❶ [페이지 레이아웃] 탭 – [페이지 설정] 그룹 – [인쇄 제목] 메뉴를 클릭한다.
❷ [페이지 설정] 대화상자에서 [인쇄 제목] – [반복할 행] 선택란으로 커서를 이동한다.
❸ 워크시트에서 행 머리글 5행을 선택하고 [확인]을 클릭한다.

STEP 2

❶ [홈] 탭 – [편집] 그룹 – [찾기 및 선택] – [바꾸기] 메뉴를 선택한다.
❷ 찾을 내용 입력란에 '그레이'를 입력한다.
❸ 바꿀 내용 입력란에 '올리브그레이'를 입력하고 [모두 바꾸기] 클릭, [확인]을 클릭한다.
❹ [찾기 및 바꾸기] 대화상자에서 [닫기]를 클릭한다.

STEP 3

❶ [H6] 셀을 클릭한다.

❷ =E6 * 90% 작성된 것을 확인하고 Enter 키를 누른다.
   (참고 : 실제 작성된 모양 => =재고[@제품가격]*90%)
❸ [H6] 셀을 선택하고 채우기 핸들로 [H21]까지 드래그 한다.

STEP 4

❶ [F24] 셀을 클릭한다.
❷ [홈] 탭 - [셀] 그룹 - [서식] - [셀 서식] 메뉴를 클릭한다.
❸ [셀 서식] 대화상자에서 [맞춤] 탭으로 이동한다.
❹ 텍스트 조정 - 텍스트 줄 바꿈에 체크 설정을 하고 [확인]을 클릭한다.

STEP 5

❶ [A5] 셀을 클릭한다.
❷ [홈] 탭 - [스타일] 그룹 - [표 서식] 메뉴를 클릭한다.
❸ 밝게 영역에서 '표 스타일 보통 25'를 선택한다.

PROJECT 05 평생 교육 프로그램

STEP 1

❶ "성인반" 워크시트에서 [G6:G15] 범위를 지정한다.
❷ [삽입] 탭 - [스파크라인] 그룹 - [열] 메뉴를 클릭한다.
❸ [스파크라인 만들기] 대화상자에서 데이터 범위 선택란에서 'B6:F15' 범위를 지정하고 [확인]을 클릭한다.

STEP 2

❶ "대학생" 워크시트에서 [A5:F15] 범위를 지정한다.
❷ [삽입] 탭 - [표] 그룹 - [표] 메뉴를 클릭한다.
❸ [표 만들기] 대화상자에서 '머리글 포함' 체크 설정하고 [확인]을 클릭한다.

🖥 STEP 3

① 좌측 하단 시트 목록 중에 임의의 시트를 선택하고 오른쪽 버튼을 클릭한다.
② 메뉴 목록에서 '숨기기 취소'를 클릭한다.
③ [숨기기 취소] 대화상자에서 '분석'을 선택하고 [확인]을 클릭한다.

🖥 STEP 4

① "중고등생" 워크시트에서 [A5] 셀을 클릭한다.
② 마우스 우 클릭 바로 가기 메뉴 – [표] – [대체 텍스트]를 클릭한다.
③ 대체 텍스트 대화상자에서 [제목] 입력란에 '중고생 등록'을 입력한 후 [확인]을 클릭한다.

PROJECT 06 산행 동호회

🖥 STEP 1

① "12월~2월" 워크시트에서 [H22] 셀을 클릭한다.
② =COUNTIF(F6:F17, ">=10") 작성된 것을 확인하고 Enter 키를 누른다.
   (참고 : 실제 작성된 모양 => =COUNTIF(겨울[그룹 인원],">=10"))

🖥 STEP 2

① "12월~2월" 워크시트에서 [H23] 셀을 클릭한다.
② =SUMIF(F6:F17, ">=10", H6:H17) 작성된 것을 확인하고 Enter 키를 누른다.
   (참고 : 실제 작성된 모양 => =SUMIF(겨울[그룹 인원],">=10",겨울[총합]))

🖥 STEP 3

① "12월~2월" 워크시트에서 [C6] 셀을 클릭한다.
② =CONCATENATE(D6,", ",E6) 작성된 것을 확인하고 Enter 키를 누른다.
   (참고 : 실제 작성된 모양 => =CONCATENATE([@이름],", ",[@성]))

STEP 4

① "9월~11월" 워크시트에서 [A5] 셀을 클릭한다.
② [표 도구] 상황 탭 – [디자인] 탭 – [도구] 그룹 – [범위로 변환] 메뉴를 클릭한다.
③ 메시지 대화상자에서 [예]를 클릭한다.

STEP 5

① "9월~11월" 워크시트에서 [A5] 셀을 클릭한다.
② [삽입] 탭 – [텍스트] 그룹 – [머리글/바닥글] 메뉴를 클릭한다.
③ 바닥글 가운데 영역에 커서를 위치시킨다.
④ [머리글/바닥글] 상황 탭 – [디자인] 탭 – [머리글/바닥글] 그룹 – [바닥글] 메뉴를 클릭한다.
⑤ 목록에서 '?페이지 중 1페이지' 선택한다.

PROJECT 07 대형 할인 매장

STEP 1

① "월초" 워크시트에서 [A4:A10, E4:E10] 범위를 비연속으로 지정한다.
② [삽입] 탭 – [차트] 그룹 – [원형 또는 도넛형 차트 삽입] 메뉴를 클릭한다.
③ [3차원 원형] 목록에서 [3차원 원형]을 선택한다.
④ 생성된 차트를 드래그 하여 기존 막대 차트의 오른쪽에 배치한다.

STEP 2

① "월초" 워크시트에서 해당 차트를 선택한다.
② 차트 위에 사용된 데이터 범위를 '3월' 열까지 드래그 하여 범위를 조정한다.

STEP 3

① '월말' 워크시트에서 해당 차트를 선택하고 차트 제목 영역을 선택한다.
② '주력 상품'으로 기존 이름(차트 제목)을 변경하여 입력한다.
③ [차트 도구] 상황 탭 – [디자인] 탭 – [차트 요소 추가] 메뉴를 클릭한다.

❹ [축 제목] 목록에 [기본 세로] 메뉴를 클릭하고, '월말총매출'로 기존 이름(축 제목)을 변경하여 입력한다.

❺ [축 제목] 목록에 [기본 가로] 메뉴를 클릭하고, '월말추이'로 기존 이름(축 제목)을 변경하여 입력한다.

STEP 4

❶ "월말" 워크시트에서 해당 차트를 선택한다.
❷ [차트 도구] 상황 탭 – [디자인] 탭 – [차트 스타일] 탭 – [자세히] 버튼을 클릭한다.
❸ 목록에서 '스타일 3'을 선택한다.
❹ [차트 스타일] 탭 – [색 변경]을 클릭 – '색 8'을 선택한다.

STEP 5

❶ "월초" 워크시트에서 해당 차트를 선택한다.
❷ [차트 도구] 상황 탭 – [디자인] 탭 – [데이터] 그룹 – [행/열 전환] 메뉴를 클릭한다.

MOS Excel 2016 Core

2020년 8월 25일 초판 발행
2025년 3월 5일 2쇄 발행

지 은 이 김노환 · 최철재 · 민준식 · 용승갑 · 이동은
발 행 인 배영환
발 행 처 도서출판 현우사
등록번호 제10-929호
주   소 서울시 영등포구 영중로 138-1(영등포동 8가 80-2) 드림프라자 B 901호
          Tel 02) 2637-4806, 4863   Fax 02) 2637-4807
홈페이지 www.hyunwoosa.co.kr
E-mail   okpress1208@naver.com
정   가 18,000 원
I S B N   978-89-8081-571-5 93000

불법복사는 지적재산을 훔치는 범죄행위입니다.
저작권법에 의하여 무단전재와 무단복제를 금합니다.
이를 위반할 시에는 처벌을 받게 됩니다.